追梦·圆梦

——我的办学理念与思考

施建军　著

对外经济贸易大学出版社
中国·北京

图书在版编目（CIP）数据

追梦·圆梦：我的办学理念与思考/施建军著. —
北京：对外经济贸易大学出版社，2014
ISBN 978-7-5663-1061-3

Ⅰ.①追… Ⅱ.①施… Ⅲ.①高等学校-学校管理-
文集 Ⅳ.①G647-53

中国版本图书馆 CIP 数据核字（2014）第 122831 号

追梦·圆梦
——我的办学理念与思考
施建军 著
责任编辑：王 煜 汪友年 强晓洁

对 外 经 济 贸 易 大 学 出 版 社
北京市朝阳区惠新东街 10 号 邮政编码：100029
邮购电话：010-64492338 发行部电话：010-64492342
网址：http://www.uibep.com E-mail：uibep@126.com

北京市山华苑印刷有限责任公司印装 新华书店北京发行所发行
成品尺寸：180mm×250mm 25 印张 282 千字
2014 年 9 月北京第 1 版 2014 年 9 月第 1 次印刷

ISBN 978-7-5663-1061-3
印数：0 001-3 000 册 定价：68.00 元

◆ 参加教育部、商务部共建对外经济贸易大学签字仪式（2010 年 12 月 28 日）

◆ 陪同商务部陈德铭部长参观校史馆（2011 年 9 月 25 日）

◆ 为新生作报告（2011 年 9 月 7 日）

◆ 出席学生毕业典礼（2013 年 6 月 22 日）

◆ 出席学生毕业典礼（2014 年 6 月 22 日）

◆ 出席建校 60 周年庆祝大会（2011 年 9 月 25 日）

◆ 检阅学生军训方阵（2012 年 4 月 28 日）

◆ 第五届国际文化节上与留学生在一起（2014 年 5 月 15 日）

◆ 在第 44 届全校运动会上（2013 年 5 年 10 日）

◆ 授予阿根廷总统克里斯蒂娜 · 费尔南德斯 · 德基什内尔阁下名誉博士学位（2010 年 7 月 12 日）

◆ 陪同来校出席欧元展开幕式的欧盟理事会主席范龙佩和欧盟委员会主席巴罗佐参观（2012 年 2 月 15 日）

◆ 会见美国国务院副国务卿罗伯特·霍迈兹博士（2009 年 11 月 10 日）

◆ 会见新西兰总理约翰·基先生（2013 年 4 月 12 日）

◆ 会见老挝总理通辛先生（2014 年 1 月 27 日）

◆ 会见匈牙利前总理麦杰希·彼得先生（2012 年 9 月 11 日）

◆ 会见泰国前副总理、前国际羽联主席、泰中友好协会会长、宣素那他皇家大学校董会主席功·塔帕朗西先生（2014 年 1 月 24 日）

◆ 接待世界贸易组织总干事帕斯卡尔·拉米阁下来校演讲（2012 年 9 月 20 日）

◆ 接待世界贸易组织总干事罗伯托·阿泽维多阁下来校演讲（2014 年 5 月 19 日）

◆ 与美国代顿大学校长丹尼尔·柯伦签署学校交流协议（2009 年 7 月 7 日）

◆ 与德国洛特林根大学校长 Hendrik Brumme 签署合作备忘录（2012 年 10 月 16 日）

◆ 与俄罗斯圣彼得堡国立经济大学校长马克西姆采夫签署中国－俄罗斯经济类大学联盟高校合作协议（2014 年 5 月 24 日）

◆ 会见莫桑比克共和国财政部长曼努埃尔先生（2012 年 5 月 31 日）

◆ 会见伊朗科研与技术部副部长 Matkan 先生（2012 年 9 月 18 日）

◆ 在研究生院成立大会上讲话（2011 年 9 月 20 日）

◆ 为统计学院成立揭牌（2012 年 10 月 20 日）

◆ 出席第十六届“安子介国际贸易奖”颁奖典礼（2010 年 11 月 18 日）

◆ 在学校新增一级博士、硕士学位授权点建设工作会议上讲话（2011 年 4 月 24 日）

◆ 看望慰问王绍熙教授（2009 年 6 月 10 日）

◆ 看望慰问张素我教授（2009 年 9 月 8 日）

◆ 向知名学者巴克利教授颁发长江学者讲座教授证书（2010 年 9 月 21 日）

◆ 向诺贝尔经济学奖得主罗伯特·奥曼颁发名誉教授证书（2012 年 11 月 23 日）

◆ 会见国际货币基金组织高级顾问林建海校友（2010 年 1 月 13 日）

◆ 会见波兰原驻华大使齐焕武校友（2012 年 5 月 29 日）

◆ 代表学校与曾经办学地河南省固始县签订校地合作协议（2011 年 9 月 24 日）

◆ 为滇西领导干部经济管理（金融与贸易方向）研修班授课（2013 年 10 月 14 日）

◆ 出席教育基金会成立暨 60 周年校庆筹备工作动员大会（2009 年 12 月 16 日）

◆ 出席校史馆开馆仪式（2011 年 9 月 24 日）

◆ 为信息化研究中心揭牌（2010 年 1 月 13 日）

◆ 在“我与节水同行”创建节约型校园主题宣传活动现场致辞（2012 年 6 月 15 日）

◆ 出席学校科研楼竣工典礼（2011 年 9 月 21 日）

◆ 出席学校综合体育馆开工典礼（2012 年 12 月 24 日）

序

光阴似箭，日月如梭。在对外经济贸易大学校长的岗位上，一晃五年过去了。四年前，为了把大学校长的办学理念和思想与大家分享和交流从而凝心聚力，我撰写了《跑好这一棒——我的办学理念与思考》一书。它不仅是我初任贸大校长时的心声，也表达了我努力的决心和追求，更是发自内心的自我激励。我深知，办好一所高水平的现代化大学，仅靠一代人的奋斗是不够的，需要数代领导人的共同努力。我希望能尽力跑好这一棒。五年后，我再次奉献给大家的是上一本书的姊妹篇，以《追梦·圆梦——我的办学理念与思考》为书名。我希望把贸大的发展经历和追梦、圆梦的心路历程与大家分享，期望同行们不吝赐教。

有人说，人走不到的地方，可以看得见；看不见的地方，可以想得到。思想的丰富，是圆梦的基础。我们每一个人都要敢于有梦、勇于追梦、勤于圆梦。梦想是现实的前奏，只要有梦想，就会有希望；有希望，去努力，才会有光明的前途！梦想是未来的蓝图，是对未来奋斗目标的追求。每一个人都要心中有理想、有目标，脚踏实地，做个理性的追梦人。

对外经济贸易大学是国家“211工程”重点建设大学，是教育战线的国家队。在实现中国梦的进程中，如何实现我们的“贸大梦”呢？我个人理解，“贸大梦”应该是强校富民之梦。实现贸大梦，就是坚持一流的生源，给予一流的培养，造就一大批适应我国开放型经济需要的素质高、创新力强、实践能力突出的复合型未来精英人才。实现贸大梦，就是始终盯住国际尖端理论前沿，围绕国家重大战略需求，创造新的知识体系；积极参与国家重大项目攻关，努力成为经济社会发展的智囊团和思想库。实现贸大梦，就是把贸大的文化，诚信、开放、包容、创新的大学精神予以传承和发扬；按照有特色、高水平大学的发展定位，立足首都，面向全国，走向世界，在全方位服务社会的进程中充分体现大学的价值。实现贸大梦，就是通过校园文化建设，塑造贸大精神，构建和谐校园，让广大教职工有尊严地工作；就是通过环境优化，丰富多彩的校园文化生活，民主制度体系建设，让广大教职工心情愉快地工作；当然，还包括使全体教职工在发展中不断提升自己的收入水平。实现贸大梦，就是以科学发展为统领，坚持内涵发展、特色发展、现代化发展之路，将学校建成国际竞争力、影响力显著增强的国际知名的有特色高水平大学。

在过去的五年中，我校发展的每一步，都是全体贸大人追梦和圆梦的心路历程。五年来，学校的发展突飞猛进，校园的软、硬件都得到良好的改善。学科建设实现了跨越式发展；人才强校工程得到有效的贯彻落实；高层次人才引进和培养工作有了新的进展，人才总量增加，结构得到进一步优化，青年拔尖人才脱颖而出；科研事业硕果累累，学校始终以服务求支持，以贡献谋发展，以创新和质量为导向，科研成果显著增长，稳居全国同类院校前列。五年来，学校新生录取分数连年攀升。

2013 年，在全国高校通用就业力排行榜上，我校名列第五。

五年来，学校更加国际化了：对外经济贸易大学不断听到来自国际政界、商界、学界不同的声音，有阿根廷共和国总统克里斯蒂娜、欧洲理事会常任主席赫尔曼·范龙佩、欧盟委员会主席若泽·曼努埃尔·巴罗佐、世界贸易组织总干事拉米等各国或国际组织政要来校作报告，也有诺贝尔经济学奖获得者莅临学校发表精彩演讲。目前有近 3 000 人的国际学生在贸大攻读学位，这是我校一道亮丽的风景线。贸大学子也有了更多的机会参与到国际合作交流中去。每年大约有上千名教师和学生赴境外进修、实习或参加国际竞赛。国际文化节，精彩纷呈。8 所孔子学院，“三巡”工作，充分展示了贸大学子的风采。这些无不彰显了学校国际化的办学特色。

“六十载岁月代序，一甲子春秋轮回”，60 年校庆的圆满落幕为贸大 60 华章谱写了精彩的瞬间。惠园越来越美丽了：绿色校园成就斐然，获得国务院四部委联合颁发的“全国节能先进单位”的荣誉称号。开水进楼，空调入室，校园“无线网”实现全覆盖。智能化校园建设进入新阶段。学校的资产数量和质量大幅提升，办学条件不断改善。教职员工的收入逐年稳定增长。特别是学校的校友会、基金会和校董会的发展，取得了令人瞩目的成就。

五年的创新探索和追梦实践，让我们圆了一个个贸大梦。五年的辉煌发展，已成为过去；新的创新思考，提出了更有挑战的课题。我将本书取名为《追梦·圆梦——我的办学理念与思考》，原因在于追求梦想是我的又一个心声，又一个期望。在历史发展的新时刻，我们一方面意识到学校发展所面临的机遇和挑战，另一方面也深感改革进入了深水区，发展的艰难区，创新的阻力区。我们必须放下包袱，从基础做起，从我做起，踏踏实实，一步一个脚印，在追求梦想的道路上踏实前行。我坚信，一个优秀的大学校长，应该具备完整的、独立的办学理念和思想，有自己的理论思考，有完整的全面提高大学办学竞争力的办法和能力，能运用现代教育理念有效组织大学的科学运营，以全面提升大学的发展竞争力；在提升竞争力的过程中，享受追梦和圆梦的快乐。

我希望通过本书的出版和发行，能和广大读者进行一次有效的心灵沟通，尤其是和我的同行们沟通，这是本书出版的缘由之一。我想，无论多么先进的办学理念和思想，必须通过思想沟通，才能使其成为广大教职工的自觉行动。只有全校师生凝心聚力，才有可能建设好一所现代化的高水平大学。

我个人认为，以书面形式来说明流动的思维过程会有一定的风险，尤其是以讲话的形式出版。因为大多数讲话稿都是即兴发言，一种真实思想的流动，难以再编辑和再加工。即兴，难免会思考不够周全，也难免有部分语言不够精确，甚至留下遗憾。然而，直接表达的思想才是真实的，也是美的、善的。本书就是一个无法修改但却真实的思想过程。

在此，我要感谢校办孟源同志、汉语国际推广基地的同志们以及学校各部门办公室的同志们，他们在我演讲后进行了稿件的录音整理和文字编排与修订，付出了艰辛的劳动；同时，还要感谢各新闻机构对我的采访及文字的整理；最后，特别感谢学校出版社的同志们，他们也为本书的出版付出了辛勤劳动。

谨将此书献给我的同行者和所有的贸大人！并祝愿所有追梦人都能梦想成真！

施建军

2014 年 5 月于惠园

目　录

篇　一

篇 二

篇 三

篇 四

篇 五

篇一

实现贸大梦，就是坚持一流的生源，给予一流的培养，造就一大批适应我国开放型经济需要的素质高、创新力强、实践能力突出的复合型未来精英人才。

坚持科学发展，明确人才培养定位，全面实施本科精英人才培养*

必须坚定不移地坚持精英教育理念，培养高素质创新型、国际化的未来领军人才。

深化教育教学改革是培养高素质人才的系统工程，是学校科学发展的潜在变量，是学校上下互动、师生互动、思想统一、锐意改革、大胆创新的重要举措。明确我校人才培养定位和规格，需要我们结合社会经济和高等教育的发展形势，结合新科学技术的蓬勃革命，结合我校的科学发展和高素质人才培养，再思考、再分析、再规划。开展新一轮教育教学思想讨论，意义重大。学校、各教学单位和相关部门一定要根据学校关于教育教学思想讨论工作的安排，把教育教学思想讨论推向深入，推出成效，全面提升我校的办学水平和本科教学质量。

---

* 2009年10月28日在学校本科教育教学第一次专题研讨会上的讲话。

一、开展教育教学思想讨论，深化教育教学改革，是时代发展、高校改革和我校科学发展的客观要求

第一，大众化教育阶段，研究型大学的人才培养目标要明确定位于精英人才培养。

近十年来，高等教育规模发生了重大变化，目前在校大学生3 000多万，毛入学率超过27%，从理论上讲高等教育进入了大众化教育阶段。大众化教育阶段的高校类型逐渐分化为三个层次，即精英型的研究型教育、大众化的一般教育和以动手实践为主的职业技能型教育。研究表明，精英教育的基本特点包括学生素质好、生师比很低、教育实验条件优越、教学方法科学、产出的人才都是未来精英型人才。根据我校的实际，有理由相信，我校培养的人才目标是精英型人才。我校生源优质、学生综合素质高，决定了我校必须实施精英教育。我们的培养手段和目标都足以证明，我校是精细化、现代化管理的精品大学，所以，我校要毫不动摇地明确定位于精英人才培养，坚持精英教育，培养高素质、创新型、国际化的未来领军人才。

第二，高等教育的发展和竞争已由规模扩张转变为质量竞争。

近十年来，高等教育走的是扩张道路，数量增长最快，在校生规模由1999年的600万扩大到现在的3 000多万。新校区、超大型高校不断出现，高校平均规模超过1万人，大学平均规模越来越大。但是，我国大学入学适龄人口的高峰期已过，大学招生规模的下降拐点已经出现，大规模的扩张阶段已告一段落。面临着扩张的结束，下一阶段，高校之间竞争的压力越来越大，数量的竞争必然会转变为高校办学质量的竞争。应该说，现在正是中国高校开始质量转变的关键时期。除了来自国内的

质量竞争外，我们还要面对国际竞争。相当一部分高中生由高中直接进入国外大学留学。今年出国留学人数，政府统计达 18 万人之多，实际规模可能还不止于此。高等教育的发展形势要求我们认识到质量竞争阶段的来临，正确把握高等教育的发展格局，明确我校的人才培养定位和人才培养规格，深化教学改革，全面提高教育教学质量。强化质量意识，是未来高等教育发展的关键。

第三，高等教育的发展正在从模仿性教育向自主创新教育发生深刻转变。

我国的发展战略正在由学习赶超型战略转变为自主创新型战略。国家在高新技术领域的竞争说到底是高端人才的竞争。自主创新型的国家战略，客观上要求高校为社会和企业输送大批创新型人才。目前，一方面存在着大量待就业的大学生，另一方面社会迫切需要的高素质人才严重匮乏，这为我们学校在人才培养上提出了更高的要求。学生创新能力的强弱关乎社会发展和国家强弱，也关乎一所高校的生存和发展。开展创新教育，深化教学改革，培养学生的创新能力是时代赋予我校的历史使命。

第四，高等教育已由局部、浅层的国际化转向全面、深层的国际化。

近三十年来，经济全球化和区域经济一体化的浪潮汹涌，高等教育的国际化也在发生全面深刻的变化。如何由局部浅层的国际化转向全面深层的国际化是高校必须思考的重要命题。国内一些高校都打出“国际化”的大旗，我校更是“外”字打头，国际化办学特色一直得到学界的高度认可。目前，在学生生源构成上，学历留学生占我校学生总量 17% 左右，目前有来华留学生 2 800 人，其中学历生为 1 800 余人，来自欧美等发达国家的学生占来华留学生总数的 30% 以上。在教师的国际化培养方面，通过留学、进修、工作等途径具有海外学术背景的教师 300 余人，占师资总数的40%以上。如何充分利用办学资源并合理配置，建立和完善国际化办学支撑体系，坚定更加开放的办学理念，走“本土国际化”人才培养之路，是我们新的任务。

第五，科学技术发展日新月异，学科交叉和融合不断加强。

当今社会科学技术发展有加速趋势，在这样的背景下，出现了学科间的交叉、融合，且趋势日益明显，以信息技术为引导带领着高新技术的传播和融合，构建了新的科学技术，出现了一大批新兴学科。但我们的思想观念跟不上时代的发展，对新技术、新学科敏感度不够，对此，我们必须重视交叉学科的衍生，在现有学科的基础上寻找学科发展的增长点，通过教育教学思想的讨论，在学科建设上寻找新的突破。

第六，现代信息技术发展为学校深化教学手段和教学模式改革提供了条件。

现代教育技术特别是网络、图书信息技术高度发展，为我们推进教育教学改革提供了便利条件。我校的教育辅助条件不断改善，办学条件不断优化，如何将现代教育技术渗透于我们的各项教学实践中来推动教学模式的改革，改革“满堂灌”的教学方法，在课堂教学组织的形式上，将学生上课“学知识”转变为“用知识”，翻转课堂，课外辅助课内，多种新的教育理念正在成为现实。根据社会科学的培养要求，我们必须提高学生分析问题和解决问题的能力，发挥教师的主导作用和学生的主体作用，把现代科技融入教学方法和教学内容，进行新一轮的教学改革，是广大教师深化教学改革的长期任务。

二、对外经济贸易大学本科人才培养追求的目标是高素质、创新型、国际化的未来领军人才

结合高等教育的发展规律和我校的实际，我们必须坚定不移地坚持

精英教育理念，培养高素质、创新型、国际化的未来领军人才。

高素质就是要求大学生具有宽厚的基础知识、专业素质、概括能力、驾驭力，尤其要具有良好的道德品质，学会做人的本领，要用感恩的心去做大写的“人”。著名教育学家陶行知的名言“千教万教，教人求真；千学万学，学做真人”，强调了“做人”对于高素质人才的重要性。所以，我们的理念是：全方位育人、管理育人、服务育人、环境育人。

创新型就是要求大学生具有强大的创造力、发散性思维能力。我们培养的人才必须在科学和应用两方面具有创造性的理念和智慧，要加强学生的批判性思维，以问题为导向，敢于向传统的学术思想挑战，鼓励学生创新性思维，激励他们的创造力；要通过课堂案例、课外科技活动、社团活动、社会实践等多种形式提升学生的创新能力。我们的学生一定要有较强的分析问题的能力，以及创造性地、融会贯通地解决实际问题的能力。

国际化是我校的办学特色和发展之路，也是我校的立校之本。我们要毫不动摇地推进和强化国际化的办学特色。要体现财经外语类复合型人才培养特色，不能是“0.5+0.5”的培养模式，而是“1+1大于1”的培养方法。我们要打破旧的培养模式，浓缩知识，交叉知识，体现新的人才培养理念；在专业方向的培养上，让学生受到良好的国际化的专业训练。国际化是我校坚定不移的办学目标。我校海外留学生工作做得很好，学历留学生占全校学生比例达到17%，一部分学院的海归教师超过40%以上，在数量上完全达到国际化标准。但是，在质量上，更要强化学生国际化竞争力的培养，使学生真正能够开展跨文化交流，使我校培养的人才在与国际人才同台竞争中显示出强有力的核心竞争力。同时，我们要注意到，外语只是手段，是工具，国际化的学生培养更要具备宽厚的专业知识。

未来领军人才就是未来各行业的领袖人才。为此我们必须在三个方面统一认识：首先，传授知识是基础；其次，增强能力是关键；最后，强化经验是立身之本，尤其是管理学科。这就要求对实现上述认识的课堂教学、课外科技活动（学术、技术与艺术）与社会实践三个手段同等对待。课内是规范与标准，课外是个性化、辅导性学习，要对学生实行个性化指导，要把课内和课外有机结合起来，课外指导课内。

三、深化教学改革要从教学思想、教学理念、教育手段、教学方法和教学条件等方面实现突破

要从教学思想、教学理念、教育手段、教学方法和教学条件等方面全方位深化教学改革。

（一）教学思想改革

一是要遵从育才目标，培养学生德智体美全面发展，尤其不能缺乏美学教育，要坚持全面完整的育才思想，坚持以德育人。二是要加强通识教育，拓宽学科基础，人才的知识结构通过学分来架构，更新教学内容与方法，基本理念是要有宽厚的基础，包括自然科学基础知识、社会学、美学知识等，这是一个育人系统；学院领导负责学科或专业知识架构，教师负责课程的教学内容。三是要强化主干课程，凝练学科方向，强化理论基础。四是突出能力培养，提升创新素质，通过改造一部分课程真正运用启发式教学。五是落实个性化培育，增强实验和社会实践环节。

（二）教学理念改革

强调师生互动，并着重培养学生的自学能力，倡导终身学习和个性

化学习。关于教与学的关系，以前有人把师生关系比作“演员”和“观众”，教、学两张皮，贴不到一起，很痛苦，没有互动，演员演得再好，也没有掌声。我们必须调整这个关系，即学生是“演员”，老师是“导演”。变革思想，转变过去的传统教学方法，要增强教学互动环节，不断用问题让学生讨论、发言、进行思考，让学生带着各种问题学习，学会提问，更要让学生学会学习，培养终生学习能力，终身受用。教师通过互动来体会教学的快乐，教书的乐趣，通过采用灵活的教学方法有效组织好教学，达到思维训练的要求，体现研究型教学。好教师不用考试就应知道学生学习情况的好坏。此外，我们要通过分类指导、筛选与淘汰，抓两头带中间，个性化指导，全面提高教学水平，通过“荣誉学士学位项目”培养拔尖人才，通过通识教育培养应用型人才，不断完善我们的人才培养体系。

（三）教育手段革新

革新教育手段是提高教学效率、增强教学效果的重要保证。要以图书、数据库、网络资源为载体，拓宽现代教育手段的应用范围。要以现代信息技术为载体，重新思考教育技术手段，丰富教学方法，组织好高技术条件下的教学。现在大学里有一种说法：一流的教师是教思想的，二流的教师靠 PPT，三流的教师读教材。大学教育教学改革的关键在于提供给学生创新性思想的源泉，而不单纯是知识。图书馆和网络中心要贴近教学、贴近老师、贴近学生，教学辅助部门要提供一个智力资源库，为教学科研服务。我校的网络比较先进，在增强网络技术服务的同时，要建设好教学案例库，要把高速发展的现代技术更多地应用于教学过程中去。

（四）教学方法创新

教学方法改革要进行深度思考，要培养学生启发型、研究型学习能力，教师应以研究型教学为导向，探讨新教学方法，实施模拟教学、案例教学等；在案例教学方面，建立案例库，进行大量的案例教学，同时案例应得以共享，把一个人的智慧变为众人的智慧，把高水平教师的智慧变为一般教师的智慧，做到理论、实践、经验的综合，但拒绝重复。

（五）教学条件改善

学生培养是学校的重点工作，本科教学更是重中之重。现在教学投入不足，我们必须进一步增加教学投入，改善本科教学条件，改善学生的实验条件，扩大学生的活动场所，建设教授的独立办公室，建立研发教学案例小组，让教师把办公室而非把自己的家作为教学、科研的主要阵地。

四、对各教学单位和相关职能部门提出讨论要求

第一，要高度重视教育教学思想讨论。本次教学思想讨论不能当成一般的讨论，各学院要组织好学院、学系层面的讨论，层层发动，出点子，想办法，集思广益，做到师生互动、上下互动、主辅互动，共同推进教育教学改革。

第二，学校要对教学、科研一视同仁。今后的职称评定和奖励，要将教学成果奖和科研获奖同等奖励、一视同仁。不能重科研、轻教学，重科研、轻教学是教学上不去的重要原因。我们两手都要抓，都要硬，要有正确的教学科研导向。

第三，要多层次增加教学投入。要以教学为指挥棒，以本科教学为中心、为重点，多层次增加教学投入，花小钱，办大事，做到科学投入。

第四，要牢牢抓住“教学质量工程”主线。教学本身就是质量工程，如何确定产品的规格和质量标准，并对质量工程进行检验，这需要我们

深度思考。要尽可能减少出“次品”，要把个性化教育做到位，惩罚是艺术，要注意方式、方法。学院要做好监督和质量控制工作的各个环节，包括平时课堂教学情况、小测验、试卷质量、优秀率等，要在教学过程中进行控制。同时，院长、学系主任要清楚老师的讲课情况，结合学生评价，做出更科学的评估。

第五，要加强教辅部门和后勤部门对本科教学条件的保障。学工部、图书馆、网络中心、后勤集团等部门要齐心协力，做好后勤保障工作。

最后，希望通过广泛深入的教育教学思想讨论，学校各教学单位和相关职能部门结合我校的实际情况，出主意、谈想法、想办法，将讨论成果变成可操作性方案，变成实际的教学行动，进一步推进本科教育教学革命性的变化，推动学校教学科研的跨越式发展，全面提高我校人才培养、学科建设、科研水平的质量，真正把我校建设成为有特色、高水平大学。

探索具有我校特色的国际学生培养模式*

留学生是我校的特色、重点和亮点，是国际化重要的体现形式。我们不仅要在数量上，还要在质量上、声誉上、管理上争取更好。

留学生是我校的特色、重点和亮点，是国际化重要的体现形式。如果我们放弃了我校国际化的、对外的特点，我们学校就失去了竞争力。近来国际学生招生情况很好，尤其在国际金融危机、整个教育市场萎缩、外需严重不足的困难情况下，我校招生数量总体能持续提升，这说明我校品牌国际化影响越来越大。

现在，国际化办学硬件上还存在一些问题。一旦我们的国际交流大厦落成并投入使用，那将提升更大的招生空间，以及国际化办学的实力。目前情况下维持 3 000 人的留学生规模，应该是我校的最佳状态。所以从总体上讲，规模人数目前比较

---

* 2009 年 9 月 17 日。

合适。

一、国际学院的功能定位

国际学院在任何一个大学都是一个复杂的工作单位。因为它不是教务处，但它是一个涉外留学生教学管理部门，这个管理部门兼具教务处、继续教育学院、研究生院的职能，要担负所有留学生的教学管理、培训管理和学籍管理；它不是学生公寓，但要做好留学生住宿管理职能；它不是师资处，但它是一个教学单位，有专职教师和外聘教师相结合的专门师资队伍。所以，国际学院十分特殊，它集三种职能于一身，具有行政管理职能、教学职能、后勤服务职能。

同时，国际学院也是一个经营单位，有良好的效益，社会效应和经济效应兼顾。鉴于这是一个复杂的部门，所以在管理上就要不断追求进步，不断找准机会，特别是职能划分，这样才能把国际学院办好。过分夸大经营职能，就成了一个卖文凭的单位，过分强调外事职能也不对，过分强调教学职能就成了一个真正的学院，所以目前的管理难度比较大，需要我们全新地解读国际学院的管理目标。

二、我校留学生培养模式

第一，要根据留学生的文化特点、传统习俗，组织我们的课堂教学和课外实践活动。

留学生管理要比中国学生更难一点，他们远离家乡，到这里来求学，既孤独想家也面临心灵成长，所以我们课堂教学和课外实践活动组织要适应他们的特点。我们不要把中国传统的东西完全带到留学生的教学中去。对中国学生合适的方法不一定对外国学生合适，留学生有他们的文化，他不喜欢整齐走路，他喜欢自由散漫，有很多个性。我们要研究这些个性，在文化和传统习俗的基础上，来探索课堂教学和课外实践活动。

第二，加大对留学生教育教学方式的改革，增强我校人才培养竞争力。

对留学生教育教学方式的改革是我们未来竞争力的关键。我们要在生动活泼愉快的课堂气氛中完成教学课程。传统的中国满堂灌输的方式对留学生是不适合的。在国外，教学方式很多，把学生带出教室去实践也是上课，并不是说教学一定是在课堂上，一定用PPT。只要有一定的教学环境，有师生互动的过程，这就是学习。我们有的课可以是课外教学，老师可以带领学生去超市了解中国商品的问题，这样往往能提高学生的学习效率。但是老师要向教务处备案，这必须是在教学的活动组织当中。

此外，我建议增加中国特色的课程，如中国音乐、书法等带有中国文化的课程，从而增加中国文化对留学生的影响。所以我们的老师要有效地组织起来，比如剪纸、书法这些课是经久不衰的。我们最早的老师是一些民间艺人，像我们中国的太极拳在留学生中是很受欢迎的。我认为留学生课程是中国学生课程60%的难度系数就够了，不用像中国母语文化课程那样设置那么难，对他们来说更多的是中国文化的影响。所以我觉得教育教学改革中课程的设置，要根据留学生的特点来做，课程不一定很有逻辑、很深奥、很复杂，但是要满足他们的需求。我认为我们可以专门召开一个关于留学生教育教学改革的会议，把上课的老师召集起来，对留学生教育教学的方法进行理论上的探索，对留学生课程的难度系数、课程特点，如何运用案例式、启发式教学，怎样才能有生动活泼的课堂气氛，怎样加强中国文化的渗透，进行探讨，使留学生有更大的选择性。

第三，要增强留学生的语言自学能力。

语言不完全是跟老师学的，我们可以增加教学投入，建立汉语自学中心。他们可以在汉语自学中心使用一套可听可读的软件，并进行机考评价模拟考试。此外，还要增加留学生的各种活动，活动越多越能增加其语言交流的能力，我们的图书馆就可以开辟出一个地方供其交流、休闲。

第四，我们要多向国际学习，学习他们的留学生教育模式。

只有引入先进的教育教学方式，才能有的放矢，有针对性地改革我们的教育教学方式。像留学生上课和留学生管理就要适应留学生文化，这样才能适应他们的生活。像留学生找房住问题，学校就要正确对待。他们有单独居住的文化，我们在公寓定价上也要与国际接轨，他们在校外居住有利有弊，所以，学校要对他们定期进行教育管理，让他们了解中国文化，融入中国文化。此外，在信息化程度上我们也要与国际接轨。比如成绩单的问题，有的留学生就要求将它放到网上，能够自我服务。

学校在国际化问题上想争创一流，突出重点，就不仅要在数量上，还要在质量上、声誉上、管理上争取更好。在教学管理方面，我们不要重复建设，要把教育资源优化；在管理上提倡重点式管理、核心式管理，只有这样才能培养出具有国际竞争力的留学生人才。

来华留学生教育发展的一些战略性思考*

> 要站在国际化服务国家战略的高度来考虑来华留学生教育事业。

各位领导，同行：

非常高兴有机会来与大家做一次交流。我想结合对外经济贸易大学的情况，讲讲学校来华留学生教育发展的一些战略性思考。因为最近学校正在搞“十二五”规划，期望年底前“十二五”规划能有效地制订出来。在制订“十二五”规划时，必须要思考一些问题，留学生教育也是学校考虑的一个重要方面。因为对外经贸大学留学生教育和国际化工作是我们的办学特色，也是我们学校工作的重点，是重中之重。从这个意义上讲，我们特别重视国际化的有关工作，所以就提出一些思考。

我主要讲七个方面，从现状分析到战略任务和战略措施，与大家分享。

---

* 2010年7月26日在银川全国来华留学生工作会议上的报告。

一、我国留学生教育的现状

在1979年以前，中国仅有二十几所大学能够开办留学生教育。到了2008年，这个队伍迅速地扩大，已经达到592所了，发展非常快。数量的大发展，是因为经济全球化背景下，对国际化人才的需求在增加。2009年来华留学生总数超过23万，这个数字的增长是非常快的，比1978年增长了190多倍。这个数字看起来呈高速增长状态，汉语热加上留学中国热，来华留学的全球市场数量也是非常大的。据统计，美国有58万留学生，英国有33万，德国有26万，法国有25万，澳大利亚有20万，日本有13万，俄罗斯有8万，这些国家留学生的数字和我国留学生的数量相比，应该说总体上我们的数量还不够多，因为这23万多留学生只占到中国大学正规学历生的1%。而西方发达国家的留学生总数与在校生的比例一般都是超过10%，经合组织的国家的外国留学生比例平均值为9.6%。我国最多的是亚洲学生，占67%，欧洲15%，美洲10%。现在中国经济发展是一个潮流。当一个国家经济发展到一定水平，学它的语言的人数就会增加，学的目的就是跟它做生意。所以现在学习汉语就成为外国人一种自觉的追求。

我校是开展留学生教育较早的高等院校之一。1954年就开始招收来华留学生；1993年，学校开始招收留学生攻读本科学士学位；1996年，招收留学生研究生攻读硕士学位，有了首届硕士班；1998年开始招收首届来华留学生博士生。我们整个教育体系比较完备，到今天为止，对外经贸大学来华留学生2 800名，读学位的有1 927人。根据教育部统计，我校读学位的来华留学生在中国高校排名第三，全部留学生总量排名第四。我们学校不够大，一共才有16 000多人，其中中国本科生8 000多人，硕士和博士研究生5 000多人。所以留学生的规模算是比较大的，已经占全校学生接近20%，在学位学生中达到18.7%。所以在这样一个发展规模上，我们有一个新的发展规划，希望在下一步的发展格局上有所突破。

应该说中国的来华留学生工作已经突破了瓶颈时期，进入了急速、高速增长的大发展阶段。理由如下：

国际化已经成为一种潮流，这种潮流影响世界高等教育的全部教育体系。我走访过世界上很多大学，几乎每个大学的使命里面都要提三个目标四个制度……不是开放性就是国际化，这两个词是没有一个大学不提的，也就是所有的大学都把国际化作为自己的使命、远景、办学目标、办学任务。那么国际化的背景是什么呢？就是经济全球化。

大家知道经济全球化导致教育的国际化，这两者之间是互相联动的。我们GDP的增长、我们国际分工的参与率，中国现在的国际分工率已经超过68%，最高的时候已经达到70%。这个国际分工率反映了我们在国际、服务之间的交流程度，使我们的人流、物流、信息流的国际间的流动加速了。在国际化加速的背景下，随着GDP的增长、经济综合实力的提高，来华留学就必然变成一个大的宏观趋势。任何一个国家，其语言文化跟经济实力是有直接关系的，当经济实力提高时，语言就必然变得吃香起来。这就是为什么今天这么多人来学汉语的原因。我们预计未来五年顺利发展的话，世界上学汉语的人要从现在的几百万变成上千万人，甚至超亿人。这个需求是由中国的经济实力来决定的，这点是非常清楚的。

二、深度国际化的思考

首先从浅层国际化到深层次国际化。这个国际化的程度是下一步发展留学生事业非常重要的基础。什么叫深层次国际化，就是我们国际化的范围、规模，就是办学的层次。我们现在考虑的汉语国际推广，包括来华留学生、中国奖学金、中外合作办学，全部的构成都更加全面深入，规模扩大，层次才能提高。

其次从境外国际化到本土国际化。我特别强调本土的国际化。我们办来华留学生教育，实际上就是营造一个本土国际化的环境、机制。因为以前一讲国际化就是出国，今天我们讲国际化是在我们校园内的国际化，本土国际化就是我们留学生的国际化。我们要创造一个大学校园，让所有外国留学生感觉到这里没有文化隔阂，没有文化冲突，在校园里有很多文化融通、文化碰撞，受益良多。我们在校园里，表面看起来是没有出国，但实际上是按国际化办学，这是我们的优势。

最后从局部国际化到全面国际化。现在有很多学校提出了自己的国际化办学理念和纲要。我来到 UIBE 才一年多时间，我来这儿的第一件工作就是制订国际化行动工程纲要，一年多的时间产生了一些实际的效果，全面、深入地开展国际化。这里包括教材的国际化、教师的国际化、课程的国际化、留学的国际化、走出去的国际化，还包括环境的国际化、管理的国际化，这是全面的国际化。要让别人感觉到没有差异，环境都要国际化。不单从牌子、指示标，即使一般服务人员都要会一些简单的外语，解决一些简单的问题。留学生所处的环境，要求这个国际化是全面国际化。全面国际化的内涵非常丰富。我们具有丰富的来华留学生工作经验，校内要整合全校优势力量，加强沟通协调，办好留学生教育。我们要成立以校长为主的领导小组，来华留学生教育工作小组由校长任组长，全面协调各相关职能部门一把手参加这个工作，把这项工作作为我们加强留学生管理的有效沟通机制，同时要建立一个全校的教育教学管理体制。我们知道学校的留学生教育机构实际上是“三不像”的：第一，不像教学单位；第二，不像管理机构；第三，不像服务经营部门。“三不像”合在一起就像了，像什么？就是留学生学院，就是国际学院。国际学院有三大职能，这三大职能是集中协调的。

三、来华留学生教育的优势与劣势

根据我们的办学实践，对来华留学生的需求要从制度环境进行研究。他来想学什么？是学语言还是学文化？是学知识还是学外经贸？一定要深入研究。我们现在有14个学院、19个本科专业、16个硕士点、6个博士点，全部招收来华留学生。招收来了之后，来华留学生选择面是不一样的，反映了专业的国际社会需求。对比这个社会需求，发现我们在下一步发展中是具有优势的。

来华留学生教育的劣势在哪呢？第一，中文比较难学，方块字比拼音文字更加难学，所以在跨文化交流中，我们在国际竞争中不占优势。第二，我们现在很多学校的办学规模受到限制，就是大量扩张的时候受到教学资源的约束，土地资源不够、办学空间不够，还有就是学科地位，供给不足。第三，优质教育资源投入不足。实际上学校都有优质教育资源的问题。在一定的教育规模条件下，比如原来是好的班级好的老师，但是随着生源的扩大，优质教育资源就显得不足，明显感觉到资源稀释了。教育规模在扩大的过程中，优势教育资源就会减少。第四，缺少有国际影响力的教师。中国的教育品牌不够，还应在国际上打广告增强影响力，来支撑学科发展，全面进行招生宣传，扩大招生影响。虽然我们的规模不算小，但还缺少影响力大的大牌教师，这个也是个制约。第五，我们留学生的管理没有国际化。我一直认为我们的管理是点管理，不是面管理。我们经常把留学生进行“圈养”，这里我讲得可能严重一点。留学生是不能圈养的，应是全校统一管理，中外学生充分进行语言沟通，加强交流。不能因为规模小，因为语言不行，我们就搞成圈养。留学生在学校里总是很另类，我一直反对这个观点，要扩大他们的融通。第六，中国大学的国际宣传不够。我们现在在国外使领馆的支持下每年进行推广，但总体来说我们的推广还不够。中国大学本科生的教学水平在国际上并不是属于教育资源差的，应该说是名列前茅，或者是中等以上的，所以我们有理由、有资格去宣传中国大学，特别是品牌大学的办学资源，增强品牌价值，这对我们是有好处的。

四、来华留学生教育面临的威胁

第一个威胁，就是全世界留学生资源在发达国家和发展中国家之间分配，所以国际上争夺留学生资源的竞争就会加剧。目前我们看总量，应该说发达国家吸收了全球60%的资源。另外，以前国际上的奖学金，数量还是比较充足的。我们最早改革开放后的第一代留学生很穷，基本上不花家里钱，全部是靠奖学金，连生活费、学费都够了，而且能够顺利地完成学业。现在国际上争夺留学生的竞争已经白热化了，各国纷纷到中国来举办留学展，规模宏大，推销也不遗余力，比如澳大利亚教育展。

第二个威胁，我们中国的来华留学生政策不能适应时代发展的动态需求。就是说我们过去常用的政策还是比较保守的，没有把这个作为世界资源整合。其实，现在在中国留学以后留下来工作的留学生越来越多，来往于两地的越来越多。跟过去不同，过去留学生学完就回国了，现在他们有的要留下来，甚至在留学地生活一段时间。这就要求我们对就业政策、身份政策、学费和奖学金政策等方面，做一些适度的调整，来增加我们的竞争性。

第三个威胁，就是我们国内的留学生教育市场竞争也在加剧。现在我们有590多所高校，接近600所高校，都办留学生教育，大家之间是竞争的。怎样显示各个学校的办学特色和专业特色？不能趋同化，更不能打价格战。这里面包括奖学金都面临着选择，还有一个就是区域上的选择。

五、要站在国际化服务国家战略的高度来考虑来华留学生教育事业

其实我国一直在讲，留学生教育是国家战略，国家战略的目标是培养国际上的人友华爱华，要通过他们来中国学习，了解中国五千年的文明，对中国文化有认同感，在价值上形成我们未来的合作伙伴，这是我们来华留学生教育的国家战略。其实在这个意义上，国家一直讲要努力建设一个在政治上具有影响力、经济上具有竞争力、形象上具有亲和力、道义上具有感召力的中国形象，这些实际上是我们第一句话，就是怎样站在一个国际化服务国家战略的高度来发展来华留学生教育事业。

六、立足本土国际化

立足本土国际化就是要落实以下三条：第一条，就是校园国际化，我们不出国留学，要让留学生在这里感到这就是国际化。第二条，在下一步发展中，处理好规模、层次、质量、管理、效应的辩证关系，全面提升办学品牌影响力。规模也好，层次也好，质量不断提高，管理和服务效率不断提高，重要的是提高一个大学的品牌影响力，就是它的办学质量、服务精神和商业价值，需要研究这三块怎么提高。第三条，就是

用市场化、服务化的意识来提高发展留学生教育事业，培养一批未来的亲华爱华的国际友人。

七、依托学科特色，创新教育项目

我们在学校总体资源供应不足的情况下，怎样整合全校资源，调动多方积极性开发新的项目、新的专业，组合新的课程，寻找新的增长点？

在非学历教育方面，要整合资源，打造全外文的经济课授课平台和全英文的本科教育平台。希望我们的课程能够主动适应国际教育的主流战场、提升学校的国际化水平，依托学科特色创新。

积极开展对外合作交流，寻求新的生源和增长点。主要是加强与世界著名教育机构、世界著名大学的交流和合作，加强国际高校之间联合培养的比重，扩大交换学生的规模。我们最近在开展一系列交流。我任职一年多接待了七位部长，都是谈教育合作。二十天前，我向阿根廷总统授予我校的荣誉法学博士学位，和她进行了教育合作方面的交流，也希望更多的阿根廷人能到我校来学习。另外，我们在积极寻找留学生生源的增长点，积极参加国际教育交流中心和教育部留学服务中心举办的留学中国交流展，加大国际留学生营销的能力。

加大教育资源的投入。我们着重做两项工作：第一就是加强学校奖学金的比重，在政府的支持下，我们同步提高校内奖学金的比重。第二是积极拓展办学资源，建造一个新的留学生综合楼。

打造一支高素质的国际化的教学和管理团队。良好的中英文教师队伍应适合来华留学生学习的特点。一支具有国际化教学方法手段的国际化教学队伍能确保教学和管理达到真正的国际化水平。国外大学的管理水平和服务水平都是一流的，到这儿来留学一看这个差距太大了，落差太大，留学生就会产生心理上的障碍。

建设好留学生管理制度。这方面我们也在探讨，怎么样建立制度、怎么样规范管理，形成严谨的学习、生活、奖惩、财务、毕业等多个方面一系列的规章制度，保证来华留学生教育工作健康有序地协调发展。建章立制特别重要。我到国外留学的时候，一去就给我们发一本住宿规定，连墙上钉个钉子怎么管理都有规定，管理非常细致。

全力打造中外学生跨文化交流平台。这是我校一直在努力的。我们在几个月前成功地举办了一次国际文化节。国际文化节一共有 22 个项目，因为在北京，地理条件比较好，有 70 多个国家的大使、参赞、外交使节来参加，整个校园全是外国学生，把北京的留学生都召集起来了，每个国家一个展台，一共有 40 个到 50 个国家参展，宣传他们国家的文化，宣传他们的文物，宣传他们的食品；然后是卡拉 OK、学生交流。我一直主张，中外学生跨文化交流平台建立得好，来华留学生管理就好，特别是我们最近准备打造一个 400 平方米的中外学生在一起的一个能充分交流的学生自学中心，让中外学生在一起交流而不是独立搞一块。

努力提高我们国际学院的管理和服务水平，营造良好的学习环境。我们现在正在搞网上自主汉语学习系统，也希望通过这些系统能够推进我们的现代化服务水平。这是我们战略思考的一个措施。

按照国家中长期教育改革发展纲要和刚刚召开的全国教育工作会议，以及国际司领导给我们布置的发展任务，制定国际学院的“十二五”发展规划，构建一个很好的平台，促进和提升我们的来华留学生教育工作。

以科学研究为主导，创新人才培养模式*

把科研主导的教学模式引进教学过程，特别是本科生高年级和研究生教学中，创新人才培养模式，提高人才培养质量，为我国培养高素质、创新型、国际化的精英人才提供一条有效的途径。

世界一流大学一般都是研究型大学。大学的基本功能是围绕知识的传授、拓展、传播和保存开展的，这就是大学的人才培养、科学研究、社会服务和文化传承的功能。在大学的基本功能中，四大功能之间都是相互促进、相互联系、相互制约的关系。这里，我们主要讨论研究型大学教学和科研的关系，大学一般以人才培养为本，特别强调人才培育的重要地位。但是，一个一流的大学必须以科学成就引领教学，在教学中辅以科学和科研能力的训练，特别在研究生的教学过程中，通常我们称之为科研主导型的教学，这是我们现在的一般大学所普遍缺乏

* 2011 年 3 月 28 日在学校全体研究生导师培训会上的讲话。

的。因为国际上通称为研究型的大学，基本特征是大学的综合实力较强，学科特色明显，有国际领先的学科，有一流的师资、最好的学生资源，有很好的办学条件，学生培养质量高，学生受到社会各界的普遍欢迎，学生就业率高，就业质量好。研究型大学的培养目标是未来高水平、高素质的社会各类精英人才，一般实施的是精英教育。可是，这些大学通常以科研引导教学，教学科研紧密结合，把在科学研究的前沿提出的问题贯穿于教学过程中，不断提高学生的培养质量，同时，也不断提高博士生和硕士生的科研产出效率。在大学科研主导型教学模式上，我有些想法，求教于同行。

一、什么是科研主导型教学模式?

科研主导型大学的教学模式是对传统的教育和教学方式、方法的改革，其基本特征表现为：首先，要求上课的导师必须活跃于本学科前沿，在本学科作出有较高学术水平的科研成果，并能把学生带到学术前沿。教师能融会贯通当前本学科最新的理论和现实问题，不断在学科前沿上发现有要解决的问题；对所从事本学科的学术研究领域，能保持高度的敏感性和选题的针对性。因为当前的问题是科研促进和带动教学的问题。改革传统的教学方法，就是避免光注重教科书的内容，不注意学科知识的应用和更新，特别是运用所学知识解决现实经济问题的能力，这在人文社会科学的知识传播中，意义特别重要。其次，是要把本学科的科学理论和研究应用作为两个方面的延展，延展就是知识体系的创新，学生可自行选择其延伸的方向。一方面解决理论知识的逻辑论证和抽象演绎过程；另一方面通过理论的应用，可以解决理论实证中的应用问题。研究生导师要顶天立地，既要仰望星空，又能脚踏实地。仰望星空就是理论指导，脚踏实地就是应用和解决具体问题的能力。我们要求导师能把科学研究的成果引入教学案例和教学过程中，研究生教学不能简单地把上课教学和科研分开，传统教学中把教学和科研当成两件事，这是一种错误的教学观点。再次，我们一定要把教学过程当作科研训练的过程，在教学和科研结合的过程中，完成研究生的培养过程。例如，博士生培养就是科研全过程的参与过程。博士生的培养一般模式除了上少量的课程外，主要是选题、开题、理论模型构建、数据调查、选取样本采集数据、实证模型应用、科学研究结论的阐述，提出政策建议。博士生完成这样一个完整的训练过程，就完成了论文的写作过程。我们说的科研主导型教学就是让研究生可以独立地完成一个课题研究的全过程。这样一个科研的训练过程比多学习几门课要重要得多。其原因是现代科学知识更新太快了，知识的淘汰速度使我们必须在学生的知识能力、方法、手段上下功夫，我们期望通过科学研究完整过程的训练，达到学生培养的目的。这个过程就是科研主导型教学。要利用科研课题的内容教学，要让学生用知识，而不仅仅是学知识。所以加强科研主导型教学是一个教与学互动性的教学，是一个师生交流、碰撞、切磋、思考的过程。我主张把科研主导的教学模式引进教学过程，特别是本科生高年级和研究生教学中，创新人才培养模式，提高人才培养质量，为我国培养高素质、创新型、国际化的精英人才提供一条有效的途径。

二、科研主导型教学模式的内在推进要素

1. 要建立以学生为主导的课题训练的教学方式。我主张把课题分解让学生参与，哪怕少量参与、局部参与，都能有效地让学生逐渐承担课题。逐步推进让学生独立完成自由思考，一定要给他题目，并限定时间，

要求他给出分析的结论。现在学生上课独立思考的训练时间太少，学生缺乏主动性的思考，通常是被动性地接受。老师总觉得知识没讲完，需要增加课时，但学生又在逃课，学生学习兴趣和动力缺乏。究其原因，可能与学生对学习知识的创造性感到不足有关，所以并不是要增加或减少上课时间，而是增加科研型的教学课程。当代科学的发展，知识量太大，一个人想学完完整的知识体系，几乎是不可能的，只有在知识的运用中才能学会知识。

2. 要全面提高学生的学习兴趣，强化学生的提问能力。研究生要有提问的能力，尤其是学经济学、国际贸易类的学生，每节课要有几个问题提问，这才是优秀的学生。所以我特别强调要全面启发学生的科研兴趣和提问能力，学生的提问能力在一定程度上代表了学生思考和学习的深度。你不深入地思考和研究一些问题，不经过自己的大脑独立的思考，一般很难提出有深度的问题。提出问题也表明学生的分析能力和学习兴趣所在，这是非常难得的学习动力机制。在国外大学的研究型学习机制中，课堂的提问是学生参与科学研究的重要一环。

3. 要大力提升学生的批判性思维，敢于向权威、向书本挑战。这往往是科技创新的基础。科技探索因为客观现象的条件在不断地发生变化，原来的假设一旦发生变化，原来的命题就错了。比如，日本大地震后，世界的经贸关系有没有发生变化？这就是由于条件变化或假设变化导致的结果变化的实际案例。要全面创新教学方法，在他们的课堂上，案例式、启发式、情景式、讨论式的教学太少了。师生互动太少，老师满堂灌，老师在课堂上取得了话语霸权地位，不肯给学生，学生处于被动接受状态，结果就是学生拒绝接受。怎么让学生参与进来，是研究型教学的关键。现在课堂教学的 IT 技术、方法、手段等都在创新，大量的社会案例可以通过情景教学来讨论和启发式教学。

4. 关注学生科研能力、知识创造能力、分析能力、推理能力、数理推证能力、实证分析能力的提升。我们要关注学生能力的全面提升，如创新、分析、推证、逻辑、数理分析、实证能力。尤其是对于学习人文社科的大学生来讲，这些能力是非常重要的。一定要让学生做案例和实证，哪怕一开始不成熟，只有一点想法，也要坚持。

5. 注意全面提升学生的写作能力，学生学习新知识包括学会新知识的表达。加强学生的写作能力，学生不会写时，要看别人是怎么写的，先模仿再创新，如同小学生不会写大字，可以先临摹。研究生不会写文章，先学他人好文章的写法，讨论文章的章法和写作技巧也是重要的学习。写作能力往往就是文科学生的科研能力。

三、科研主导型教学模式的推进与保障

1. 减少纯教学课程的时间，加大研究型课程的教学时间。实际上，我们不需要太多的课程，一定要把纯粹的教学改为科研主导型教学，加大研究型课程的教学时间。现代的很多文科知识是完全可以自学的，关键是学习者不会应用。国外大学的学生课外要看的书很多，负担很重。所谓学生学习，功夫在课外，就是这个道理。

2. 导师和学生联名发表文章，导师放在论文发表的第二位置，同样应该给予表彰和奖励。培养学生发表论文就是老师的教学成果。学校要设立激励机制重奖博士生、硕士生的优秀论文，特别是在导师指导下完成的创新成果。我们可以大力提倡研究生和导师联合发表论文，这样学风监督成本将会下降。

3. 对硕士生、博士生的生源把关。生源质量关系到导师的质量，在

研究生的入学资格上，有加大导师录取态度的权重，特别是对于科研能力强的学生，不能简单地以考分淘汰科研潜力好的考生。研究生一定要对科研成果有要求，一般研究型大学的博士生都要求至少发表三篇以上的论文，一篇要求发表在核心杂志上，两篇发表在一般期刊上，这是有一定道理的。导师要参加学生论文的全过程指导，这样可以端正学风，防止抄袭。

4. 课题任务重的导师应该多招学生，每个学校都要这样做。不要抢名额，没有课题没有项目的老师要少招甚至可以不招学生。当导师要有培养学生的责任感，没有项目可以申请停招。一定要把学生的科研能力带动起来，我们主张有项目、有经费的导师多招学生。

5. 新型的研究生师生关系要重新建立。研究生一定要建立新型的师徒关系，在科学课题的结合上，找到师生的结合点。在与老师合作科研的过程中，完成自己的学位论文；在学位论文的过程中，完成导师课题的一部分，这是科研带动教学的理想结合。

努力加强本科专业建设，切实提升人才培养质量*

进一步明确培养目标，进一步完善培养方案，进一步创新培养方式，进一步完善培养途径，立足于国际化特色，走UIBE之路。

一个现代化高水平大学的根本任务是提高本科生的培养质量，本科生的培养处于大学办学的中心位置，本科教学也就处在根本任务的地位。所以，大家充分重视这样的一个会议，是大家正确理解了大学办学的基本任务的表现，我认为会上大家进行了很好的交流，这是一次教育思想和理念的思想碰撞。在座的每一位同志都需要认真思考：一个高水平现代大学的本科专业建设和人才培养问题。对于如何提高本科生的教育质量这个问题，希望大家能集思广益，碰撞出思想的火花，从而推进本科专业建设，全面提升本科人才培养质量。本次会议讨论什

---

* 2011年9月17日在第五届财经类高等学校本科人才培养工作研讨会暨全国高等财经院校校长论坛上的报告。

么叫国际化人才，国际化人才如何培养？现在国际化几乎是每所大学的口号，没有一所大学不讲国际化，没有一所大学不讲开放性。但什么是真正的国际化人才培养机制与模式，国际化人才的知识结构和知识体系、课程结构和特点、专业技能要求和社会实践内容如何，培养国际化人才的规格到底是什么？在有限的时间内，如何进行有效的思想碰撞，提出国际化人才的培养模式和机制，使我们真的有所收益？我想，这是我们今天研讨会的重要内容。通过大家的思想碰撞和专业之间的交流，真正使我校能够在本科生专业建设和人才培养上，在当前形势下，有深度思考和猛烈碰撞；创新的力度再强一点，改革的步子再大一点，真正促进我校人才队伍的建设和提高人才培养的质量。

我想到两个方面的问题：一是对外经济贸易大学培养什么人；二是怎样培养人。这是两个根本的价值命题。

一、对外经济贸易大学的目标是培养高素质、创新型、国际化的未来领军人才

我们的办学思路很清楚，就是培养高素质、创新型、国际化的未来领军人才。第一个主要特征是高素质——学生各项能力、素质和品德等诸多要素反映出人才高素质的品行要求。第二个主要特征是创新型——强烈的时代特征和创新特征，有强烈的责任感和使命感来创新。推动社会前进需要一定的创新，创新力的强弱直接导致了领导力的高低和自信力的强弱。第三个主要特征是国际化——对于国际化的理解大家很清楚，国际化是指具有国际视野，通晓国际规则，能够参与国际经营和国际竞争的专门化人才。这里提到的国际视野、跨文化交流、国际背景知识、国际经贸专业知识、国际规则，还有许多贸易知识、保险知识、管理学

知识、营销知识、电子商务知识等，这些知识体系掌握需要熟悉国际业务、参与国际经济、有较强国际竞争能力的人。所以本科建设的第一个特点是要办出贸大特色。我们所有的专业，别人都在模仿，我们的特色是什么？如何创建一流的大学？我的观点是：人无我有，人有我优，人优我特。

（一）本科专业建设要争创特色

我和中文学院院长谈到，对外经济贸易大学办中文专业和北大、南大办中文专业有什么区别，我们一定要想明白。我们起点低，能竞争过北大、南大的中文专业么？肯定不能。所以我们必须走特色发展之路，只有走特色发展之路，才能生存与发展。我们要争创一流，不能做大路货，必须创出特色来。所以我们强调，我校的本科建设，必须突出一流的专业建设目标，突出对外经济贸易大学的特色，突出加强复合型人才培养，通过这三点，最终达到提升本科生人才培养质量的目标。

今天我要特别强调一下我校的十一个国家级特色专业的建设。十一个不算多，我们的特色专业，就是我校的竞争力，是我校在办学专业上区别于其他学校的地方。我校办学区别于其他学校，就是体现在办学特色上。大家公认对外经济贸易大学的奋斗目标是国际知名的有特色高水平的大学。

什么叫特色大学呢？特色大学是由特色专业组成的大学。没有特色专业，就没有特色大学。我校所确立的奋斗目标，很显然需要一大批特色专业来支撑。所以，今天的研讨会大家更多地谈“特色”，我觉得是非常正确的。

我们要注意加强本科培养的三个基本点，首先就是如何提升本科办学的定位和水平？其次是对外经贸大学如何发挥办学特色？最后是我们怎样培养复合型人才？大家一定要注意，在本科专业建设里面，要打开学科门户、充分进行学科间的相互融合、加强复合型人才的培养。我们可以在学院内部与国外大学施行“2+2”、“3+1”的复合人才培养机制，是不是也可以在学院之间加强复合，比如为商学院的学生加一些语言类课程，真正培养一批国际化的复合型人才。在复合型人才的探索上，各学院可以进行专业尝试和试点，探索这种复合型人才的培养模式。

（二）本科专业建设应该以就业和招生为导向

我们的专业建设必须能提升招生吸引力。怎样才能有招生吸引力，仅仅是这些家长和考生认为大学的名字好听吗？当然名字好听一点也有一点吸引力，但是，更多的是大学的培养目标与质量。大学生从进入大学到学有所成，并选择到合适的发展职业，这个过程体现了大学的培养目标与质量。大学之所以能吸引优质生源根本原因在于对一流的、优质的生源能给予一流的培养，并造就成一流的人才。一直以来，对外经济贸易大学在全国的高考录取中分数都很高，学生就业形势也非常好。但是我们需要进一步动态地充分考虑就业和招生需求，对专业培养模式进行重新打造。本科的专业建设一定围绕着提升招生的吸引力与实现充分就业和高质量就业这一目标来建设。我刚才注意到大家在报告里面，谈到本科生培养与就业能力的差距。我特别主张要经常把我们本科生培养的规格、培养的课程体系、培养的大纲，用就业的社会需求重新检验一遍，看看哪些课程、哪些项目社会发展已经不太需要了，应该调整和补充新的内容，我们时刻努力着，要让我们的学生在市场上最具有竞争力。我们每年都需要对本科专业培养方案重新审定一次，要动态调整适合社会需要的课程与专业方向。我们本科的专业目录、专业建设和人才培养就一定要考虑到就业导向，就业导向就是我们办学的生命线之一。我们培养的人才将来是为社会服务的。我经常说的一句话：什么叫办人民满意的教育？能找到工作的教育，就是人民满意的教育；有实用知识的教育，就是人民满意的教育；能促进人的技能提高、促进人的全面发展的教育，就是人民满意的教育。我们要办人民满意的教育一定要把这几句话落在我们的本科专业建设上，办好能找到工作的、有实用知识的、能促进人技能提高、能促进人的全面发展的教育。

我特别反对我们有些教师不看社会需求，不看现代社会对人才需求的变化，只根据自己过去学习的专业偏好去教学，把自己老师教给自己的东西再传授给学生。我在中文学院举过一个例子说你们应该学学于丹老师。于丹是讲《论语》的，现在商学院也欢迎她去上课。她如何把中文和文化、商业等有效地结合，通过《论语》，结合现代管理、现代经济，演绎出很多的文化和知识值得我们深思。我们的中文教学和现代社会隔得很远了，我们的办学特色在哪里？所有的老师到了对外经贸大学，都需要转型，转型就是结合社会需要，调整自己的专业方向和研究方向。我们有部分老师不看就业导向，不看本科生培养规格和培养要求，就凭着自己的传统知识体系教书，不适应社会的变化，缺乏动态的适应性，这样的老师不转型是不能适应新时代教学要求的，必然被淘汰。教育部将要对高校全面放开本科专业目录，只抓最基本的四项，其他全面放开，在这样的新形势下，让更多的大学适应市场来培养学生，真正体现市场需求的人才导向，真正体现顾客价值最大化，培养的学生充分就业、高质量就业就说明了大学的培养质量高。

（三）专业建设要均衡分布

本科专业建设，有些学科专业建设比较滞后，学科面太窄了，专业面不够宽。我发现我校的两个国家重点学科所在的学院，只有一个特色专业，但我校的外语学院有四个特色专业。金融、国际商学院有两个特色专业。看看特色学科的分布，也许会督促我们进行思考。我校的教授专业过于扎堆，教授研究方向偏窄，学科点太少，这是长期形成的结果，即为了加强学校重点学科建设，而没有让学科在专业建设上均衡分布。各个学院的院长应该认真地思考一下，本学院在专业建设上应该有哪几个是特色和亮点，哪几个是逐步建设，慢慢争取。学科建设要有全局意识，要布好局，逐步引进人才。有本领的学院院长，总是把学科建设和人才引进结合起来。大学鼓励让每一个教授头上都有一方天，就是每一位教授都有自己的学科发展目标，各行其道。相近学科的教授不要过于集中。引进的专业人才里面，不是这个专业的特色专业和学科建设需要的，需要予以注意和调整。学科均衡分布不够，请各位院长认真思考，我们要有目的地创建几个特色专业，要建一些学科特色和亮点！

（四）专业建设成果要动态融入本科生培养方案

本科培养方案的课程体系是什么？要培养什么样的国际化经贸人才？需要什么样的知识？需要什么样的能力？需要什么样的经验？一个大学生的培养方案无非是知识、能力和经验这三大体系，尤其是社会科学的大学生，他的知识体系是什么样的，哪些是可有可无的，哪些是必须具备的，哪些是必不可少的？需要把课程体系和培养知识结构认真地研究一下，现在很多专业建设的全球化眼光不够。特别指出，我们要着重提升培养学生的通识教育和全球眼光，国际化中的国际视野和国际敏感度还需要加强。我们的学生今后更多地要把全球当成我们的研究对象，把国际化、全球化当成我们的研究背景，我们每一个专业都要讲国际化。同等条件下，我们不去跟国内某一些特色专业比拼，比如说有的学科专业对现代企业制度比较感兴趣，对现代企业治理比较感兴趣，对国际经营比较感兴趣，对企业走出去，对跨国经营、跨国投资比较感兴趣。各学校对本科专业建设的重点不一样。我们未必关注大家都关注的热点，而是应聚焦在办学特色上。要认真研究，制订有特色的培养方案，本科专业建设应涵盖课程体系、知识结构、培养方案，最后落实到大学生的能力建设和经验与实践。这个体系里面，要体现出我刚才讲的办学追求的目标。所以这个培养方案应该动态、适时地调整。我建议教学院长们，院系班子成员、教授们每年至少开一次院培养方案调整会议，有时我们需要时间比较长一点，但是动态调整是方向。调整学科培养方案有的需要从科研项目着手，有的是从课题着手，慢慢建设起新的课程体系。办学一定要注重课程体系的创新。老师和学生之间不仅有“代沟”，在 IT 技术、网络技术方面，有时学生的水平也比老师高，应该充分抓住这个时代的特征，充分利用现代科技技术，创新课程体系。实际上，现在通过 IT 技术，很多传统的教学方法和方式都会改变。这就需要我们在培养目标方案确定以后，在现代 IT 技术的条件下更新、完善和发展本科生的教学科研方式。

（五）精英人才、拔尖创新人才和通用人才应分类培养

我们学校培养什么人？首先要把培养目标分类，我们提出分三类培养的方案：第一类是精英人才，第二类是拔尖创新人才，第三类是通用人才。本科专业建设一定要和学生未来的发展方向相关。我们学校的本科生一直是 50% 的学生继续去国内外深造做科学研究，另外 50% 的人去选择就业。对于未来就业的同学，如何增加他们的就业竞争能力，增加他们的动手能力、上岗能力、实践经验；对于继续做科研的本科生，如何增加基础知识，掌握方法论和研究手段，使他们能够在科研上再上一层楼，这两类知识应该有所分解，特别是研究经济学、管理学的未来去

做科学研究的学生，方法论一定要掌握，不然没法做硕士、博士，是要被淘汰的。事实上，学科培养的目标在这两方面就有一点分解了，真正去工作的学生，这些方法论方面的研究搞那么复杂也不需要，可能需要更多的经贸知识，更多的应用型知识。所以一定要把专业建设的考虑落实到人才培养的分类和分流上。每一个学科、每一类人才、每一个专业都应该被考虑到。说到我们的特色专业和特色专业建设，我校现在强调高水平专业建设的目标是综合冠军，理论上是冠军，实践上是冠军，应用上也是冠军，但是，我们在特色建设上是不是都以冠军、全能的培养为目标呢？我主张进行分类培养，这是我回答的第一个问题，即我校培养什么人。

二、如何培养人的这个问题值得大家深度思考

关于如何培养人的这个问题，我提出五点要求：

第一，进一步明确培养目标。

全面发展、人人成才是我们教育规划大纲规定的战略目标，我们的培养目标就是要使每一个人都能成为未来的精英人才，因此一定要因材施教，按需培养。我希望大家能够认真并充分地研讨同一个专业在不同分解方向上的课程体系、知识结构以及专业建设基本能力方面的要求。知识体系方面，被大家忽略的往往是相关专业需要培养什么样的能力，如保险、电子商务、国际关系、对外汉语教育和商务英语等专业有什么样的能力培养要求？我们的教学活动和教学大纲要围绕学生能力与素质的培养而完善和加强，过去的教学大纲偏重于知识体系。本科教学大纲就是从专业基础知识以及专业课开始的。我们的专业基础课、专业课、选修课三大体系是培养方案中的知识体系，但是知识体系里面要融会贯

通各种能力的培训。我们现在的能力培养目标，有的时候不是很明晰。有的大学生，大学四年没有脱稿在公共场合讲过五分钟以上的话，没有独立表达过自己的思想，这样培养出来的大学生在能力方面可能就存在缺失。大学生没有独立写过小论文，除了抄还是抄，这样的学生怎么会有竞争力？所以我们的培养目标一定要弄清楚三方面内容：知识体系是什么？需要哪些能力？还要哪些实践经验补充？这是如何培养人的第一条要点：进一步明确培养目标，在院系内形成高度统一，在充分讨论的基础上动态完善。

第二，进一步完善培养方案。

本科生培养方案按照分类培养各取所需，形成不同的培养规格和要求。我们的培养方案要形成复合型的方案。在培养目标一致的基础上，形成一定的分类，朝两个方向去完善：一方面偏科学研究方向去培养，一方面偏经贸应用方向去培养。应用的要更多地按照社会岗位的需求，让学生能够增加就业能力和竞争力，适应社会的需求；另一部分就是针对考研提高竞争力。我不得不承认有一些中国二流甚至是三流的大学，在考研上面是有强竞争力的，有少数学校不体现完整的培养体系，就是全面夯实考研的五门课，以考研为教学指导棒，提升考研的录取率，一考就考上重点大学，这是非常不正确的培养方式。这种培养方式有些偏差，但他们的培养目的非常清楚。我们的培养方案也应该非常清楚，就是增加就业竞争力，培养出高水平、国际化经贸精英人才。我们一定要在这两个方向上弄清楚我们的目标，按目标逐步操作。

第三，进一步创新培养方式。

要倡导教师转型，围绕着培养目标和培养方案，围绕着学生的未来发展需求，需要什么我教什么，而不是我会什么就教什么。我们现在很多教师，习惯在原有的轨道上，比如某个中文老师是专门研究语言文学的，而现在需要教商务汉语，他就不适应了。讲《论语》要结合管理讲《论语》，讲《孙子兵法》要讲它在管理中的运用，这就需要适合学生的培养需求，对我们老师有很大挑战。我们有很多老师是按照自己所学的知识在教学生，转型很慢。我们很多院系转型比较慢，就是因为老师进入我们学校的时候型号不对。学科体系的发展是一个不断的、慢慢转化的过程，需要开拓的是新的知识体系。研究表明，人的专业知识每十年淘汰一次。新知识的不断涌现，保守的、旧的就被淘汰，必须不断更新你的知识，这就是对大学的挑战，对每一位教师的挑战。教师很多是自学成才的，大学老师现在所教的知识大多是后来自学的。各位院长一定要跟老师们强调课程体系要建设、要创造，自己要创新和转型，要大胆地创新课程教学的方式和方法。这里包括我们一直倡导的案例式、启发式、互动式、讨论式等多样化的教学方法。中国跟国外大学的差距就在教学方法方面，大多数的中国老师都是满堂填鸭方式，PPT 从头放到尾，在课堂上听与不听取决于学生的自觉与否，教学之间的互动完全中断，学生接收不到新的知识。部分学生在教室里坐着却没有听课，在想他自己的问题，甚至自娱自乐。我一直觉得我们的办学思想很明确，教育教学改革就是教学相长，实施互动式、启发式教学，但是这样实施的人不多。因为互动式教学需要老师和学生的配合和创新，一方面，学生会问很多莫名其妙、五花八门的问题，而老师之前都没有准备，这对老师来说是挑战；另一方面，学生也要看大量的材料才能参与到课堂讨论中来，不然不敢来讨论，这对学生也是挑战。所以客观上来讲，我们在培养方案上要实行创新，教师要实现专业知识转型。

第四，进一步完善培养途径。

我认为我们的培养途径是科研引导型教学或者说是科研主导型教学。把科研的题目带到课堂上去，由学生来讨论变成教学内容。比如刚刚发生的日本海啸地震，我们应该思考一个题目：日本海啸对中日经贸有什么影响？一定会有新的思想产生。日本的海产品出口下降了，中国的海产品出口增加了；国际上去日本的游客下降好几成，日本的旅游业下降了；日本的农产品出口也受到很大的影响，还有什么其他影响呢？有何种办法使日本出口走出困境？要用这些新的大家感兴趣的题目来引导课堂，再把课堂上讨论的成果变成文章发表，这又可以出科研成果。我赞成科研主导型教学。科研主导型教学，对于老师来说是一个挑战，在我们培养路径里面，大家一定要把科研的任务带到教学工作中去，不能就书本谈书本，特别不能用“发黄”的讲稿去传授。还有，就是加大现代信息技术在教学中的应用。这方面知识专业性较强，我不再赘述了。

第五，要立足于国际化特色，走 UIBE 之路。

走对外经贸大学的本科建设之路，实际上就是我们的特色专业建设。精品课程、双语课程的建设为什么体现了我们本科教学的指导思想呢？因为特色专业是支撑特色大学的，这两者的关系要弄清楚。我们学校的特色专业还不够多，还有自己的特色专业需要建设。不管我们能不能拿到国家级特色专业的审批，自己的建设一定要做。如海关管理、商务英语、保险精算、国际关系、对外汉语教育、外语翻译等，我们有很多专业可以作为特色专业去创建。特色专业越多，我们的特色大学才一定会越办越好。我们的办学目标是国际知名的有特色高水平大学，不能办成综合大学，但是我们的竞争力，现在进入前十的办学指标是不少的。我们学校招生和就业竞争力是全国前十名。如果在特色专业建设上，也进入前十名，我们虽然不具有综合实力，但是却具有了自己的办学特色。

所以在本科建设上，要特别发挥对外经贸大学国际化的特色，要以一流的品质要求，共同创新我校的本科教育，体现我校人才培养的质量，真正打造出世界一流大学的本质特征。我还是要强调，世界一流大学最主要的办学标志是本科生培养质量。全世界公认，不管一个学校博士、硕士培养得有多好，甚至世界超一流的大学，最后的竞争力还是看本科生培养质量。这是检验一个大学的根本标志。所以大家一定不能放松，持之以恒地抓好本科教学，真正提高人才培养质量，这样才能使对外经济贸易大学的办学质量越来越好。

以“荣誉学士学位项目”为平台，深入探索财经类高校拔尖创新人才培养模式*

“荣誉学士学位项目”是培养拔尖创新人才的重要载体。

一、理论思考和社会需求

1. 培养拔尖创新人才是学校应该承担的重要使命

培养拔尖创新人才，是我国长期发展战略的重要组成部分，是我国建设创新型国家的根本保证，党和国家对此项工作给予了高度重视。党的十七大报告要求：“进一步营造鼓励创新的环境，努力造就世界一流的科学家和科技领军人才，注重培养一线的创新人才，使全社会创新智慧竞相迸发、各方面创新人才大量涌现。”国家领导人和教育部领导都曾多次在重要会议和重

---

* 2011年9月17日在第五届财经类高等学校本科人才培养工作研讨会暨全国高等财经院校校长论坛上的报告。

大场合反复强调培养杰出创新人才对我国经济建设和未来发展的重要意义。高校，尤其是国家重点大学，有责任承担起这个重任，财经类高校自然也不例外。当前，经济全球化程度不断加深，国家急需精通国别语言、文化、专业知识，有能力参与国际竞争的经济管理高端人才。目前我们所培养的人才规格、质量都很难满足国家经济建设和发展的需要。因此，探索拔尖创新人才培养模式，对于推动我校和同类高校教育教学改革，为国家培养更多的优秀人才具有十分重大的意义。对外经济贸易大学积淀了近六十年的办学历史，形成了鲜明的国际化办学特色，有责任也有能力承担这样一个重要使命。

2. 探索培养拔尖创新人才培养模式是学校发展建设的内在需要

近六十年来，学校为国家培养了大量财经类专业人才，为国家的经济建设作出了应有的贡献。然而，与兄弟院校相比，特别是与综合类大学相比，学校偏重于复合型、应用型人才培养，探索培养具有创新精神和科研潜力的拔尖创新人才不够，这在某种程度上制约了学校的全面发展。为此，学校“十一五”规划要求实现从“教学研究型大学”向“研究教学型大学”的战略转型，这一战略目标的制定对于人才培养，尤其是对于具有创新精神和创新能力的研究型人才培养提出了新的要求；需要更新教育教学理念，通过不断深化人才培养模式、教学模式改革，推动专业建设、师资队伍建设、课程建设、教材建设等各项工作迈上新的台阶，开拓出一条体现学校办学特色的人才培养新路。

3.“荣誉学士学位项目”是培养拔尖创新人才的有效载体

教育发达国家在培养拔尖创新人才方面进行过很多有益的尝试并取得了不少成功的经验，在高校中开展各种荣誉项目（Honors Program），授予“荣誉学士学位”是高校培养优秀本科人才最有成效、最为普遍的做法之一。教育发达国家实施“荣誉项目”、授予“荣誉学士学位”的办法各不相同，但基本目标非常一致，就是鼓励特别优秀的学生脱颖而出，为他们提供更优越、更丰富的教育资源和研究条件，比如荣誉课程、科研项目、硬件设施等，把他们培养成同龄人中的最具有创新精神和学术发展潜力的佼佼者。

学校在深入考察、研究国内外高校培养拔尖创新人才相关情况的基础上认为，“荣誉学士学位项目”可以成为学校，甚至是财经类高校培养拔尖创新人才的重要载体，学校应该在学习、借鉴教育发达国家先进经验的基础上，认真研究国情、校情，转变教育思想观念，适当改革，大胆创新，整合资源，完善教育体系和组织架构，深入探索符合财经类人才教育规律和学校实际情况的拔尖创新人才培养模式。

二、积极探索实践与应用

1. 考察调研

为了保证项目建设的科学规范和顺利进行，学校对境内外培养拔尖创新人才的各类培养模式进行了比较深入的考察调研，其中境外重点考察了英国、美国和中国香港地区高校实施的荣誉学士学位项目，境内重点考察、调研了北京大学“元培计划”和各大名校的各类“实验班”，对国内外拔尖创新人才培养情况有了基本了解。

国内的各类“实验班”，如北京大学的“元培学院”、清华大学的“基础科学班”、南京大学的“匡亚明学院”数学基地班、浙江大学的“竺可桢学院”、北京航空航天大学的“高级工程学院”等和境外某些高校荣誉项目有相似之处，其基本特点都是直接从高考生源中选拔录取学生，进入相对独立的教学体系和教学管理体系，配置学校最优质教学资源进行培养，大部分毕业生能够继续升学深造，直至取得最高学位。

这一培养模式的优势是生源质量高，依托学校的顶尖学科、专业，凝聚优势教学科研资源，特别是高质量的教学团队，集中力量打造精品。与此同时，学生形成相对独立的学习团体，形成比较强烈的精英意识、集体荣誉感和使命感，具有较强的学习动力。经过多年实验，这一培养模式已经为国家培养了一大批优秀拔尖创新人才，取得了丰硕的建设成果。

然而，我们注意到，这种培养模式也存在一定问题。首先，学生的录取选拔与高考成绩直接相关，难免受到应试教育的影响，结果是无论个人志趣如何，进入到顶尖学科、专业的实验班成为绝大多数高分学生和家长的必然选择，造成部分学生在非学业和兴趣因素诱导下放弃了更适合自己的专业发展方向，造成一定程度的人才浪费。其次，学生刚入校门就被贴上标签，一方面虽有利于提高其荣誉感和使命感，但另一方面也会使部分学生产生不应有的优越感甚至是不健康心理，影响其对未来发展的正确预期和判断。最后，由于开放性不够，很难建立起灵活的进入、退出机制，很难产生应有的引领作用和示范效应。

2. 实践理念和思路

通过深入考察、调研和反复研讨，特别是通过认真学习科学发展观，学校对于如何理解和探索财经类高校拔尖创新人才培养模式有了更加清晰的认识。学校领导认为，培养优秀拔尖创新人才是学校不可推卸的重要使命，责任重大。因此，既要解放思想、大胆探索，又要以科学发展观为指导，做到“三个尊重”，认真谋划、积极稳妥地开展工作。

首先，尊重国情、校情，积极探索符合我国经济建设需要的拔尖创新人才培养模式。与教育发达国家相比，我国高校的优质教学、科研资源总体上还比较短缺，因此必须实事求是，量力而行，由点及面，以点带面，以拔尖创新人才培养促进整体人才培养质量的提高。

其次，尊重教育教学规律，积极探索符合财经类高校特点的拔尖创新人才培养模式。与综合大学和理工科大学相比，财经类高校普遍存在这样一些问题，即学科门类少，专业布点偏重于经、管、文、法等人文社科类学科，知识创新难，一流师资紧缺，教学模式单一，国际影响力低而国际化程度要求高，校园学术气氛不浓，学生学术基础不深等。因此必须有的放矢，取长补短，大力开发，积极整合，持续建设优质教学科研资源，深入开展教学模式改革，有效转变教育教学观念，根据人文社科类学科的特点，实现从教师的“教”到学生的“学、研、行”的根本性转变。

最后，尊重教育公平原则，积极探索符合现代社会文化和教育思想的拔尖创新人才培养模式。现代社会文化中的一个核心理念就是公平竞争、和谐共存。各类实验班以高考成绩录取选拔培养对象的方式虽然体现了一定的社会公平和教育公平，但如前所述，由于教学体系和管理体系的相对独立性甚至是封闭性，很难形成良好的进入退出机制，在一定程度上延续了“一考定终身”的社会认知，将后来居上者拒之门外。事实上，大部分学生是在进入大学后才逐步明确了自己的发展目标和努力方向的。因此，开放的体系更有利于激发学生的学习热情，开发其智慧和潜能。

基于上述认识，学校领导把开展“荣誉学士学位项目”建设作为学习实践科学发展观的重要载体，列入“高素质人才培养工程”，在全校范围内全面实施这一项目，以此为契机，推动全校教育教学改革工作的全面开展。

三、建设方案

1.“荣誉学士学位项目”建设目标

以先进的教育理念为指导，以学校国际化办学特色为依托，遵循拔尖创新人才培养规律，全面营造“本土国际化”教育环境，深入探索拔尖创新人才培养模式，全面实施“荣誉学士学位项目”，建设一批国际化特色鲜明的高质量的荣誉课程，搭建一个跨学院、跨部门、开放融合的拔尖创新人才培养平台，打造具有我国财经类高校特色的人才培养模式，使学校5%左右的学生成为具有很强的国际竞争力和扎实的学术研究基础的优秀拔尖人才，获得荣誉学士学位，取得国内外继续深造机会，在较短时间内成为国家急需的经贸类高端学术人才和管理人才，推动和深化本校教学改革，为国内同类院校提供比较成熟的培养模式和实践经验，产生积极的示范作用。

通过四年的建设，形成广大师生普遍接受的教育理念，完善“荣誉学士学位项目”，建立稳定的跨学院、跨部门的教学支撑体系和运行机制，形成浓厚的国际化教育氛围；引进和培养一批优秀的主讲教师、科研导师，建设一批优秀的荣誉课程，规范重要教学、科研环节。这是学生走向拔尖创新人才的必由之路，得到教学管理部门、学界、同行的高度认可，为同类高校提供示范作用。

“荣誉学士学位项目”面向全体符合荣誉学生基本要求的本科生，其中同年级不高于5%的学生可获得荣誉学士学位。“荣誉学士学位项目”培养德智体全面发展，并有学术献身精神、基础理论扎实、外语技能全面、思路开阔、思维敏捷、具有国际学术视野和学术发展潜力、实践应用能力强的国际化拔尖创新人才。

以“荣誉学士学位项目”建设为平台，探索和建立开放的、国际化拔尖创新人才培养模式。通过建设“本土国际化”教育环境，完善科学、规范的“荣誉学生”准入机制，搭建开放融合、导向鲜明的人才培养平台，打造有利于拔尖创新人才成长的荣誉课程体系和重要教学环节，实施科学的教学、科研评估体系和质量监控保障体系，整合和开拓优质教学资源，建立完善的教学运行机制，确保具有国际化特色的拔尖创新人才脱颖而出。

2.“荣誉学士学位项目”建设思路

（1）解放思想，转变观念

我国改革开放三十年来最重要的成果之一，就是成功地学习、引进、吸收、借鉴世界上一切先进的文化，加快了我国现代化进程，赢得了发展空间和时间。“荣誉学士学位”制度在教育发达国家得到普遍的认同，有很多成功的经验，值得我们尊重、学习、借鉴。借鉴并不是简单的模仿，而是在深入研究教育规律和人才成长规律的基础上，根据我们的培养目标，深化教学改革，优化资源配置，形成更加开放融合、因材施教、促进学生个性发展的新型拔尖创新人才培养模式，为我国经济建设提供更优秀的人才。以此为基础，深入开展理论研究，探索新的教学思想，为同类高校开展人才培养模式多样化探索提供有益的参考和依据。

（2）顶层设计，科学规划

项目建设成效关键取决于顶层设计、科学规划。学校领导决心在已经取得的初步实践成果的基础上，继续开展考察、调研工作，学习国内外高校的先进经验，在全校范围内开展教育教学思想讨论，认真总结我校长期办学实践和育人实践成果，立足校情、国情，制订出更加科学、完善、可行的项目建设方案，进一步明确建设目标，确保建设项目达到预期效果。

（3）强化三个意识，即国际化意识、创新意识、特区意识

“荣誉学士学位项目”面向独特的培养目标，强化国际化意识、创新意识、特区意识。国际化意识，就是以“本土国际化”教育环境培养学生参与国际合作和竞争的素质和能力。创新意识，就是以管理创新、培养模式创新、教学创新培养拔尖创新人才。特区意识，就是面向独特的学生，采用独特的人才培养模式，建立独特的政策环境，开展独特的培养工作。学校以具有较强学术发展潜力的学生为对象，实施以“荣誉学士学位项目”为平台的国际化拔尖创新人才培养模式，建立有针对性的制度规范和运行机制，以研究型教师建设研究型的课程，开展研究型教学，完成研究型培养。

（4）完善三个体系，即教学支撑体系、科研支撑体系、管理服务体系

学校以“荣誉学士学位项目”建设为平台，建立跨学科、跨专业、跨部门的人才培养支撑体系。以多来源的具有国际学术背景的师资队伍建设为根本，积极推进国际化、研究型课程群建设，积极引进、消化、吸收教育发达国家相关学科前沿的教学内容和教学方法，全面推进以培养学生创新能力为目标的教学模式改革，构建国际化拔尖创新人才的教学支撑体系。以课程科研训练和科研项目为平台，以科研导师为支点，以学生参与学科竞赛、学术活动和科研项目为主体，构建国际化拔尖创新人才的科研支撑体系。以学校主管本科教学工作的副校长为主要负责人，以教务处为日常管理部门，以各相关学院、荣誉课程主讲教师、科研导师为教育教学主体，密切协作，保证项目的有效推进和顺畅运行。

（5）积极开拓国际教育资源

建设“本土国际化”教育环境必须以广泛吸收国际先进教育资源为重要条件。第一，师资引进，“荣誉学士学位项目”必须保证相当规模的

境外优秀师资队伍，在拥有浓厚国际学术氛围的同时，为项目带来先进的教育理念、教学方法以及管理、服务经验。第二，稳定和扩大来华留学生教育规模，加强趋同化教育，为学生创造良好的国际交流氛围。第三，建立本科生出国留学基金，为学生提供更多的短期出国留学、进修、实习、交流机会，培养学生的国际交流能力和跨文化沟通能力。第四，进一步鼓励学生参与各种国际学科竞赛和其他国际交流活动，培养学生参与国际合作和竞争能力，增强创新意识。

（6）建立和完善适应人才培养要求的配套制度

学校将进一步明确“荣誉学士学位项目”的人才培养规格，制订科学的学业评价体系和教师评价体系。首先，制订独立面向“荣誉学士学位项目”的荣誉课程、课堂评价体系，加强荣誉课程质量管理，形成相对独立的课堂教学质量控制闭环系统，不断提高荣誉课程质量。其次，制订相关重要教学环节的质量控制标准，特别是国际交流能力和科研潜力评价标准，建立相应的监控保障机制。最后，制订科研指导教师管理办法，激励教师积极投入学生培养工作，切实提高学生学术研究能力。

3.“荣誉学士学位项目”主要建设内容

（1）组建以主管本科教学工作校领导牵头的领导小组和主要由教师组成的专家小组，制订“荣誉学士学位行动计划”，统一协调各方面的工作。

（2）学校以立项方式给予经费支持，根据建设任务的轻重按年度分别给予学院一定的经费支持。学院则根据本院财力投入配套资金。

（3）建立配套制度，给予任课教师在授课方式、学业评价、课程安排等方面最大的自由度，积极调动教师的主观能动性，充分发挥教师的引导作用。

（4）各学院根据学校确定的荣誉学士学位基本条件，以培养学生创新精神和开发学生科研潜力为中心，制订学院荣誉学士学位培养计划。

（5）进一步完善荣誉学生选拔制度和荣誉学士学位授予条例，学生自进入专业学习阶段开始可根据条件自行申请成为荣誉学生，享受荣誉学生待遇；毕业时，由院、校两级学位委员会确定获得荣誉学士学位人选，颁发中英文荣誉学士学位证书。

（6）开发和建设一批研究型课程，即荣誉课程，这是关系到“荣誉学士学位项目”成败的核心内容之一。到目前为止，学校已确定经、管、法、文四个门类共开设45门荣誉课程，初步形成了荣誉课程体系和一支教学效果好、科研能力强的荣誉课程教学团队。

（7）探索以学生的“学、研、行”为中心的新型教学模式，把激发学生渴求真知的欲望、引导学生敢于探索未知的勇气、培养学生科学思维和科学表达的能力作为教学的核心内容。

（8）为学生配备科研导师，指导学生参加学术活动。学校要求为每一位学生配备有科研项目的科研导师，加强学生科研素质培养。

（9）进一步完善荣誉学生实践教学体系和第二课堂项目，促进学生实践能力和综合素质的不断提高。

（10）根据课程建设需要引进部分外籍教师，同时，逐步完善荣誉学生短期出国学习资助体系，扩大学生国际视野，提高跨文化交流能力。

四、方案保证措施

1. 加强组织、执行力

在提高认识、统一思想的基础上，学校以主管本科教学工作校领导牵头，以教务处为日常管理机构，以教师代表组成专家委员会，形成了强有力的学术管理力量，能够保证建设方案的贯彻落实。

2. 保证优质教学资源

“荣誉学士学位项目”的培养对象是获得荣誉学生资格的本科生，经严格测算，符合资格的学生总规模不超过高年级学生总数的15%，实际申报人数约为10%，最终通过整个学习过程，获得荣誉学士学位的人数不超过5%。学校有能力实现方案所确定的教学、科研资源配置，保证小班教学，保证教学质量和人才培养规格。

3. 突出国际化人才培养特色

学校的国际化办学特色在本科教学工作水平评估工作中得到教育部专家组的高度认可和肯定，学校以明确的定位、先进的教育理念为指导，以长期的国际化办学实践为依据，将在项目建设中全面营造“本土国际化”教育环境，形成良好的教育氛围。

4. 项目管理科学、规范

发达国家实行“荣誉学士学位”授予取得了很多成功的经验并提出了工作程序、规范，可以为我所用。学校上下就此项目进行长达数年的论证和研究，广泛听取了广大师生的意见和建议，达成高度共识，项目实施方案经过反复修订，日臻完善。

5. 支撑体系比较完备

（1）师资优秀。学校有一支优秀的具有海外学术背景的师资队伍，无论是荣誉课程的主讲教师还是科研导师都具有深厚的学术功力和开阔的国际视野，清晰了解相关专业领域的最新发展动态，热爱教育事业，关心学生成长。

（2）专业精良。学校共设有34个专业，其中9个专业被确定为国家级特色专业建设点，“荣誉学士学位项目”建设和特色专业建设可以形成良好的互动。

（3）课程优秀。学校在9门国家级精品课程、23门北京市精品课程和100多门校级精品课程、7门国家级双语教学示范课程和50余门校级双语教学课程基础上开展荣誉课程建设，基础宽厚，思路清晰，经验比较丰富，有能力建设好荣誉课程体系。

（4）经验丰富。学校多年推行教学改革，不断深入探索“双模式”（即人才培养模式和教学模式）改革，特别重视借鉴和引进国内外先进教学方法，为教学改革和教学模式的建立奠定了扎实的理论研究基础，积累了丰富的实践经验。

（5）质量监控保障体系科学合理。学校要求管理人员和教师强化国际化意识、精品意识、特区意识。“荣誉学士学位项目”将根据特殊的人才培养规格制定相应的质量标准，建立相对独立的质量监控保障体系，把培养学生的创新能力、实践能力作为教学质量评估的核心指标，建立更加科学、合理、规范、灵活的学业评价体系和教学效果评价体系，实行目标管理，鼓励学生和教师开展创造性的学习和教学，在重视科学性、规范性的同时，更加强调个性化管理、因材施教、因势利导等教育观念，更加强调对学生的引导、激励和全方位的学术服务，把开启学生智慧、鼓励创新思想、鼓励独立研究、鼓励批判性思维作为判断质量监控效果的主要因素。

五、特色与创新

1. 突出国际化人才培养特色

学校在“荣誉学士学位项目”建设过程中，更加重视坚持“本土国际化”教育理念。我们要培养为我国经济建设服务的国际化人才，这就决定了大的文化环境和主导价值观念必须是我们自己的，国家经济水平的相对落后，又决定了我们无法全面利用教育发达国家的教育资源，而要参与国际竞争，就必须拥有第一流的跨文化交流专业人才。所以，我们在人才培养过程中，时刻不能忘记突出其国际化特色。

2. 探索财经类拔尖创新人才培养模式

开放的拔尖创新人才培养体系更有利于体现教育公平，更有利于学生的个性发展，更有利于形成以“荣誉”、“责任”和“自强”为导向的教育文化。授予“荣誉学生”和“荣誉学士学位”称号是教育发达国家很早就建立起来的一种激励表彰方式，其核心内容是认可学生的学习能力，允许学生早些进入研究性学习。而我校“荣誉学士学位项目”的目标不仅仅是对学生学业的认可，更重要的是要建立一种培养拔尖创新人才的平台和体系，探索优秀专业人才成长规律，促进教学内容、教学方法的改革，从而达到教学模式的同步转变。

相对于封闭的尖子生试验班和“本硕”、“本博”直升制度而言，“荣誉学士学位项目”具有更大的开放性和更多的自主选择性。学生经过两年左右的通识和学科基础教育，其专业研究志趣和能力初步形成，以此为基础的准入机制将帮助学生进一步明确未来发展方向，也便于科研导师（基本上为研究生导师）对学生未来学习能力作出准确判断，形成不同教育阶段的有效对接，有利于学生创新能力的培养。

3. 深化改革，不断完善培养机制

学校建立了统一的以主管本科教学工作的副校长牵头的管理机构，打破行政界限，淡化行政管理，实现了以学术管理为主导的管理架构，实现了跨学院、跨学科教学、科研平台的构建，有利于挖掘、整合、提升优质教育资源，有利于协调各方面的工作，能够保证教学、科研工作的高效有序运行。

提高培养质量，打造贸大专业硕士学位品牌*

专业学位建设是我们全校上下理念一致、认识统一、逐步形成共识的建设之路。我们的目标很清楚，就是在本专业领域培养创新型、应用型的高级专门人才。

同志们，今天我们开了一个渴望已久的专业学位建设会议，也是本学期我们行政工作的重点工作之一。今天这个会是统一思想、创新机制、为创造一流的专业硕士学位品牌而努力的工作会议，主题思想就是“统一思想，创新机制”。应该说这个会很及时，我们十个专业学位已经全部正式启动。从时间上和整个课程模式的设计上来讲，这是非常关键的一个时期，是顶层设计时期。所谓顶层设计，就是从系统性、超前性、协同性进行总体规划，自下而上，再到上下协同，把培养方案规划好。办一件事，只有想好了，才能干得好。

我们今天又来重新设计对外经贸大学新时期的专业学位培

* 2011 年 12 月 9 日在学校专业学位研究生教育工作会议上的讲话。

养的模式、规格，制度建立。我想这是一个动员会，动员我们全校硕士导师们转变观念，更新知识，增加应用，能够适应国家和教育部在硕士生培养上战略转型的任务。这个任务的转型不是靠招生的人数增加而变化的。人数是增加了，结构变化了，但是恐怕还是按照老制度在培养。除了名称变了，其他没变，老师拿着老书、换个课程名字，还在讲旧东西，还是科学硕士的教学内容。

今天是全体硕士导师的动员会，是一个新的征程的开始，是另一条培养路径的开始。这也是我们全校十个专业硕士学位建设的启动大会，全面启动对外经贸大学十个专业硕士学位建设。我觉得大家现在还处于混沌状态，清晰度不够，有点像中国山水画，在意境当中还没有完全清晰。我们还需要集思广益，还需要大家认真讨论，还需要进一步明确培养方向、培养规格、培养模式，找到我校专业学位研究生的培养之路。同时这也是一个经验交流会。今天我们讨论、碰撞、批判，各位都独立地思考，这个交流会议很好，我们上下也要交流。交流就是博弈，我了解你想什么，你需要什么，有便于我们共同做好工作。我认为零和博弈不是一个正确的博弈，你得就是我失，你对就是我错，这不是一个正确的博弈。正确的博弈应该是共谋发展，共赢合作。大家要和校长一起共谋学校和学院的共同发展。所以经验交流很重要，不限于学院互相之间的交流，交流中有很多思想的碰撞，把各种思想都拿出来，有利于我们交流并达成共识。所以我为什么要讲统一思想呢，就是因为我们有一些思想碰撞，非常有意思、有价值。

我校从 1993 年开始招收在职 MBA，到 2002 年招收全日制 MBA 一共才有八年时间，大部分专业，除了法律硕士是 1996 年开始的，金融、国际商务、保险、会计、公管，都是 2010 年刚刚启动，全部专业建设都处在启动期。在这个时期，我是高度关注专业学位建设工作的。这里我一共讲七个问题：

一、理念

首先我讲讲理念。专业学位建设是我们全校上下理念一致、认识统一、逐步形成共识的建设之路。

我们要解放思想，大胆创新。因为这是一条新路，我们都有传统的硕士经验，但是这和专业硕士建设，完全不是一个概念，专业硕士建设是走一条新路。我们的目标很清楚，就是在本专业领域培养创新型、应用型的高级专门人才。所以，我们要解放思想，这是对我们整个设计理念的创新的思考，不是渐进式，应该说是一种变革，不是小变，是大变，变化趋势要大，方向不同。科学硕士是 Academic Master（AM），而专业硕士是 Professional Master（PM）。AM 和 PM 是两个完全不同的方向，这就是我们的战略转移。Professional 指的是技能型、动手型、应用型和创造型，它把传统的创造知识变成动手和应用能力的方向性改变，所以这个方向的实践性非常强。这方面大家都谈了很多，要创新、要创业。所以我们要有实践性的理念，每个专业动手应用型的人才需要什么？这是一个理念变化。

大家都知道，我校对人才的培养还是以国际化为背景的，特别强调全球视野，即在国际化条件下全球视野的培养。这同专业硕士培养的理论是一致的。这些专业都要建立在培养国际化、具有全球视野的未来精英人才的指导思想上。同时我们还要坚持一个理念，就是应用型，同时还要是高素质的培养目标。不要因为是应用型人才培养，我们就把 PM 当成低一等的人才，把 AM 当成高一等的人才，这两个是平等的教育，都是 Master 学位教育，都是素质教育工作，都是培养本科后高精尖人才的学位教育。现在有一种看法，“你考不上金融硕士你就上那个专业硕士”。很多人都有这个观点，好像应用型就是差一等的人才。这个观念是不对的，要重新调整，我们要培养高素质应用型人才，要达到 Master 培养的标准，毕竟硕士学位有它规定的培养规格和培养要求。

我们在应用型里面，特别强调动手能力、操作能力、解决问题和分析问题能力的提升。所谓实践能力就是操作能力。做金融的培养投资经理，做 MBA 的培养创业人才，做翻译的培养专业翻译。人才培养的理论在不断变化，只掌握很多知识而不具备动手能力已不适应社会发展的要求。我们要全面思考应用型人才培养观念的问题。同时，我们还要思考两个问题：培养什么样的专业硕士学位人才，怎么样培养这样的人才？

追求一流，强化特色，要办一流的专业硕士学位。现在大家都平等竞争，我们不能一开始就输在起跑线上。从一开始，我们就要追求一流，要创造我们对外经贸大学专业硕士学位的品牌。所以第一个问题就是理念创新，大家的思想逐步统一，形成共识。这些理念讲起来比较空，但它是我们的指导思想，决定了我们接下来的很多事情。如果指导思想不清楚，很多时候就会走弯路。

这是我讲的第一个问题。有正确的理念指导，我们就能培养出高水平、高质量、应用型的专业硕士人才。

二、师资

就操作方向上讲，师资是专业硕士教育的核心。因为教师是设计者，是规划者，是导演，他是专业硕士学位教育的指挥者。我一直在想，应该把所有的硕士导师全面培训一遍，需要老师跟得上，而不是仅凭校长和院长的理解力。校长想得很清楚，院长也想得很清楚，到下面执行就变了。老师上课还是拿着书，三句话就讲成了AM，这就走上了学术硕士培养之路。这就是我们讲的路径依赖。一个老师教了二十年的AM学生，现在要教PM学生了，对教学转型感到无所适从，于是还是按老一套方法教。这样的话，我们全面的设计就都是无用的。最后的执行者是老师，老师是我们调整专业方向、增加应用、增加操作的主体和主力军，如果教师不转型，教师思想没有变革，教师思想不统一，我们就无法把专业学位落到实处。这对老师是个挑战。这个转型是知识的转型，上课方法的转型，教育训练模式的转型，实践过程的转型。

过去，对外经贸大学实践教学做得很好。有50%的教师在海外从事经贸，去过国外，有丰富的国际贸易经验，这是我们的办学资本。没有实践经验，千万不要去教PM学生。这对教育师资是个挑战，要求教师有丰富的实践知识做背景，要有管理经验。刚刚大家也谈到，是否可以进一批有实践经验的教师。有的学校确实是这样做的。进几个有实践经验、在社会上当过老总的人专门来教MBA，专门来教专业硕士，当然他们的学术水平可能不高，所以有很多人是兼职，这并不同于校外导师专门来上一门课。所以我觉得专业学位教育师资首先是第一的问题，对教师来说，转型是一个挑战。所以学院应该考虑派遣一些老师去实践部门挂职锻炼。比如到保险投资等岗位锻炼，几个月的时间实践就会很有长进，这些实践以后可以直接当案例教学。要全面增加一部分老师的丰富的实践经验，没有实际的经营与管理经验，并不利于未来的发展，或者慢慢就直接回到AM教学的老路上去了。

我们教专业硕士的老师，正常情况下酬金是高于教科学硕士的。因此对专业硕士的老师要求也高，专业学位一定要用教学评估机制，淘汰不合格的老师。不是说老师学术不合格，是老师在 MBA 这个专业的教学能力不合格。学生听完你的课程，立即进行课程满意度投票。评估好的就继续，评估差的要采取措施。有理论、有实践经验的老师是受欢迎的，给学生上课的老师都来自实践岗位，他们是务实的。专业学位研究生上课用脚投票机制。总之一定要采用严格的师资管理，同时，可以实行高一点的薪水。

三、双导师制

双导师制，是一个很好的创造。每一个专业学位硕士有校内外两个导师。一个以理论教学为主，兼顾实践；一个以实践教学为主，兼顾理论。校内、外导师有主有副，校外导师是辅助力量，不要把学生仅仅交给校外导师就不管了。将校外导师作为我们重要的辅助，实际上，就是要求以校内的导师为主，校内导师必须全面挑起培养学生的担子。双导师制是对学生培养进行全面的把关，从实践指导到挂职实习，论文指导，参加答辩等。我们要求的专业学位硕士指导老师不一定是兼职教授。现在聘的很多兼职教授反而不能做硕导，原因是他们太忙没有时间指导。一个 MBA 学生毕业以后几年，在公司做一个部门经理，积累了丰富的管理经验，又热爱母校，愿意为母校做贡献，就可以来做校外导师。不要攀高，一定要务实，我们聘请校外指导教师，可以降低学术要求，只要有硕士学位，在岗位上管理经验丰富，就可以担任。校外导师制度要注意跟校内导师的互补性。我希望可以建一个库，聘请一批内行的人担任校外导师。

四、招生

原来我们有 3 个专业硕士学位点，每年招 800 多名学生。今年我们提高到10个学位点，1 000多个招生名额。一个专业招多少呢？首先全校一盘棋。以前全校集中力量，现在办学声望大了，但仔细核算，品种多了，办学效益下降了，办学点多了，成本加大了。在大幅增长的名额面前，希望全体院长们有大局意识，分到多少就是多少，别为这个争抢名额。有五个机制确定招生数。第一个机制优胜劣汰，办得好就多招，每年评估一次，动态调整。第二看报名与录取人数比值，看社会是否有需求，社会需求少、知名度又不够的就少招些。第三是以就业为导向。看看招生方向里哪个就业形势好，好的多招，就业不好的少招。各位院长多思索要招多少专业学位学生，多少比例最合适？要进行效益分析。一定要对学生生源好好研究，什么样的人有经验要好好培养。缺少最基础的实践经验，这样的学生上课是很难上的。第四对生源质量全面控制。要通过我校的办学优势，在市场中的差异性，全面提高生源质量。希望我校研究生的招生质量和本科生质量相接近，达到同样的质量，我们就满足了。因为，我们的本科生质量是国内一流的。第五，为国家机关部门委培和定制培养。比如海关专业，MPA教育下设海关方向，为国家培养海关特色人才。法学最好有些定向培养，特别是为政府政法部门、税务部门定制培养专业人才。西部地区公务员培养是很不容易的，可以定向为西部地区培养专业人才。定向委培，只要国有大企业、大单位跟我们学校的专业对口，都可以上门服务。比如保险专业，怎么跟保险公司、保监会对口，进行专业人才的培养与定制。我们在国家政策允许的情况下，可以适当降分录取，为定向培养服务。在国家政策允许范围之内，为行业部门定向培养，这是我们国立大学的根本任务。

五、培养模式设计

要全面进行专业硕士培养模式和课程体制设计。有些人还处在模糊状态中，还没有进入到培养模式整体设计的课程模式中去。什么叫专业硕士呢？我的研究，专业硕士培养模式要由三维体系的培养方式构成，第一维是知识，第二维是能力，第三维是经验。

专业硕士学位学生培养，第一是知识体系。在所学的知识体系里属于应知应会、必不可少的知识。知识不是越多越好，只要满足知识的延伸，达到培养目标就够了。要研究整个专业学位人才的类型。应知应会的知识体系完成也不容易，需要对很多内容做大量缩减。很多课程就是注重应用，一般课程在专业学位课程中是不讲原理论证的，只讲应用就够了。有些论证是输数据看结果，不用管中间原理的论证，会用就行了。MBA 经过大量研究，搞出十多门核心课程。假如给专业硕士开设 15 门课程，核心课程是什么？哪些课程是专业课呢？能不能让 AM 学生和 PM 学生混在一起上课呢？其实，两个学位培养是两股道上跑的车，走的不是一条路，不能把他们混在一起教。第二是能力，包括分析能力、沟通能力、解决问题的能力、组织能力。专业学位学生能力培养很重要。在考虑 MBA 教育能力培养的时候，全球眼光，创新能力、领导能力、整合资源思维能力、组织能力、语言和沟通能力都很重要。法律人才需要什么能力，保险人才需要什么能力？能力建设是第二个重要的部分。我们要围绕培养能力来设计新的课程体系。各专业培养的能力是什么？需要什么样的能力体系？需要我们结合实际工作进行详尽的分析，在岗位分析的基础上，提出能力建设的目标。第三是经验。凡是我们这个学位都是社会科学应用学位，必须有一定的经验，经验就是实践。实践课程有哪些？比如说企业兼并案例，比如说跨国经营，很多课程需要经验积累，把这几类体系搁在一起形成一个全新的、大胆革新的课程体系。应该比较一下，AM 上哪些课？PM 上哪些课？它们之间有什么差别？谁能把这个内容讲清楚，就说明彻底搞清楚了两个学位的区别。我们需要彻底分清不同学位培养的区分。不能一贯守旧，还是教那些旧的课程体系。

各个学院的教授委员会、学术委员会要全面评审准备招收专业学位的研究生课程体系，专门进行专业硕士和学术硕士的课程比较，可以发现差距到底在什么地方。我们要增加选修课，开设专业特色课程，建立对外经贸大学的特色学科模块。全面分析我们所培养人才的特色优势，错位竞争，形成对外经济贸易大学人才培养的品牌。

六、教育教学方法改革、教学内容创新

我也在国际上调研过一些著名的MBA教育，我听过一些世界上最优秀的MBA课程，从未有过填鸭式教学。请各位院长务必注意，这不是专业硕士培养范式，学校要检查你们培养课程教法。假如，我们最多允许60%时间老师上课，其他时间必须是案例教学、情景教学、讨论课、创业计划方案讨论、企业实践和实习。专业课程培养至少有一半是实践内容。如果说教育教学改革率先起步的话，必须首先从专业学位动手。我们还有一些老师，到今天为止，还是念着书本填鸭。我参加过法国大学MBA课程的教学，基本半天上课，半天案例讨论。每半天都有大型案例，讨论意见非常激烈，这样的学习很有成果。我们现在的学习，来了就是听课，学生听不懂，到课率极低，专业硕士的人逃课率最高。因为他们忙，稍微难读一点就不来了，有的到课率三分之一都没有。在这样的情况下，必须进行教育教学改革。要请一些有能力、有实践经验的老师上课，开实践课、讨论课、案例课对老师是挑战。专业学位课教学是对老师智力的挑战、实践经验的挑战，在这方面要下大功夫。要让老师把这些学员的积极性发动起来，把学生的思考过程发动起来，通过老师的知

识和经验，让其他同学分享。在这里特别提出来，如果理论与实践互动做得好的话，还要到社会上建立一些实习和创业基地，包括固定的和流动的。没有这些实习基地的支撑，我们教育教学改革就缺乏实践对象。

七、论文

论文是专业硕士学位学生运用所学理论分析问题、解决问题能力的训练。训练过程的结果就是论文，也是申请学位的依据。这个论文是区别于完全的学术性的硕士论文，是朝着应用型、实践型方向的。在 MBA 教育中，大家对论文的模式已经比较清楚了，但是不是所有的培养方向都清楚了呢？我们允许学生论文进行多种形式的探索。凡是实践应用的、运用智力的、运用知识解决实际问题的，篇幅达到一定要求的，都可以作为论文。各类调研报告、创业计划、企业诊断案例、兼并案例的分析、大型的投资方案实际上都可以作为论文。不要局限于传统的八股式学术性文章。我在指导专业学位硕士论文的时候，不要求他们做大量的文献回顾，而让他们以所学理论为指导，理论从哪来、怎么用，盯住现实，解决什么实际问题，这就是应用型论文的方向。这些问题如果真的来自于实践的话，做论文是很轻松的。他们有丰富的管理经验，只不过是把经验用文字形式表达出来，相对来说，比日常的学术性研究更轻松一点。我还是主张论文要盲评、要查重，请大家多做做工作，不要压力太大。每个人都有压力，工作就是压力，要提高培养质量，我们必须有压力。抄袭是道德问题，严重抄袭的学生是不能拿学位的。论文相似性检验超过 50% 甚至到了 80% 的比例的学生不能授予学位，否则就没有道德底线了。我经常对学生讲，只要是自己研究的成果，就是好的，抄的就是不好的。

论文答辩要规范，大家千万不要放松，答辩是个神圣的过程，是一个学术全面检验的过程，也是一种客观锻炼。我们培养的每一个学生都要认真答辩，要检查培养质量。所以每一位老师都要坚持答辩过程的规范性。大家对人才培养质量负责，也是对学生本人负责。让学生认真努力做，学生会认为学校好，文凭有质量，所以我们决定一切按规范、按程序做答辩。我建议导师不要参加答辩组成员，可以作为答辩组编外成员，可以旁听。导师各位一定要坚持遵守规定，以保证办学质量。另外，从今年开始，学校要对专业硕士学位研究生进行校内论文质量评估，并且建立专家库，以保证定期评估。因为新创，所以在开始阶段质量方面就不能走偏，要把握正确的方向。学校可以请专家评估把关质量，并把两年的论文进行比较评估，研究论文质量的变化趋势，具体来说，每篇论文请几个专家进行打分，以便对论文质量作出整体的评价。这样，就能够较好地建立健全质量评估体系。

再说三个具体问题。

第一，改善培养条件。专业硕士学位是国家战略，是我国考虑国际人才培养的大趋势而作出的重大改革，所以我们要顺应国家战略，改善条件，为提高质量做准备。其中，最重要的是我们要培养什么样的人才，这是最直接的问题。对外经贸大学总体办学条件并不差，虽不是国内最顶尖的，但也处于领先地位。我们要对办学硬件方面的问题进行全面的思考。各个学院都要认真思考一下专业硕士学位专用教室建设问题。例如，国际商学院就将在科研楼开始全面建设 MBA、EMBA 专用教室。但是，我们要积极创造条件，为提高办学质量做准备。这方面的工作会对我校的办学声誉以及招生有着积极的影响。

第二，加大投入。任何一个创办时期都有创业成本，没有创业成本就不可能创新。先期的大幅度投资，后期就会有持续的回报。我们要在争取国家投资的条件下，在现有成本的基础上做好成本分析。学校可以在初期建班时提供一些优惠政策，推动新办学科的建设。但是，关键还在于培养质量。尤其是学校的各个方面要公平配置。对于如何创收，我认为所有专业学位都可以接受税后捐赠或赞助，可以合作共建，要积极争取外界投入，包括国家投入、企业投入。什么是困难，困在家中就是难；什么是出路，走出家门就有路。各位院长要做好保本点分析、收支平衡点分析、成本分析，这些工作可以大致确定办学规模，避免固定成本分摊过低、流动成本越来越大，而造成持续亏本的现象。这里，增加名额、缩小专业、隔年招生都是一些可以考虑的办法。

第三，一定要配好专业硕士学位的项目主任。敬业的项目主任是成功的一个关键要素。同时，也要配备专职班主任。MBA、EMAB 的成功，很大程度上取决于班主任对学生的严格管理。此外，各位院长也要成为各专业硕士学位的专家、行家，要学习各兄弟学校、国内外专业硕士学位的管理经验，成为有心人，全面提高综合管理素质。在本科教学和硕士学术教育方面，我校有着良好的基础。今天，我们开创了一个新的事业。正因为如此，各位院长一定要非常清楚专业学位培养标准和质量。希望大家多学习、多研究，成为优秀的管理专业硕士学位的院长。

从容淡定，勇于担当*

从容淡定，勇于担当，是人的精、气、神，是事业心、责任感和德行修养的试金石，更是衡量自身能力强弱、素质高低的标准尺。

亲爱的同学们、各位老师、各位学生家长、各位校友、各位来宾：

大家好！

今天，对对外经济贸易大学全体应届全日制本科毕业生来说，又是一个终生难忘、永恒纪念的日子——你们经过四年的勤奋学习，终于即将从贸大毕业了。毕业了，这句沉甸甸的话，对每一位毕业生来说，意味着人生的收获和喜悦，意味着个人奋斗和汗水的价值实现，意味着人生未来新的发展之路的开始，我向全体毕业生致以最热烈的祝贺和最衷心的祝福！同时，借此机会对这些年来关心、指导、帮助过你们的父母、师长、同学和亲友，致以崇高的敬意和衷心的感谢！

今年，我校本科应届毕业生 2012 人。截至 6 月 20 日，本科

---

* 2012 年 6 月 23 日在学校 2012 届毕业生毕业典礼上的讲话。

毕业生就业率为97.66%，国内外继续深造人数创历史新高，取得了骄人成绩。本科生读研和出国人数达到917人，占本科毕业生总人数的45.57%。其中信息学院的本科生和梦辰考取美国麻省理工学院斯隆商学院的金融硕士专业，是我校历史上首位被该专业录取的应届毕业生。132名毕业生到西部省市工作，9名毕业生选择到北京市密云县、怀柔区、大兴区担任大学生村官，服务北京基层。我校超八成毕业生实现了高质量就业，主要集中在与外贸相关的机关单位以及大型国有企业、金融系统和外资企业。这是我校人才培养质量的重要标志，也是贸大学子竞争力的体现，可以说，我们贸大的毕业生，是最棒的！

淡淡南风起，又闻栀子香，一年一度毕业季，充满了对四年大学生活兴奋的回忆，充满了对贸大校园离别的伤感，充满了对未来生活的憧憬和期望，充满了依依惜别的师生情和同学情。同学们，你们是学校发展的见证者，更是推动学校改革和发展的参与者。你们与学校一同走过的这四年，正是学校各项事业快速发展、欣欣向荣、蒸蒸日上的时期。你们见证了母校的巨大进步，学科建设的飞速发展，科学研究的巨大成就，两部共建工作的推进，研究生院的成立，国际化办学特色的凸显，人才培养质量的提升，还有学校的硬件条件不断改善和进步。学校南大门开了，开水进楼层了，空调使用了，校园网络开通了，暑期学校开学了……一切的一切，都在你们的见证下，在变化，在进步，在发展。

你们每个人也在学校的巨变下成长和成才。还记得国庆六十周年的游行队伍的参与吗？还记得校庆六十周年时的兴奋和激动吗？还记得国际文化节吗？还记得惠园点灯吗？还记得军训的汗水和收获吗？还记得当志愿者的辛苦和自豪吗？还记得暑期社会实践吗？还记得N个第一次的人生经历吗？在贸大的校园里，你们展示了丰富的大学生活，你们当初怀着对大学生活的美好憧憬和对文化知识的渴求，无怨无悔地选择了对外经贸大学，度过了你们人生中非常重要的值得永远记忆的一段时光。在这里，你们经历了成功与失败，学会了思考与责任，培育了气质与精神；在这里，你们勤奋学习，努力攀登，挑战自我，追求卓越；在这里，你们在思想的碰撞和交流中，丰富了知识，拓宽了视野，增长了才干。当然，也有人在这里挂过科，翘过课，犯过错，有人说："贸大有棵树，叫高（等）数（学），上面挂了不少人。"贸大学生的浪漫也是很有名的。淘宝网上最近公布，今年贸大列为全国高校毕业生送鲜花最多的高校。我想，这就是你们丰富多彩的大学生活的一部分，这也铸就了你们每个人丰富的人生经历。

同学们，毕业不是结束，而是意味着新的开始。你们即将奔赴祖国各地，有的还要远涉重洋。此刻，充盈在我心间的，既有浓浓的师生之谊、依依惜别之情，也有培育祖国英才的骄傲与自豪。无论走到哪里，也无论从事何种职业，你们都是贸大最优秀的一批学生。因为从你们明亮的眼睛中，我读出了你们的美丽和睿智。你们以一流的毕业成绩跨入社会，就是一个有力的证明。但是，在你们即将走上社会的时候，对于"90后"的大学生，我想送你们几句话，就是希望你们永远都能"从容淡定，一身正气，挺起脊梁，勇于担当"，作为校长和师长，这是我对你们的毕业赠言，也是对你们踏入社会的期望。

我想这样的临别赠言是出于今年年初的一个事件。在苏丹发生的劫持人质的事件中，就有一位我校刚刚毕业的大学生，他是我校阿拉伯语专业的孙世伟同学。他在被劫持期间，面对绑架者的枪口和复杂的环境，面对随时都可能发生的死亡威胁，从容淡定，敢于担当，坦然、机智、巧妙处理，化险为夷，使全部被绑架者安全回到了祖国，在网络上一夜走红，被誉为我们的“淡定哥”。作为贸大人，我倍感欣慰，我们以能培养这样的优秀学生而感到骄傲和自豪。孙世伟同学只是我校培养的学生中的普通一员，我希望今天的毕业生都能有像他一样的品质和能力，在复杂艰苦的条件下，能敢于担当，有一种强烈的社会责任感，勇于成为社会的脊梁。

同学们，社会是一个复杂的系统，当你们踏上社会时，就要面对工作的压力和人际关系的挑战，不要期望一切都一帆风顺，万事如意，因为生活中波折随时都会发生，危难可能在以任何意想不到的方式发生。危难当头、紧要关口，需要有人挺身而出，勇于担当。个人的潜能往往在勇于担当的复杂社会环境中，得到充分发挥。遇事推诿、裹足不前，在逃避担当的同时，往往也错过了成就事业的机会。担当与成功如影相随，担当指引人生路径，担当照亮人生前程。追求有所建树，必须坚持有所担当，这是实现人生价值的重要法则。那么，这一责任到底包含哪些内容呢？首先要求你们常怀为国为民之心，这是做人的基本的国格和气节。今天的时代在某种程度上是一个彰显个性、关注生命、追求生活质量的年代，是一个思想多样、文化多元、价值多样的时代。这样的时代发展与变迁，并不意味着个人与社会关系被解构，不意味着自我利益与国家利益的价值排序被颠倒，也不意味着社会的主导价值取向发生了改变。修身立德，为国为民，依然是难能可贵的精神品质。因为修身、齐家、治国向来是辩证统一的。所以，国家的前途、祖国的命运、人民的幸福安康就与你们脑中的意识、心中的知识、肩上的责任、手中的工作息息相关。担当，是社会、单位、家庭责任的体现。我们每个人都需要关爱生命、关爱家人、关爱社会弱势群体，在担当中体现出强烈的社会责任感，实现人生的价值。

古人说得好，大事、难事看担当，顺境、逆境看襟怀。担当检验理想，考验胸怀，有怎样的理想，有怎样的胸怀，就有怎样的担当。没有伟大的理想与胸怀，就担当不了伟业大事。“心底无私天地宽”，这是敢于担当的底气所在。凡勇于担当者，其境界必定是为公、为民、为事业无私奉献。如果一事当前，先替自己打算，就不可能勇于担当。只有无私奉献，才会对人民群众满怀真情，才会在急难险重任务前挺身而出、在矛盾纠纷前迎难而上，才会不断开拓进取、创造辉煌。

我还希望大家不断修炼自己的淡定品质。淡定是一种气质，淡定要有海纳百川、有容乃大的胸怀，要有壁立千仞、无欲则刚的度量，要有沉着冷静、泰然自若的应变能力。淡定是一种态度，遇事沉稳又积极果断，老练却又稳重有加，胜不骄，败不馁。淡定是一种力量，气定神宁，如水滴石穿，坚持不懈。从容淡定，勇于担当，是人的精、气、神，是事业心、责任感和德行修养的试金石，更是衡量自身能力强弱、素质高低的标准尺。我想，在大家毕业之时，以“从容淡定，勇于担当”八个字为大家送行，给大家加油！

全体毕业的同学们，你们是生活在改革开放、民族复兴伟大进程中的新一代，你们具有活跃的创新思维、开阔的国际化视野，怀有志存高远的创业激情、建伟功立大业的雄心，努力去实现自己的人生理想和抱负吧。你们在对外经贸大学，学到了本领，现在是奉献社会的时候了，这不仅是为了实现自己的人生价值，更重要的是为了造福于社会。我们必须知道，人在社会，不能光顾了自己，还有天下更多的人，需要我们去关爱，去奉献。爱才是社会进步永恒的动力。

千里之行，始于足下。母校衷心地希望你们在新的岗位上，多出成绩，为祖国和人民，为母校和你的家人，作出自己最大的贡献！

打点行装，整理情绪，离别之心，落满校园。今天，我们在这里互道别离，今天，你们也留下了对母校的永恒记忆。别离是悠远的，淡淡的校园别情，温馨怡人的惠园，舍不得你们。你们努力拼搏和刻苦奋斗的每一滴汗水，都已经融入贸大土地，母校不会忘记。亲爱的毕业生们，你们就要离开美丽的惠园了，去游历五洲，建树八方。山水隔不断思念，时空抹不掉记忆。在未来漫漫人生征途中，你们不会孤独，不论你们身在何处，贸大的荣誉和骄傲，贸大的关怀与期望，将永远伴随着你们。也许你们对母校曾经怀有不满意，但她永远都是我们共同热爱的母校。母校是我们每一位毕业生终生的骄傲和无形资产。今天，你们以贸大为荣，相信明天，贸大一定将以你们为荣！无论你们走到哪里，母校，永远以关注的目光，注视着你们的成长，关心着你们的成才。希望你们不论在何时、何地，都能常回母校看看。

最后，我衷心地期望每一位毕业生都永远地记住：贸大，是你们永远的精神家园！UIBE，永远在你们的心中！

祝全体毕业生鹏程万里，前程似锦！

谢谢大家！

走“本土国际化”之路，培养国际竞争英才*

培养具有国际视野，通晓国际经济规则，能够进行跨文化交流和从事国际经济事务，能够参与和赢得国际竞争的未来国际化精英人才。

很高兴与大家一起探讨高等教育的国际化问题。在高等教育国际化的潮流中，中国大学如何国际化，选择什么样的路径去提升国际化的办学水平？是我们大学校长必须面对的现实问题，也是一个值得探讨的理论问题。

一、大学深度国际化的理论思考

第一，要清醒地认识到高等教育的国际化是经济全球化的重要环节。

经济全球化是时代发展的大趋势，近三十年来，经济全球

---

* 2012年9月19日在第六届财经类高等学校本科人才培养工作研讨会暨全国高等财经院校校长论坛上的报告。

化和区域经济一体化波涛汹涌般地向我们推来。中国经济参与世界经济分工的程度越来越深，中国正从经济大国向经济强国迈进。国际分工理论告诉我们，不能滞留于国际分工的低端，不能亦步亦趋地跟在别人后面，我们必须站在时代的前沿，争取主动地位，实现经济增长方式的转变，实施国家创新战略，实现中华民族的伟大复兴。大学作为社会组织的重要组成部分，培养适合社会经济需要的创新型人才，为社会贡献才智是大学的根本任务，国际化是时代赋予大学的历史使命，中国的大学必须实施国际化战略。

第二，中国高等教育的发展特征也决定了当今大学要选择国际化之路。

在当下中国，高等教育的基本特征是从精英教育走向了大众教育时代，高等教育的发展模式在从数量型扩张向质量型内涵提升的方向变化，高等教育竞争已由规模扩张转变为质量竞争，高等教育的发展正在从模仿性创新教育向自主创新教育方向发生深刻的转变，高等教育的国际化已由局部、浅层的国际化转向全面、深层的国际化。

第三，如何由局部、浅层的国际化转向全面、深层的国际化是高校必须思考的重要命题。

中国很多高校的国际化是伴随着中国对外开放进程同步前行的。国内一些高校基本都打出“国际化”的大旗，过去我们判断国际化的程度或标准往往局限于很少的几个维度，比如引进了多少外籍教师，有多少留学生，开设了多少国际化课程等。应该说，当时的国际化是局部的、低层次的国际化，今天的大学国际化跟十年前相比则是全面的、深层次的国际化。

所谓全面的国际化，就是一所高校从投入到运营管理再到产出的各个环节均同步实施国际化。以对外经济贸易大学的国际化工程指标体系为例，在人才培养、科学研究、教学服务管理等子系统，我们共有29条细化的指标，进行全面国际化的考量。当然，各个高校的办学特色和国际化程度不同，应根据自身的校情和资源优势，确定自己学校的国际化战略。

所谓深层的国际化，不仅仅是借鉴先进的教育理念和教育经验，引进优质教育资源，扩大中外大学间的教师互派、学生互换、学分互认和学位互授或联授，吸引境外知名学校、教育和科研机构以及企业，合作设立教育教学、实训、研究机构或项目，扩大外国留学生规模等，更重要的是在办学目标、人才培养、科学研究、管理体系等方面体现“为我所用”、“自主创新”，将“国际化”和“本土化”有机结合，走自己的路，引领当代高等教育国际化的潮流。

二、对外经济贸易大学的实践模式

以对外经济贸易大学国际化人才培养来说，学校始终站在促进和服务于外经贸事业发展的高度，坚持把国际化作为“立校之本、特色之源、发展之路”，主动适应世界高等教育国际化发展的新趋势，主动适应国家对国际化专门人才的迫切需求，主动适应人才市场的发展变化。我校将人才培养的目标明确为培养“具有国际视野，通晓国际经济规则，能够进行跨文化交流和从事国际经济事务，能够参与和赢得国际竞争的未来国际化精英人才”。

国际化人才培养的实现途径之一是“本土国际化”。实施“本土国际化”（Internationalization at Home），其核心内容是在经济全球化和高等教育国际化的背景下，通过全面深化教育教学改革，构造与“本土国际化”

相匹配的支撑体系，将深深根植于本国文化和社会环境的绝大多数学生，在国内完成他们的国际化培养，特别是在本土，完成对学生跨文化交流能力和具备国际竞争力的能力结构的培养。

具体说来，一是构建"本土国际化"人才培养模式；二是逐步构建和完善国际先进水平的"本土国际化"教学支撑体系。

在培养模式方面，学校在不断完善以素质教育、国际化、复合型人才培养为中心的主体培养模式的基础上，主要探索了四种不同的人才培养模式，简称"一带四"培养模式。所谓一，就是一个主体培养模式，即面向全体本科生主修专业的人才培养模式。所谓"四"是指"主修和辅修相结合"、"国内培养和国外培养相结合"、"学术教育与职业资格认证相结合"（如会计专业与 ACCA、CGA、澳洲 CPA、香港 CPA 等国际专业组织合作，金融专业与 CFA 资格证书考试结合）、"专业学习与专业实践相结合"等选择性培养模式。近两年来，学校围绕"荣誉学士学位项目"，探索了国际化拔尖创新人才的培养。

围绕培养学生的跨文化交流能力和具备与国际相关专业人才同台竞技的核心竞争力，在国际化支撑体系方面，着重建设以下方面：

（1）国际化的课程体系，相关专业教学内容与国际接轨。我校是国内最早引进国外专业课程体系的高校之一。相关专业教学内容与教育发达国家接轨，以精品课程、双语课程集群为先导，注意发挥重点课程、精品课程、双语课程集群的引导和拉动作用，提高国际化课程建设的整体水平。

（2）国际化的师资队伍。我校具有海外学术背景的教师 300 余人，占师资总数的 40% 以上。学校采取多种措施鼓励教师出国学习，提升教学水平。自 2000 年以来，学校选派出国学习进修、讲学教师达 500 人次。

学校鼓励教职员工赴驻外机构工作，拓展国际视野，有近150人有驻外或在国际机构工作经历。不断完善人才引进激励政策，面向海外招聘人才，促进了学校教师队伍的国际化与多元化。

（3）国际化的专业教材。学校重视教学内容的更新，积极引进、使用原版教材，打造系列精品教材。同时，在此基础上结合我国经贸实践，创建了颇具特色、贯通中外的经贸理论与实践的教材体系，编写含有中国金融、贸易、法律、企业管理和营销等方面的系列英文案例教材，取得了很好的教学效果。

（4）国际化的课堂教学。学校高度重视双语教学，采取多种激励措施，鼓励教师申报双语教学和全外语教学。学校常年开设双语课程50余门，其中7门课程为国家级双语教学示范课程，双语教学课堂教学质量评估优良率达到89.3%。在教学实践中，学校还鼓励教学模式创新，鼓励教师引入案例教学法、模拟教学法、浸入教学法，开设模拟法庭和企业决策模拟等课程，积极探索符合国际主流教育教学思想的教学模式。

（5）国际化的语言环境。工欲善其事必先利其器，跨文化交流要求学生必须具备较强的语言功底。学校按照“听说领先，读写跟上”的外语教学原则，实施 Peer Tutor 制和学生助学团队制，大力倡导外语教学改革。学校还鼓励、要求部分学院学生用外语写作毕业论文，非英语专业学生用英语写作毕业论文则属全国首创。

（6）国际化的专业实习。学校充分利用遍布全球的200多个合作伙伴的资源，每年派出约800名学生赴海外学习、实习。经贸外语类专业的学生近50%有过海外学习、实习经历。

（7）国际化的文化交流和校园文化。学校通过“请进来，走出去”，为学生提供各种接触国际社会、认识国际社会的机会，鼓励学生参与境外文化交流，赴国外参加国际性会议。目前我校招生专业中有 12 个语种，在校留学生超 3 000 人（含非学历生），每 5 名 UIBE 学生中就有 1 名是外国学生，留学生们来自世界上 120 多个国家和地区。学校经常举办各种国际文化节，包括“外语文化节”、“国际美食节”等。学校通过各种文化活动，使中外文化得以碰撞和交流，增强校园国际文化氛围。

以上只是结合对外经济贸易大学在国际化人才培养的视角进行了简要说明。全面、深层的国际化，并不是为国际化而国际化，也不是欧美化。全面、深层的国际化，从国家层面上需要确定中国高等教育的国际化方略，明确高等教育整体国际化目标，制订各个阶段实施国际化的战略部署，颁布高等教育国际化的相关政策；从各个高校来看，也要根据自身的特色和优势，坚定更加开放性的办学理念，实施高校国际化工程，冲破传统观念和体制的束缚，在国际化进程中坚持创新，在办学体制、教学内容、教育方法、评价方式等多方面进行大胆探索和改革，走有中国特色的高等教育国际化之路。

应该看到，中国高等教育的国际化还面临着许多挑战。中国大学的教师队伍与世界优秀大学相比，还有不小差距。中国很多教师缺少在国际学术和教育舞台上自由交流的底气和能力，这限制了中国大学国际化的深度和广度。中国现行的教学模式多数是灌输式的，忽视批判性思维的培养，忽视创造能力和个性品格的培养。另外，中国高等教育的国际化，也需要国家教育体制改革。这些问题需要在国际化的进程中逐步解决。

中国经济的强劲发展取得了举世瞩目的成功，中国一流的高等教育同样在自主创新的国际化进程中值得期待。

关于专业学位研究生培养的思考*

专业学位和科学学位是同等学位、同等重要的，只是专业学位强调应用方向，侧重培养实干精神、创新能力、动手能力、思维方向与分析问题的紧密结合。

老师们，今天我们集中在一起，认真研讨我校专业硕士学位建设的有关问题。大家分别从教学、管理、发展等不同的角度，对我校专业学位研究生教育“创新培养模式，提升培养质量，打造一流品牌”提出了许多积极的建设性意见，我衷心感谢大家共同为学校的发展出谋划策。今天的大会，是一场创新的大会，鼓劲的大会，协同的大会，体现了学校上下凝心聚力，共同推进我校研究生教育科学发展的新气象。

目前，我校拥有 10 个专业硕士学位授权点，2 个专业硕士学位点尚未招生，8 个专业硕士学位点已经招生。一些新的专业才刚刚启动建设。可以说，我校专业学位研究生教育发展是起步探索型的，还不是成熟型的。除了 MBA 教育，我校专业学位研究生教育还没有成熟型的教育教学模式，所以我们还处于一

* 2012 年 11 月 17 日在学校第二次专业学位研究生教育工作会议上的讲话。

个探索、创新和发展的初级阶段。我的发言是对专业学位建设的一些建议，也是对专业学位教育发展的一些思考。有些情况需要我们在日后工作中加强管理，有些则是针对我们管理层提出来的思考。

一、专业学位和科学学位的科学定位

我一直在思考这样一个问题：各位领导和社会各界是否真正弄清了专业学位和科学学位到底有什么差别？这个问题，既简单又复杂。最近，我在网上搜索专业学位和科学学位有什么区别时，发现了社会上对专业学位的一个误解：专业学位就是层次比较低、质量比较差、收费比较高、比较容易考的一种学位制度。这似乎是当下社会上较为流行的观点，我不同意这种观点。无论何种硕士学位，本应该具有统一质量、统一标准，而不应该有任何质量差别或者说哪类学位低人一等。我们必须坚持专业学位和科学学位同等质量的要求，这是首先要确立的基本观念。专业学位绝对不是低人一等的学位，也不是收费高的、培养差的、靠混日子拿学位的。对专业学位的错误认知，在社会上造成了较大的负面效应，尤其是少数 EMBA 教育，一些培养单位，不注意质量和特色培养，形成富人俱乐部，不怎么学习和研究，玩玩就混个学位，这就影响到专业学位的声誉。专业学位与科学学位到底有什么区别呢？20 年前，我在做 MBA 学位早期研究的时候，就在探索 MBA 与企业管理硕士到底有什么区别？当时，我们专门开设一个关于“证券投资”这门应用型的案例课程。上课时，老师叫学生从今天开始必须从事资本操作，你必须记录你的模拟资本市场的操作过程。假设你有虚拟资本 100 万，从上课第一天开始，你运用所学知识实际买卖股票、买卖期货、进行汇率炒作，每天都要记好笔记：为什么买？为什么卖？买的理由是什么？卖的理由是什么？在买卖证券的过程中坚持做好记录，体现出资本市场运营的知识、能力与经验。一个学期下来，给每一个学生算总账，凡是赚钱的学生就成绩优秀，凡是亏本的学生一律不及格或重修。这实际上就是培养学生的实际动手能力。按照证券投资课程的教材，把证券投资原理讲得头头是道，考试成绩90多分，结果一上场炒股就亏本，这不是专业学位教育要培养的人。专业学位到底培养什么人？不是死记硬背原理与条条款款，而是培养动手型、技能型、应用型、复合型人才，要能够在商业实战中具有实干能力，要能在市场竞争力中获胜，要能够创造出好的管理经验。因此，专业学位的培养目标是我们现在需要花大精力来研讨的一个问题，也是我们专业学位办学的指导思想。

当前，科技革命日新月异，创新发展成为经济发展的主驱动力，市场体制改革日益深入，就业市场竞争日趋激烈。在这样的背景下，专业硕士学位人才培养应该适合市场需要、适合就业需要、适合用人单位需要，而不是那些读死书、死读书、仅仅会背条文的人。专业学位人才培养需要实证分析、创新能力、实践运用、动手能力。在这样的背景下，专业学位应该培养具有全球视野的未来竞争型领袖人才。从这个方面来看，专业学位教育要求不会降低，专业学位没有低人一等，没有质量差异，它与科学学位只是两种不同规格、不同模式，不同的市场需求，都是硕士水平，培养的硕士生水平不能降低。不是分低一些就上专业学位，分高一些就上科学学位，这种思想是不正确的，是一种错误的指导思想。所以，我们首先必须树立正确的指导思想，真正认识到专业学位和科学学位是同等学位、同等重要的，只是专业学位强调应用方向，侧重培养实干精神、创新能力、动手能力、思维方向与分析问题的紧密结合。

二、专业学位培养方案

曾经有人说，大学与企业之间有一条沟，这条沟不连接。学生在学校里学的知识在就业中用不上，企业需要的动手能力学生又不会。现在专业学位教育就是要把这条沟连起来，直接增加动手能力、直接增加应用、直接增加走向市场的能力。然而，市场对专业学位的反应让我们觉得有些奇怪。为什么有些专业学位培养的硕士就业率低于科学学位硕士？专业学位教育是为市场培养、为市场需要订制的，结果培养出的专业硕士就业率反而比科学硕士要低，为什么呢？这说明我们的培养有问题，不能适合市场的需求，存在一定的问题，这就涉及我要讲的第二个问题——我们的培养方案是什么？

通过这次会议，未来我们必须花一段时间认真研究法律科学硕士和法律专业硕士、企业管理和 MBA、公共管理和 MPA 等科学硕士和专业硕士培养在课程、内容、体系、结构、实践能力方面究竟有什么差别？以课程为例，一共 30 学分课，这 30 个学分课里，专业学位课程特色与科学学位的区别到底在哪里？现在，一些老师拿着一本教材授不同学位的同一门课程，对专业学位学生讲浅一点、对科学学位学生讲深一点——就这样去差别应付，根本没有科学规划培养方案。我们必须有一个比较方案，在比较中发现差异，在差异中找到专业学位培养的特色，这是很重要的，我们需要比较，并在比较中发现差异。希望各学院能多花一些时间，组织教授认真研讨，从培养能力、培养规格、课程体系结构等方面认真研究一下我们的培养方案有什么差别？课时结构有什么差别？实践有什么差别？案例研究有什么差别？

（一）课堂

国外的 MBA 教育，没有一门课是从头讲到尾的，基本都是讲半天课，做半天案例和实践，课时二分之一是培养学生动手能力。反观我们老师却总认为不上课就不行，不上课就是放羊。当然，现在的学生由于长期受应试教育影响，在专业学位教育中接受教学模式转变，确实是需要一步步来的，也会出现课堂上组织讨论讨论不起来、叫学生发言学生不发言等让教授很痛苦的情况。但是，我们不能害怕问题和挑战，传统的培养模式不适合培养专业学位，专业学位学生如果不具备动手能力，不增强分析能力，没有过程训练，没有实践经验的积累，就不符合培养要求。必须要设计至少二分之一课程时间由学生自己思考、学生团队作业、学生案例研究、学生独立提交课题分析答案、学生模拟投资方案，而不是老师从头讲到尾。我们老师要做的是给予辅导、回答学生提出的问题。凡是专业学位课程从头讲到尾的老师，都不是好的老师。在欧美大学的专业学位教学中，导师组发给学生大量案例和很多阅读材料，学生很苦，看完案例要马上上台做讨论、想方案、提对策，这种学习是渐入式的，是老师指导学生在思考和进步。不像我们学生，课堂上不听课，在玩电脑、玩手机，老师讲什么根本没有入耳，这样怎么培养动手能力？怎么培养创新能力呢？其实，专业学位教育就是加强学生参与案例教学、情景教学的讨论式、诊断式、分析式、辩论式等教学方法运用的最好的过程、最好的课堂，这也是我们培养模式所要求的转型。所以，在培养方案的设计上，一定要从这些方面出发，大量进行实践能力的培养。针对我们老师现在上的课，我与 MBA 专业的学生做过几次小范围的对话，上课多的反而不满意，老师案例做得好的则满意，这就给了我们一些提醒。教师实际上是要做很多准备的，上好一节案例课不比上一节理论课花的时间少，有时花的时间更长、更具有挑战性。我们的培养一定要推动学生进行案例式、讨论式学习，要慢慢把我们的师生逼上路，要强制性推广。事实证明，学生对这种模式还是很能接受的。我给 EMBA 学生上课时，会把从中央电视台截取的一些讨论创业过程、创业经历的节目发给学生，请学生讨论，学生看得很认真，没有做小动作的人，还相互争论，这就是很好的学习过程。不要认为学生听老师从头讲到尾就是学习，要让学生参与进来，师生互动，让课堂活跃起来。我们需要认真琢磨专业学位课应该怎么上，如搞沙盘模拟、投资比赛……结合课程特点来设计，这些方式都可以运用，这就是培养模式的创新。专业学位教育的培养目标、指导思想、培养方案、培养模式都要在创新改革过程中不断思考和研究。

（二）实践

培养方案中还有一点就是要增加实践。专业硕士培养的途径就是增加实践。当然，现在非全日制的学生是在职学习，不需要再行设计实践环节，我们主要是对全日制的专业硕士增加实践，这种实践可以有多种形式，刚刚大家也做了很好的探索。实际上，专业硕士实践跟本科生实践是有区别的：本科生实践更多的是观摩、感觉、考察、体验、见识，而研究生实践更多的是动手、分析、运用，层次上有差别。所以，专业硕士实践不仅仅是看，更重要的是看完课程内容，要做案例。我们 EMBA 移动课堂去过五粮液、南通纵横国际、海澜之家等多个企业，参观完之后利用所学的课程知识马上进行现场讨论，这个就是实践。实践是分析、思考，而不是走马观花，现场的实践过程就是我们现在常提及的增加实习基地、实践教学、案例教学、开辟丰富第二课堂。大家知道，我们 MBA 第一堂课都是拓展课。什么叫拓展训练呢？就是团队文化，就是知道组织和团队的价值、知道合作共赢、知道协作。看看拓展训练的游戏，一座高墙，三米高，单人爬不过去，大家搭人梯就能爬过去，实际上说明一个人的能力是有限的，任何事情都可以把人集中起来去做，组织可以实现很多目标，使平凡的人做不平凡的事，这就是拓展训练的意义。所以，拓展训练给予我们的重要启示是团队协作，不是把一群学生弄到一起玩，实际上它体现的是一种实验过程。有时候，需要把实验活动和我们的团队文化、协同创新、第二课堂紧密结合起来，这与我们专业学位教育是一脉相承的体系，这个体系就是从指导思想、培养目标、培养方案，到培养模式、培养途径，最后到培养效果。

（三）考试

专业硕士学位考试有什么不同？这是一个必须要思考的问题。我刚刚提到过，做股票的看股票投资结果，不是看考试考多少分，你考试分数再高，一操作股票就失败，又有什么用呢？这个道理非常明显，具体事情不会做，策划事情没有一个方案，市场调查不会抽样，学的知识不能应用，这不是我们专业学位教育。专业学位学生哪怕只掌握了一些基本原理，只要能用就行，把每一个知识变作每一样应用，能操作、能实践运用。比如翻译专业硕士，翻译出好的作品就是实践，不需要谁在翻译理论上写多少高超的文章，翻译硕士就是要翻译出好的作品，难翻的内容、别人翻译不了的内容你能翻译，这个就是实践，就是动手能力，就是解决问题的能力，不用去管翻译理论多么高超，我们专业硕士教育就是要解决实践的能力。所以，我一直觉得不一定要把传统考试安排那么多，那些应知应会的课程可以少量考试，但更多的可能是开卷考试，更多的可能是团队作业。大家去看看 EMBA、MBA 的考试，要把我们自己的思想解放出来。我认为，我校考试科目还是太多、课程内容还是太重，不敢精减，害怕老师没课上，认为上课量就是工作量，这是不行的，我们还要进一步精减课程，找那些关键有用的东西上，把那些对专业培养无用或者学生自己可以看懂的知识淘汰掉。现在的教学，案例练习还是太少，实践方案太少，参与的项目太少，老是搞闭卷考试。已经专业硕士阶段了，还在考填空、选择，涉及四五十分，纯粹是记忆性的内容。这些实际上已经没有必要了，到了专业硕士阶段，没有必要再记那些东西，请大家出题目不要再出那些内容，让仅仅记忆的知识减少，让学生自己动手设计方案来解决问题的内容增加。如果能明确专业学位教育的这个指导思想，那么大家才有可能一起把考试这个环节做好。

要有压力，西方大学里，专业学位研究生压力很大、上课非常紧张，有大量资料要看，每堂课都要团队作业、都要上台做演讲、都要做方案，学生不看不行，不看书和资料，一上台就露馅了。有时候这个学习过程还是非常重要的。我们也可以点评，比如上翻译课，三个小组翻译同样的内容，翻完之后大家来点评，看看哪个组翻得好，拿出来一比较，差异性就看出来了。这类训练的过程应该加大。

三、专业学位研究生教育的两个重要因素——教师与学生

刚刚大家针对“教学相长”讨论了很多，这实际上涉及专业学位研究生教育的两个要素——教师与学生。

（一）教师

专业学位研究生教育究竟需要什么样的教师？刚才大家谈了很多，我听了很受启发。首先谈谈双导师制。双导师制已经被全球公认，这是专业学位培养的一个基本要求，就是“理论教师+实践教师”。校内导师（理论导师）和校外导师（实践导师）是双导师、不是单导师，不要推卸责任，认为学生有了校外导师，校内导师就可以不管了。凡是校内导师，第一要有资格认证，第二就是实践能力的增强。现在我们老师最缺

的就是实践能力，所以专业学位教育面临很大的挑战。有一天，我在课堂上讲企业管理，有一位企业家向我提出了挑战，他站起来说“某教授，您没有管理过企业，您怎么能叫企业家呢？您从来没管理过企业，又怎么能教我们这些管企业的人呢？”这个题目很刺激、很有挑战性，可惜他问错人了。为什么？我当时兼南京大学资产经营公司董事长，当过五个上市公司的独立董事，参加过国有企业监事会，也当过一般小公司的董事长，直接参与经营，管理过多个企业，所以在企业管理实践上，我也许比有些学生知道得多点。所以我在这里要说一句，我们老师要积累实战能力和实践经验。专业学位学生的管理经验也许比你丰富得多，这对我们老师是一个很大的挑战，要求我们的教师由学术型向实践型转型。教师转型是我们专业学位教育最大的一个问题。顺便再提一句，年轻的时候教科学学位的学生，年纪大了教专业学位的学生，也许会好点。专业学位教学要靠经验的不断累积，没有实践知识的积累就没有办法教学好。在这方面，我自己有切身体会。

当然，我们讲“两手都要抓、两手都要硬”，不能说今天我们开了专业学位教育工作会，为了做好专业硕士教育，大家就一边倒，全都不要科研水平和综合实力了，全部到工厂实习去，甚至打起背包就出发，也不能这样。之前大家也看到了，作为高水平大学，我们学校自然基金、社科基金、人文社科数量都排在了全国同类大学的前列，三大指标在财经类院校居领先地位，EMBA 和 MBA 教育都排在全国前十位，国际商学院排在第五位（2010 年），这让我非常自豪。这些综合实力排位在一定程度上体现了学校的科研水平，是我们大学建设的一个标志性成果。不能忽视高水平，同样，也不能忽视应用性。我反对只能抓一个。所谓搞教学就不能搞科研，搞科研就不能搞教学，做高水平科学就不搞应用，这个观点是不对的。应该两手都要抓，坚持两个方向，有更加宽阔的适用范围。

我校的年轻教师要去实践中挂职、实践，要找机会增加实践，要亲身参与到改革开放的实践中去。像我们教企业管理，不夸张地说，中国企业我跑过上百家企业以上，还有美国企业、日本企业、欧洲企业……我跑过那么多企业，这就是经历与经验，就是教学生的资本。我不太赞成老师花整块时间跑到企业去，结果干些端茶倒水、扫地擦桌的活儿，我们应该通过做课题的方式，搞调研的方式，走到实践中去，有时候去几天就够了。有时候知道的事情，就是经历，经历就是实践。我们必须通过知识转型、挂职锻炼、企业实践等方式来增加我们师资的专业实践能力。

目前，实事求是地讲，我们的教师资源偏紧，抽不出教师，这也是我一直想增加师资的原因，希望能让一些教师工作排得不要太紧，能够有一点时间走向实践和世界。现在挂职有一些很好的实践岗位，比如副局长、副处长，但年轻老师们不去，为什么？因为太忙去不了。我们现在就存在这个问题，不是说所有职位都有人去的，有些人到孔子学院挂职不去、到西部大学挂职不去、到北京市挂职不去，挂职岗位很难找到人，需要挂职时，找不到挂职人选，这就是问题。

顺便说一句，今年我校硕士导师选择时间太早，希望各学院要留一段师生互选的时间过程。刚刚开学第一周，我去给学生作报告，大量学生跑场，因为导师要找他们互选，这个时间严重不对。师生互选必须有一个老师和学生双方相互认识的时间和过程，我建议硕士生入学 3 个月以后再选导师。

校外导师，我提个建议。大家列出来的校外导师名单看起来很漂亮，但我不看好，因为请高官、大官当校外导师，往往都是花瓶导师。为什么？因为他们没空，只是挂上名衔。请导师是为学生干点实事的！我的经验是，学校聘请硕导分两类：一类是水平高的聘兼职教授，另一类就叫硕士生导师。对外经贸大学硕士生校外导师，可以请普通的硕士毕业生，请贸大校友，请热爱我们贸大的人，我们可以建一个导师名库。早期毕业的 MBA 就是以后的导师，他们对 MBA 特别了解。我建议我们把校外导师分成两级：校外的兼职教授必须兼职，凡是兼职教授必须开设讲座课，至少每年要开一次；硕士生导师不要请花瓶导师。我们给了名誉，最后人家只在乎名誉，声称自己是对外经贸大学兼职教授，其实跟学校没什么关系。请他讲座或来参加学术活动，他比谁都忙。我们就找那些实实在在的，前几年毕业的博士、硕士学生都可以，逐步建立硕士导师库，以实用为原则，这些人未必比那些高高在上的人水平低。另一方面我们也增加他们的指导时间，我希望老师的课程里面可以增加校外导师的一些讲座，一个学期课程十八周、校内老师上十六周，有两周就请校外导师上课，各个学院都要支持。专业硕士课程不能光是我们在座的老师讲，因为我们缺乏实践经验，要请校外导师来讲，就讲一个专题，要充分发挥校外导师的作用。校外导师有几个作用：第一个就是开讲座的作用，第二个就是实习、创新基地的作用，第三个就是答辩时对论文把关的作用，他们会解决实践问题。在校内校外导师的问题上，我们必须按这个方向走。

（二）学生

第二个要素就是学生。全面提高学生的质量，是我们办好专业硕士学位的关键。

全面提高生源质量，绝不因为专业学位而降低生源质量。我记得去年的金融专业学位和科学学位招生录取分数几乎持平，但有些专业则差距很大。当然，专业硕士学位不仅仅讲分数排序，更要注重实践经验。所以，我们必须探索怎样才能招收到具有实践经验的学生。国际商学院今年做了试点，我觉得很好，但试点可以总结经验，却不要急于作为成就来汇报。为什么？因为这种方式、考试方法是很好，但操作时稍有不慎，可能就危及到我们的教育公平与公正，所以一定要阳光招生，以质量为主，公开、公平、公正，把好这个关，决不能出任何问题。另外要采取一些现代手段，比如视频录像，全部过程都要可查。如果试卷可查，但面试过程不可查，针对不可查的过程，就有很多人会挑刺。现在，社会要求公平，一旦出现问题，弄个微博之类的，就会影响学校的办学声誉。所以，国际商学院的招生改革，我们可以试，但是要严格管理。我们学校所有专业学位的学生都要严禁中介招生，有些中介一旦拿到了学校授予的权力之后，就完全脱离标准，包括 EMBA。一定要严格控制中介，否则一旦出差错，可能就会给学校声誉造成很大的负面影响，甚至给学校带来直接的经济损失。还有，就是不能直接组织或参与考前辅导，这是国家明文禁止的，不办考前辅导班，我们老师也不要参与考前辅导，尤其是出题教师，以维持社会公平、公正的办学环境和条件，遵守国家有关部门的规定。今天大家还谈到关于招生人数的问题，我希望我们的发展是从小到大，逐步发展。我们要注意政策平衡、规模适当，大家要相互调适、相互理解，不能窝里斗。盘子就那么大，学校原来是 3 个专业学位硕士点招生，现在发展到 8 个，大家都要生存和发展，我们希望是共同发展、共同繁荣，不是你死我活，不希望大家在这个问题上来竞争。这个平衡过程也确实涉及一些利益分配，学校会从总体利益来综合平衡，但是，各单位招生人数的多少将逐步与学生分配情况挂钩。所以我觉得学生的规模人数适当控制，总体上要把关，可以从科学学位和专业学位人数比例上做调整。当然，目前也确实存在一些尚需研讨的问题，大家在讨论中也都提到了，例如："科学学位硕士招生与博士招收学生对接、硕博连读，剩下都招专业学位的学生"、"科学学位要继续攻读博士，专业学位以创新精神和创新力为主、大量是动手能力的培养"、"我们将来有没有可能达到专业学位占比70%，剩余30%科学学位硕士直接升博"、"大家在讨论中提到社会科学有没有科学学位？都是应用为主的"……这些问题都是我们会后可以进一步研究的议题。现在我们尚处于转型过程中，这些问题的思路并不是很清楚。

我们对学生的管理应该更加严格，专业硕士学位不能放松管理，不能比学术学位降低标准。比如没上课就是没上课，达不到课程标准就要补课、补修，这个必须严格按照规定来，绝不因为学生是在职学习，20次课来了2次，然后还让他参加考试混过去，这样我们怎么来保证质量呢？对在职学习学生和专业学位学生要严格考勤，达不到一定的上课率，就淘汰。这个管理必须严格。

我们的学生，要鼓励参加各种大赛，这方面现在有的做得不错。像商学院的欧莱雅商业大赛、抽样调查大赛、创业大赛、数学建模大赛，有很多研究生参加，成绩不错，为学校争光。我们要鼓励这些参赛，这就是实践，这就是动手能力，参加大赛的过程就是动手能力。所以，对学生这方面要加大奖励和激励的程度，对参加各种大赛的学生和辅导老师要给予表彰和鼓励。

四、教育国际化

我们学校发展中还有一个问题，就是要鼓励国际化，我们的国际化程度不是高了，而是还不够。在专业硕士方面，我们可以利用他们自身的条件，加大力度来推进学生的国际化。我希望各学院在学分互认的基础上、在国内外联合培养的基础上，可以采取一些宽松的方法，希望各学院好好研究一下，学分互认灵活一些，不要管得很死。我们的教学计划也要有灵活性，不上哪一门课有什么关系呢，照样可以成才嘛，所以，不要用很机械的东西把学生的国际交流控制死。

目前，在国际化、经济全球化的条件下，我认为对外经贸大学的学生 5% 的出国比率指标不算高。我们要有 15% 以上的人出国，那样，对外经贸大学未来才能真正培养出国际一流人才。

我一直在探讨一个问题，对外经贸大学怎么才能培养出诸如林建海这样在国际组织任高职的人才呢？这是困扰我们的问题。我们培养的学生需要具有国际视野、国际能力、国际竞争力，我们是培养国际化人才的，我们必须培养出更多的林建海，这才是我们的奋斗目标！我校国际化程度比其他大学高，这是我们决不放松的一个战略目标，也是我们的办学特色。所以，在国际化这个问题上，要加大力度，推进我们专业硕士学位学生乃至全体研究生国际交流和国际大学间的联合培养工作。在培养过程中，拿半年到一年的时间到国外交流，学生会学到很多东西。我们一个暑期学校为什么能给那么多学生带来那么大的震撼？原因很简单，就是因为他们在国外教师身上学到了很多学习的方法。所以在国际化方面，我们还是要扩大规模，增强学生的国际竞争力和国际视野，使其通晓国际规则，为社会培养更好的国际化人才。

五、办学条件

总的来说，我觉得专业硕士学位办学，第一要增加管理人员，适当增加管理人员，采取兼职与专职结合的管理队伍。EMBA 和 MBA 的成功，应该归功于它们有两支队伍。当我们发展到一定规模的时候，必须有专职的队伍，这个就是人事代理制度，不是增加事业编制。MBA 中心有多少专职管理人员？事实上大多数都是人事代理的流动编制。我们专业学位管理队伍要增加这种意识。增加管理人员，能加强我们的管理和服务。我觉得我们对这些专业学位研究生的服务要加强，要不然他们会有很多抱怨。要有专业人员提供服务，要提供舒适周到的服务，让他们爱校如家，这样才能增加学生和教师、学生和学校之间的互动。

第二是改善教学条件。学校的教室要为专业学位教育改造专用教室，建设专业硕士专用教室，如马蹄型教室。我们已经建设的教室，可以共享共用。学校刚成立了教室服务中心，实施全校教室资源共享。各学院提需求，按规定管理，真正做到全校资源共享。学校现有不少小教室，之前因为没有投影设备，所以没有使用好。最近，计划全部装上投影设备，投入使用。在这方面，我们要增大投入，建立更多的专业教室来支持我们专业学位课程建设。

第三是经费投入。关于这个问题，我实事求是地讲，所有办专业学位的单位，学校都不会让你们亏损。项目完成之后，你贴了多少钱，学校补你多少钱。请财务处具体对每一个项目核算一下。我一直讲，对于新办的学院，扶上马送一程，初期的投入条件可以列入成本，这个没问题。关键要注重发展，提高质量。对于经费问题，在政策上对新办的学院会适当放宽。请财务处跟有关学院共同进行一次关于专业学位的经济政策调查，然后提出政策建议。我们要增加教学投入，尤其是初期阶段。请学院也增加研究案例的投入，增加对案例研究老师的投入。要增加和发展一些好的专业硕士学位案例库。

六、专业学位评估

关于专业学位评估，今天商学院报告中提及的国际评估与认证，现在大家还做不到。但是，我们先做到招满一届学生以后，进行学科发展的学校自评估，凡招满一届学生毕业以后，学校组织专家进行验收评估，培养方案、考试卷子、学位论文等一样样验收，我们通过学校自评估来检查质量，以评促建、以评促改。评估，是我们专业学位质量的一个保证。请大家保存好你们的原始办学资料，保存好你们的评估材料。等第一届学生毕业自评估完成，以后可以做两年或者三年的滚动性评估。评估、自评估是保证质量的一个重要措施。我们通过互评、专家巡查等方式来推进评估工作，这项工作也是我们下一阶段的重要工作。学校通过评估来检查质量，督促我们发现问题，推进科学发展。

追梦·圆梦*

人是在梦想、追梦、圆梦的轮回中，不断实现自己的人生价值的。希望你们要敢于有梦、勇于追梦、勤于圆梦，做个理性的追梦人。

亲爱的新同学，各位老师、家长、来宾们：

大家好！

首先，我对我校全体新同学的到来表示热烈欢迎！你们怀着对未来人生发展、事业追求的梦想来到惠园，开始了人生新的旅程，我为你们经过辛苦努力、终于在激烈的考试竞争中脱颖而出，如愿以偿考入对外经济贸易大学表示衷心的祝贺。向始终帮助、支持、教导你们成长、成才的老师、家长和亲友们表示诚挚的敬意！

对外经济贸易大学素以精品教育、精英人才培养为荣，学校专业门类不多，只有经、管、文、法四大学科门类，但招收的都是全国一流的优质生源。近年来，根据人民网统计，对外经济贸易大学在全国高校的高考录取分数，始终保持在国内大

* 2013年9月4日在学校2013级新生开学典礼上的讲话。

学的前十位，我校也被网上称为中国文科最难考的大学之一。今天，你们站在这里，进入对外经济贸易大学学习、深造，毫无疑问，你们是最牛的!!!

今年，我校实际招生本科生人数为 2 149 人。文科在全国 25 个省市的录取分数超出一本线 50 分以上，理科在全国 16 个省市的录取分数超过一本线 100 分以上。文科录取的考生排名基本保持在全国各省市 300 名左右，理科录取的考生排名基本稳定在全国各省市 1 800 名左右。

今年，我校共录取硕士生 1 911 人，其中科学学位学生 925 人，专业学位学生 986 人，专业学位占比 52%。共录取博士 132 人，硕、博录取共计 2 043 人，首次录取学生数突破了 2 000 人大关，实现了研究生招生历史性跨越，博士、硕士生生源质量进一步提升。

各位新同学，感谢你们无悔地选择了对外经济贸易大学，成为 UIBE 大家庭的一员，也就意味着从现在起，我们共同拥有了同一张名片——贸大；终生拥有同一个称呼，贸大人。这是我们每一位新生一生的名誉和骄傲。因为，你们进入的是，中国大学生最满意高校五十强之一。选择贸大，是你们一生中最重要的人生道路的选择。

同学们，可能你们很小的时候，就怀有一个梦想，将来有一天，我能迈入国家重点大学的校门，成为一名大学生。今天，你们圆了自己的梦想。经过 12 年的小学和中学教育，多少个日日夜夜的勤奋和努力，汗水和收获，你们终于成功了。在梦想中，脚踏实地地去追梦，终于实现了自己的梦想，梦想成真！今天，你们上了国家重点“211”大学，你们的梦想又是什么呢？我们知道，人是在梦想、追梦、圆梦的轮回中，不断实现自己的人生价值的。

大学，作为你们实现人生价值的平台，为你们丰富美丽的人生，提供基础性的训练和培养。大学的教育过程，是心智提升的一个过程，是能力和素质养成的一个过程。大学，就是进一步启发你们的心智，解答你们的各种疑惑，传授给予你们知识，帮助你们成长和成才；为国家培养高素质、创新型、国际化的精英人才和栋梁人才，惠泽百姓，造福人类。站在大学这个新的起点，我们今天在座的每一位新同学面临新的思考：我是谁？我为什么在这里？我来这里干什么？我的未来在何方？我的梦想是什么？在大学生活的第一天，回答这些问题，一定会充满了好奇、疑问、幼稚、青涩和懵懂，这就是丰富的大学生活的开始，祝福你们!!!

作为校长，我将一些有益的经验与你们分享：

第一，希望你们继续展开自己的梦想，科学规划你们的人生之路和职业发展的梦想，丰羽贸大，展翅社会。

规划就是要设计好我们大学学习、未来人生发展路径。人应该有梦想，有发展蓝图，要明确自己做什么，能做好什么。我希望每一名同学在确定了目标之后，就要综合考虑自身条件、专业特点和实现目标所需各项要素，把个人才智和社会需求结合起来，找准平衡点，有计划、有步骤、有重点地安排大学生活、学习，绘制一个适合自己的、有利于发挥自身潜质的发展蓝图，为未来发展做准备。如果你希望毕业后直接就业，就要侧重于就业岗位所需知识、技能、素质等方面的学习和培养，多参加实践锻炼，多积累工作经验；如果你希望继续在国内深造，就要侧重于专业知识学习，多参加学术报告，参与科研活动；如果你希望出国深造，就要努力学习专业知识，考出好成绩，提高 GPA，强化语言学习，培养国际视野。当然，无论确立哪种目标，同学们都要在对外经济贸易大学的平台上，加强品德修养，丰羽贸大，使自己成为一个有修养的人，一个有学识的人，一个有能力的人，一个既全面发展，又有自身特色和优势的人。

第二，希望你们能为立志做大事而努力，诚信纯朴，培育自己全面发展的能力，做一个未来的大写的贸大人。

同学们，你们是时代的精英，应该树立为振兴中华而勇于奉献的时代责任感，始终把实现国家富强和人民幸福为己任，不为一己之利，以天下为公，立大志，做大事，具有改造自然、改变世界的凌云壮志。青年时期是理想信念形成的重要时期，也是立志的关键阶段。志向是青春的火焰，是生命的动力。有大志者，事竟成；有大志者，人生事业才能辉煌。志向高远，就是要放开眼界，不满足于现状，不屈服于一时一地的困难和挫折，更不要计较个人私利的多与少，拥有“穷则独善其身，达则兼济天下”的胸怀。正像我们在奥运会上看到的，五星红旗的尊严来自于超越对手的实力，中华民族的豪迈依托于问鼎成功的风范。你们不仅要自我成长，而且要帮助别人；你们不仅要自我奋斗，而且要服务社会；你们不仅要规划自己的幸福人生，而且要思考如何报效祖国、履行社会责任！同学们，你们既然无悔地选择了贸大，就要努力把自己锤炼成一个大写的人，一个有益于社会的精英人才，培养成为具有“博学、诚信、求索、笃行”贸大精神的贸大人。

第三，希望你们尽快完成中学到大学的转变，增强自学能力，博学之，求索之，笃行之。

我们必须有足够的认同，大学是给人们灌输思想和认知的一个最好的体系。我不希望各位新生“唯分数论”，但学校也有必要的底线，踩破底线，就是学业失败。在贸大的同学们中间流传这样一句话：“贸大有棵树（数），叫高数（高等数学），上面挂了很多人。”当然，不仅高等数学，在其他学科课程中学习不及格、失败的例子还有一些，究其主要原因还是同学们在学业上投入的时间和精力没有足够得多。对你们而言，除去每天休息 8 小时和寒暑假时间，大学课余时间占大学时光的 50% 以上。如此充裕的课余时间，太多的自由与选择，所以我希望你们尽快完成中学到大学的转变，适应大学的生活、学习。要确立独立生活意识，为了给自己的人生理想夯实基础，就需要摆脱依赖、等待、犹豫，树立自信、自律、自立、自强的精神，勇于面对生活。要树立新的学习理念，学会自主学习、全面学习。大学阶段，学业依然是你们最应该全力以赴做好的主要任务和中心内容。只有端正学风，在勤奋、严谨、求实、创新上下功夫，才能充分利用大学期间的宝贵时光，学习到扎实的知识，掌握真正的本领。学习过程，也是一个人的素质养成过程，在枯燥的学习中，能不能控制自己的情绪；在学习遇到阻力的时候，会不会调整方法；在压力很大的考试中，能不能正常发挥水平，都很能反映一个人的素质和潜在能力。学业失败了，没有构建起应有的专业知识和学科背景，没有获得基本的素质和修养，在未来的职业发展中又何谈其潜能呢？更何况，当前发达的经济和科技进步，对每个职场人而言，都需要更多的专业知识和技能。你们，准备好了吗？

第四，希望你们不仅进一步提升你们的智商，还要努力完善你们的情商，完善与他人协同的能力和技巧。

同学们在学业上以及各种能力提升中，必须投入足够的时间和精力，才能达到预期的效果。不论你的 IQ 有多高，如果你们马虎、不认真，沉迷游戏玩乐，放弃在学业中应该投入的时间和精力，放弃参加各种社会实践活动，这些都会影响到大学培养的过程，也失去了你们上大学的价值。对大学生而言，学校有很多评价标准和机制，这些评价标准和机制，代表了一个完整的大学培养知识架构体系、能力体系和个人未来发展潜能。对对外经济贸易大学的学生来说，我们培养的是通专结合、高素质的复合型人才。具体来说就是培养“基础宽厚、视野开阔、创新能力强，面向世界、善于跨文化交流的经管类复合型精英人才”。为此，学校设置了高度灵活的学生自由选择的培养与学习体系。按照四大学科结构特点，学校在课程体系中搭建校级公共基础课、学院学科基础课，使全校所有专业的学生能够具有一定的经济、管理、法律类课程基础，为其将来的专业技能培养提供必要的条件。

当然，为达到人才全面发展、精英培养这一功能，对外经济贸易大学还为同学们提供了丰富多彩的第二课堂、第三课堂活动。通过“思想引领平台、通识教育平台、校园文化平台、社团活动平台、实践育人平台、学术科研平台、志愿服务平台、就业创业平台、国际培养平台、精英成长平台”等学生发展平台，让不同背景、不同理念、不同国籍、不同肤色、不同文化背景的同学们在一起，给你们主流的规范和品味，让你们学会生活，练就修养，塑造胸怀，完善情商。大学也能容忍独立性，鼓励创新和标新立异，尤其是“批判性思维、理性分析、解决问题能力和清楚沟通”。

第五，希望你们尽快自立，迎接挑战，超越自我，做个理性的追梦人。

同学们，我国正在加速推进“中国梦”实施。中国梦，就是你的梦，我的梦，大家的梦，贸大的梦，中国人民的梦。希望你们要敢于有梦、勇于追梦、勤于圆梦。梦想是现实的前奏，只要有梦想，就有希望；有希望，去努力，必有光明的前途！年轻人充满梦想，这是你们的权利，脚踏实地努力，做个理性的追梦人。当我们个人渺小时，没有能力改变世界，但我们能改变自己，通过改变自己，创造价值，来改变世界；当我们足够强大时，我们将尽力去改变世界，努力实现自己的梦想，这是人生的价值所在。当然，寻梦之路也未必是平坦的，未来你们可能会遇到各种各样难以克服的困难和障碍，你们要不怕困难，要有坚强的信念，百折不挠的毅力，充满自信地去迎接未来的挑战！

同学们，从今天开始，起步吧，在追梦的理想中，展翅飞翔。人生梦，从贸大开始；中国梦，从我做起。

同学们，因为有你们的存在，惠园时时刻刻充满动力和活力，我想这也是你们希望、向往进入这所学校的原因。在这里你们将寻找到高级职业的入口。同学们，在大学未来的生活学习中，你们会有很多问题，这些问题的答案，有的需要父母、老师、朋友、同窗来解答，有的需要你们自己去面对，自己去探索。你们是有理想、有追求、勇于担当、敢于拼搏的“90后”，在你们身上，我同样看到了理智、坚持、忍耐、勤奋的好品质，所以我有理由相信，你们在学习中、生活中遇到的困惑，将不再抱怨，而是积极面对；上大学不应该很难，你在大学面对的困难，只是那些会改变你的力量。

同学们，今天你们应该倍感自豪！因为，今天，是你们人生的新起点。亲爱的同学们，你们要珍惜今天的一切，因为今天的成功是你们用汗水、拼搏、奋进换回的胜利。你们更要珍惜明天，因为从今天开始，昨日的成功已经属于过去，明天你们将在同一个学习、发展平台上竞争！新的起点，新的征程，新的奋斗目标，使我们有辉煌的发展路径和创造生活的激情，有了更高的使命感、责任感。要成为这样的一个社会精英，你们从今天开始就要更加严格地要求自己，要珍惜自己从今往后的分分秒秒，要充分利用学校为你们提供的条件，在科学和文化的海洋中汲取你们成才所需要的一切养分，充实自己，提高自己，发展自己，把自己塑造成一个国家和社会需要的栋梁之才，展现 UIBE 学子风采！

同学们，今日你们以贸大为荣，明日让贸大以你们为荣。希望所有新同学在 UIBE 德、智、体、美全面发展，健康、快乐，学有所成！

从国家开放型经济发展战略及增强国家软实力的双重高度加大对小语种人才培养和师资队伍建设的扶持力度*

扶持小语种人才培养和师资队伍建设，是我国深入发展开放型经济的战略需要；是我国实施企业“走出去”的战略需要；是我国软实力建设与国际输出的战略需要。

一、扶持小语种人才培养和师资队伍建设，是我国深入发展开放型经济的战略需要

20世纪90年代以来，经济全球化不断加速发展，区域经济一体化势头方兴未艾，发展开放型经济逐渐成为世界各国的主流选择。党的十八大报告提出，要全面提升我国开放型经济水平。“适应经济全球化新形势，必须实行更加积极主动的开放战

* 2013年10月18日在全国外语院校协作第28届年会上的讲话。

略，完善互利共赢、多元平衡、安全高效的开放型经济体系。要加快转变对外经济发展方式，推动开放朝着优化结构、拓展深度、提高效益方向转变。”

经过三十多年改革开放和经济高速发展，中国已成长为世界第二大经济体、第一大贸易国和第一大出口国，吸引外资规模长期居发展中国家之首。越来越多的中国企业“走出去”，在全球范围内配置资源、拓展发展空间。同时，随着经济实力与国际影响力的不断增强，我国也积极参与和推动区域经济一体化进程，并在国际金融危机蔓延引发全球经济衰退、世界经济结构大调整的环境下，中国经济凭借稳固的基本面成为世界经济的稳定力量和恢复增长的强大引擎。而这一切，与我国的外语教育事业包括小语种在内取得的长足进步，与一大批奋战在我国建设事业各条战线上的外语人才的辛勤奉献，是分不开的。

随着我国开放型经济战略的实施和不断发展，我国同世界各国的经济合作、政治交往与文化交流空前活跃。我国涉外人员、企业，对合作对象国、对象地区主体人群所用语言的掌握与应用程度，对我国开放型经济发展战略的实施发挥着重要影响。以阿拉伯语和西班牙语为例：世界上以阿拉伯语为母语者 3 亿多人，主要分布在西亚和北非 22 个阿拉伯国家；2012 年中阿双边贸易总额达 2 223 亿美元，约占我国对外贸易总额的 5.75%。以西班牙语为母语者亦为 3 亿多人，主要分布在西班牙和拉美地区的 21 个国家；2012 年中拉贸易总额约为 2 400 亿美元，约占我国对外贸易总额的 6.2%。此外，世界上包括巴西在内共有 8 个葡语国家，讲葡语者 2 亿多人；2012 年仅中巴贸易额便高达 857 亿美元。

因此国家对外语人才，尤其是小语种外语人才的需求更加迫切。必须从国家战略发展需要的高度来认识小语种外语人才培养的重要意义，大力发展小语种外语教育事业，加强其师资队伍建设，以促进我国开放型经济水平的全面提高。

二、扶持小语种人才培养和师资队伍建设，是我国实施企业“走出去”的战略需要

企业“走出去”战略是我国全面提升开放型经济水平的题中应有之义，目的是通过企业产品、资金、技术、人才、管理“走出去”，增强我国企业的国际化经营能力；培育一批世界水平的跨国公司，服务我国开放型经济建设，增强我国在国际经济秩序中的话语权与影响力。

而从多年来我国企业走出去的实践来看，由于对对象国家和地区商务文化与环境缺乏必要的认识和了解，我们的企业陷入了不必要的政治、经济、法律纷争或社会文化困境，从而遭受精力和财力上无谓损失的案例，并不鲜见。这对我国国际区域国别研究，尤其国际商务环境比较研究以及跨文化商务交际研究，提出了重大命题。

区域国别研究，尤其国际商务环境比较研究，应紧密联系我国实施企业走出去战略的实践，系统研究投资对象国、地区的贸易、投资、金融、法律、社会文化、风俗习惯、历史传统以及社交礼仪等商务环境，并系统提出我国企业的应对措施。而跨文化商务交际研究，则应从跨文化交际理论出发，着重针对企业走出去过程中企业形象公关、商务晤谈以及人员交际能力培养等方面开展国别性、对策性、应用性研究。但上述两个领域的研究，均面对一个毋庸置疑的客观事实，那就是必须奠基在外语教育与外语人才培养这个基础上。

只有拥有能够成功应对众多国家语言、文化挑战的外语教育与高质量的外语人力资源，尤其是小语种外语教育与人才储备，才能建成国际

区域国别研究和跨文化商务交际研究的学术大厦，提供对象国家、地区的对策性建议和实践指南，确保我国企业走出去发展战略的成功实施。

因此，加大扶持小语种人才培养和师资队伍建设力度，才能夯实我国实施企业走出去战略的国别语言文化基础。

三、扶持小语种人才培养和师资队伍建设，是我国软实力建设与国际输出的战略需要

当今世界正处在大发展、大变革、大调整时期，世界多极化、经济全球化深入发展，科学技术日新月异，各种思想文化交流、交融、交锋更加频繁，文化在综合国力竞争中的地位和作用更加凸显，维护国家文化安全任务更加艰巨，增强国家文化软实力、中华文化国际影响力要求更加紧迫。

而国家软实力建设及其国际输出，无论是国家文化、意识形态、政治价值观、外交政策诸多方面，其跨越国境无疑均需要通过语言文字这种人类最基本的交际手段得以实现。只有让世界上更多的人掌握和应用汉语汉字，只有拥有足够数量与质量的外语人才从事本国文化外译的工作，我国的软实力才能够真正拥有足够多的境外受众，吸引世界，深入人心。外语教育，尤其是能够大幅扩大对象国规模、增强软实力辐射针对性的小语种外语教育，对我国汉语对外教育推广事业而言是必不可少的工具，而对我国文化外译事业而言自然更是占据了当仁不让的重要地位。因此，扶持小语种人才培养和师资队伍建设，毫无疑问是我国软实力建设与国际输出的必经路径。

截至 2011 年底，国家汉办已在 105 个国家与地区建设了 358 所孔子学院、500 余个孔子学堂，全球学习汉语和汉文化的非中国籍人数近 1 亿

人。面对国别众多、学生规模可观的现实，迫切呼唤着兼具汉语对外教学资质与小语种外语能力的师资力量和人才储备。国家汉办不断巩固和拓展与国内外语类高等院校的合作关系，建设对外汉语教学师资小语种外语培训基地和实施各类小语种培训项目，正是积极应对这种急切需求、正视小语种外语教育对汉语国际推广事业重大意义的客观体现。多年来中国人无缘诺贝尔文学奖，但是莫言依靠其翻译团队精益求精的工作成功取得“零”的突破，这从一个侧面例证了外译对国家文化输出所起到的巨大作用。

四、国内高校开设小语种专业的现状和面临的困难

新中国成立以来，尤其是改革开放30多年以来，中国外语教育从主要开设除汉语外的其他联合国工作语言及少量非通用语种之外，发展到目前开设的45种外语，取得了令人瞩目的成就。

在我国小语种外语教育取得巨大成绩的同时，冷静而客观地审视中国外语教育的现状，依然面临许多困难。

（一）师资队伍问题

1. 师资队伍后继乏人

相对于小语种外语专业毕业生的收入待遇，高校小语种外语教师的收入很低，所以很多高校小语种外语师资队伍出现断档、后继乏人，同时还存在性别比例失调的问题。例如，有些用人单位为葡萄牙语专业毕业男生（拟派出境外工作）提供的月薪甚至高达5 000~10 000美元，这导致类似专业的男生毕业后基本上不愿意从事教育工作。

2. 不聘请外国语言类专家

目前，国家基本上不支持聘请外国语言类专家，这对小语种人才培

养极为不利。

3. 学历提升

目前国内许多小语种外语专业未开展博士研究生教育，如葡萄牙语、意大利语等专业国内最高教育学历生为硕士研究生，因此许多小语种外语专业的教师在学历提升、职称晋升与个人发展方面受到诸多限制，不利于师资队伍稳定。

（二）办学条件

小语种外语专业由于规模小、办学成本高，所以有些高校对小语种外语专业建设重视不够，在资源配置、教学条件等方面投入不足。

五、关于对小语种专业建设的建议

综上所述，建议如下：

（1）国家外专局恢复对高校聘请小语种外国专家给予重点支持；

（2）国家留学基金委将小语种师资学历提升列为重点支持对象；

（3）由国家财政专款支持教育部建立若干个小语种高质量人才培养重点基地，给予持久性支持，对小语种人才培养、师资队伍建设及专业建设给予包括工资、津贴等方面的倾斜支持；

（4）财政部和教育部以及国家科研主管部门共同支持建立若干个国别研究高端人才培养与学术研究基地，保障重点，做大做强。

科学学位和专业学位建设的思考

科学学位研究生教育关键在于通过传授系统而完整的学科知识，实现对本学科领域知识的创新与发展。专业学位研究生教育强调应用性强的特点，在培养上注重理论联系实际，培养研究生分析和解决问题的技能。

早在1954年，我校就开始研究生教育。1981年，我校经国务院学位委员会批准，成为全国首批具有硕士学位授予权的大学，1984年获得博士学位授予权。目前，我校拥有国家级重点学科2个，国家级人文社会科学重点研究基地1个，北京市重点学科7个，北京市哲学社会科学研究基地1个，博士后流动站4个。到目前为止，我校拥有理论经济学、应用经济学、法学、工商管理、统计学5个一级学科博士点，8个一级学科硕士点及10个硕士专业学位授权点，覆盖经济学、管理学、文学、法学四大学科门类。学科数量是一所高校教学、科研水平和学科综合实力的集中反映，是体现大学办学实力的重要标志，我校这些学科授权点的获得必将使我们向建成“国际竞争力、影响力显著增强的国际知名的有特色高水平大学”的办学目标迈出更加坚实的一步。

研究生的研究水平、创新能力，决定了一所大学研究生培养的质量和水准。所以，学校非常重视提升研究生的科研水平和创新能力，学校每年开展研究生科研创新项目立项活动。为鼓励我校研究生参与国内外学术交流活动，学校拿出专项经费专门资助我校硕博研究生参加国内外大型学术会议，这项措施极大地鼓励了我校研究生深入地了解和把握国内外相关业界的最新发展和前沿问题、引进先进理论、提高科研水平、产生优秀学术成果，同时也向国内外推出我校精品科研成果，促进了交流。为激励广大研究生积极开展科学研究，多出原创性学术精品，学校还对研究生在学期间公开发表的学术论文、省部级以上科研获奖项目以及政策咨询报告等成果进行奖励。当然在研究生培养中还有很多措施，比如实行硕博连读体制、国内外联合培养、设立优秀博士论文培育基金、开展论文相似性检测和双盲评审、实行研究生两级管理等。这些措施为提升我校研究生科研水平和创新能力起到了很大的作用。

一、我校科学学位与专业学位培养目标定位

科学学位旨在研究型与探究型能力的培养，全日制从事基础学科理论研究。科学学位研究生以培养从事科学研究工作、发现规律、创新理论、发展知识为目标，要求在教育过程中注重培养科学研究所具有的实事求是、开拓创新、锲而不舍的科学精神。同时，要求科学学位获得者掌握从事科学研究的基础知识和基本技能，在本门学科上掌握坚实的基础理论和系统的专门知识，具有较宽的知识面，具有从事教学工作和基础性、理论性科学研究工作的能力，能够在自己的专业领域作出创造性的成果。具体来说，我校就是培养德才兼备、善于创新、基础宽厚、专

业扎实、具有跨文化交流能力和国际竞争力的学术与应用结合型人才。

专业学位是为了适应社会需求，培养在某一专业（或职业）领域具有坚实的基础理论和宽广的专业知识，具有较强的解决实际问题的能力，能够承担专业技术或管理工作，具有良好职业素养的高层次应用型专门人才，要求教育过程中注重培养实干精神，如高水平的专业技能、高尚的职业道德以及忘我的奉献精神。专业学位以专业实践为导向，重视实践和应用，在本门学科上掌握较坚实的理论基础和宽广的专业知识，具有综合运用所学知识分析和解决专业领域实际问题的能力，具有创新意识与独立担负专门技术工作的能力，具有实事求是的科学态度和团队合作精神。具体来说，我校专业学位培养的是德才兼备、善于创新、基础宽厚、专业扎实、符合职业特点的、具有跨文化交流能力和国际竞争力的高素质复合型、应用型专门人才。

二、我校科学学位与专业学位培养方式

科学学位研究生培养主要采取课程学习与学术导师指导相结合的方式，也可以采取课程学习、导师指导和学科指导小组集体培养相结合的方式，充分发挥指导小组的集体培养优势。学术导师一般由学术水平高、在研究工作中有成就的教授、副教授或具有相应职称的人员担任。我校实行导师负责制，要求导师全面关心学生成长，定期指导学生科研，因材施教，鼓励和发挥学生学习的积极性、主动性和创造性。

专业学位研究生培养方式采用课程学习和科学研究、讲授与讨论、课内教学与课外实践相结合的基本方法。我们强调专业学位应用性强的特点，在培养上注重理论联系实际，培养研究生分析和解决问题的技能。教学方式采取课堂教授、研讨、模拟训练、现场实践和社会调查等多种

方式。在导师指导上，专业学位导师对学生的指导不仅要重视理论知识，还要重视实践经验。所以，专业学位研究生导师我们都是采用双导师或多导师联合指导，即校内学术导师，由理论基础深厚、实际工作能力较强和指导经验较丰富的导师做课程学术指导；校外导师，由品德高尚、实践经验丰富、基础理论较强和愿意奉献高等教育事业、有一定指导能力的各职业部门导师或研究员做实践、应用指导。

三、我校科学学位与专业学位课程设置

课程设置是研究生掌握坚实基础理论研究和系统专门知识的主要环节，但两类研究生课程设置上也存在一些差异。

科学学位研究生教育关键在于通过传授系统而完整的学科知识，实现对本学科领域知识的创新与发展。课程设置以基本知识、基础理论和科学研究方法为主要内容，要体现课程结构的系统性和完整性、连贯性和层次性，同时加强课程的宽广性、综合性、交叉性和前沿性，培养有发展潜力、有创新精神的科研人才。

专业学位研究生教育课程设置以“职业能力”为本位进行设计，体现本专业硕士生在基础理论、专业知识方面应具备的宽度和水准，而不是以掌握某门学科的知识体系为目标，我们允许企事业单位参与到学校的课程设置中，用其行业的经验和思维来充实和改进大学的课程设计。课程内容突出技术性与应用性，理论教学与实验、实践教学紧密结合，这样有利于培养具备一定理论基础，也具备一定实干精神的高层次复合型人才。

当然，两类学位研究生培养方面还有一些差异，我在此就不一一赘述。但是，我们应该有这样一个共识，无论是科学学位还是专业学位，

都是研究生培养，都要在研究生的学习和实践中，自觉培养心系祖国、爱岗敬业的奉献精神，勇于创新、攀登高峰的开拓进取精神，探索求真、实验取证的理性和求实精神，协作共事、淡泊名利的团队和包容精神；要在知识积累上狠下功夫，要不断提升创新能力和学会批判性思维；要明辨慎思，知行统一，真正做到不唯古、不唯洋、不唯上、不唯书、不唯闻，只唯实。同时，研究生在学习和实践中一定要恪守学术道德，做到严谨为学，诚信为人，独立思考，脚踏实地，以自己的辛勤劳动创造优异的成绩，努力成长为国家和人民需要的高层次、高素质创新拔尖人才，为建设创新型国家和构建社会主义和谐社会作出应有的贡献。

篇二

实现贸大梦，就是始终盯住国际尖端理论前沿，围绕国家重大战略需求，创造新的知识体系；积极参与国家重大项目攻关，努力成为经济社会发展的智囊团和思想库。

强化“五个意识”，扎实推进我校科研工作*

提高我校科研水平和科研质量，应该强化“奉献意识、忧患意识、目标意识、团队意识、激励意识”这五个意识，要发挥团队精神，加强协作、沟通，进行资源整合，使我校的科研成果再上新台阶。

每个人都要有所期盼：农民最大的期盼是土地里能长出丰硕的果实；工作的人期盼收入增加，年终有份沉甸甸的红包；股民期盼能在股市中赚到钱；股东期盼多分红利。而教师期盼什么呢？我想作为教师，应该有两个期盼：一盼多培养人才，学生有成就，桃李满天下；二盼多出科研成果，为社会贡献宝贵的精神财富，所以教师引以为豪的是自己发表的研究成果。所以，在收获的季节，大家应该盘点一下劳动成果，享受成功的喜悦。作为校长，我也有期盼，我的期盼是学校多出科研成果。但是从目前统计的科研成果来看，距离我们的目标还有一

* 2010 年 1 月 7 日在学校科研工作总结暨新项目培训会上的讲话。

定差距，党中央把保 8 作为奋斗目标，关于科研成果要保几才能作为奋斗目标呢？我一直想这个问题，对于科研成果也要提一个奋斗目标，所以我就学校科研工作，提几点要求：

第一，要增强奉献意识。我很欣赏美国总统的一句话："不要问美利坚为你做了什么，要问你为美国做了什么。"我同样引用这句话来告诫大家，不要老是问，贸大为你做了什么，应该经常问自己，你为贸大做了什么。对外经贸大学是一个非常好的牌子，有很高的社会声誉，有很好的生源，也有不错的就业质量。前几天我读了本叫《北大批判》的书，是北京大学 1979 级一位学生写的，主要是对中国高等教育进行思考。在这本书中，他提到 1979 年高考填报志愿，跟他同样分数的人不去上北大而是报考了北京外贸学院（对外经贸大学当时叫北京外贸学院），他在书上写道：当时我认为他头脑坏掉了，北大这么好、这么有光荣历史的学校不去上，去上北京外贸学院。10 年后再看两人的情况，尽管各有千秋，但是当时考入北京外贸学院的同学比他有钱得多，后来他说："原来我是世界上最傻的。"举此例子说明对外经贸大学是很有名气的。

但是，在学校最近评职称过程中，我觉得贸大人还缺乏奉献意识，期望值太高。有一些教师刚达到基本入门条件，就积极争取当教授，想法很好，但是要对得起贸大教授的头衔。做好科研，既是教师的本分，也是贸大对教师们的基本要求。一个大学靠什么，靠每个人不断地进步发展，靠大家为此的奋斗和奉献。我知道，大家在科研工作中，压力确实很大，但压力也是动力。所以，在此我也对各位教授讲，你们一年写不出三篇文章，拿着教授的头衔，也不好意思啊！所以我第一个要求是大家都要讲奉献精神。做科研，就是要有奉献精神，就是把爱贸大的事业，当成我们前进的动力源泉。把我们单位的事业和自己的奋斗目标结合起来，为荣誉而战，为学校的声誉而战。

第二，要增强忧患意识，奋力拼搏。科研建设是慢变量，不像硬件建设，这需要大家齐心协力共同努力。高校排名体现高校实力，经贸大学是个好牌子，我们这块牌子在中国高校中应该排在什么位置，我想大家都有一个期望值。但是看一下最近五年各排行榜的情况就知道我们处在什么位置了。几年前我们排名中国高校第68位，后来变成86位，再后来90多位，再后来前100位都进不去了。当其他高校都在大发展的时候，我们没有进步或者是很小的进步，就是退步。高校排名或多或少已经表现出这一状况，所以大家应该感觉到发展的压力，要有忧患意识。忧患意识就是一种压力，有压力才能变成动力，才能激起我们奋起直追、奋力拼搏的决心。我们的科研总量近年来进步很快，自己与自己比，进步很大，但是在与兄弟学校的竞争比较中，我们还有差距，与一流大学和高水平大学的奋斗目标尚有差距。处在这样一个阶段，每一个贸大人都必须有忧患意识，有背水一战的决心，要在科研数量和质量上有突破。

第三，要增强目标意识。我们现在应该层层落实目标，要把论文的篇数、级别分配到各院系去，每个人都要有奋斗目标。科研工作没有有效组织是搞不好的，不组织，就没有目标；没有目标，就没有压力；没有压力，也就没有动力，井无压力不出油，人无压力乐悠悠。如果每个人都觉得科研成果与我无关，结果只有校长感觉到了压力，其他人都觉得没有压力，都觉得是贸大给你的还不够。如果是这样，我们怎能达到建设高水平大学的奋斗目标呢？我们真的到了唱国际歌的时候了，贸大已经到了发展最危险的时候，到了发展的关键时刻，我讲这句话绝不是危言耸听。我们从当初那么辉煌，那么有学术地位和影响，到现在学术影响不断下降、排名不断退步，如果我们再滑坡的话，真的无颜面对江东父老了，所以我们要奋进。只要努力奋进，我们就有可能实现我校科研成果的奋斗目标。

我对这几年科研产出数据进行了简单对比研究，发现“211”重点学科建设和科研成果数量无关，重点学科建设和科研成果的产出数量和质量无关，博士生导师的数量和科研成果产出数量无关，教学压力和成果产出无关，海归教师数与海外发表数无关。这些无关的数字都说明哪些问题呢？说明我们的部分教师没有尽心尽职。这也促使我们要对之前的很多科研制度重新思考。有的老师说，对外经济贸易大学科研成果只算论文、著作，其他都不算，现在我就可以告诉大家，从现在开始，论文、著作、研究报告、领导批示都算作研究成果，都要进行统计。科研成果下一步如何考核？如何考核得更科学？这要做一个项目，进行专题研究。为什么要重视科研成果？因为科研成果直接决定了学科建设的质量，学科建设决定了重点学科，重点学科决定了学校的声誉，决定了我们在社会上所获得的评价，决定了我们在社会上招生的生源质量。这就是科研成果和社会联动关系的反映。早些时候，教育部陈希副部长曾经问我：对外经贸大学有什么值得骄傲的？想了半天，我说绿色大学建设是我校值得骄傲的。我们绿色大学校园建设成果显著，已被多家媒体报道，通过教育部直报党中央国务院，中央领导都知道 UIBE 是绿色大学建设的示范。但是我们办大学不能仅靠这项成果，这只是大学的自然环境而已。我们要在学术上、学科建设上、人才培养上、科学研究上树立我校的影响力，这才是我们奋斗的目标。

第四，要增强团队意识。过去搞科研都是个体户、单干户。最近科学界在研究一个现象，叫教授的“孤独之死”。教授的“孤独之死”，就是教授犯了孤独症，精神已经死了。怎么死的呢？就是天天钻牛角尖，一个人孤独研究，不肯跟他人交流，不要团队，天天自我欣赏，结果社会对其成果也不承认。现在这种孤独的人还不少。有的教授，不会申报课题，不会去争取科研成果奖。实际上呢，申请大课题的能力他是具备的，但是因为没有系统、没有团队支持，结果往往得不到课题。现在自然科学基金、社科基金绝对不是单枪匹马，请大家注意一定不要单枪匹马，要有组织的行动，要有团队，大家集体讨论和研究，在有限范围内，志同道合的朋友之间，互相给自己审题把关。我们要加强这种组织性，单枪匹马、匹夫之勇必然战不过团队集体。我们可以有组织地做一些事情，可以利用自己的学术资源，加强团队建设。我一直讲，团队是要有学术氛围的，比如经济学上的美国芝加哥学派。为什么有芝加哥学派呢？就是这些学者、教授在午饭的时候，大家就一边吃饭，一边进行专题辩论，通过学术交流和辩论，不断完善自己的学术成果，最后科学成果越做越好，形成了新知识流派，部分芝加哥学者也成了诺贝尔奖的获奖者。我们现在搞一个职工食堂，不仅仅是为了解决大家的吃饭问题，而是为了构建一个教授交流的平台，希望各学科的人去交流沟通，平时不要那么孤独，教完课直接回家，科研也没有，学术思想也没有，信息沟通也不流畅。所以，大家一定要交流，交流了你就有动力，交流了你就有思想，交流了你就有成果、有想法，不孤独了，更不会陷在象牙塔里出不来。我希望对外经贸大学要形成良好的学术团体，要有更多的学术氛围，要大家讲学术、重学术，不要有那么多时间来议论人。议论人次数越多的单位，这个单位的质量就越差，快乐系数就很低。一天到晚议论人，因为他们没有事做，你要是有更多的学术任务，也没空议论人。团队，还可以包括学生，硕士、博士、博士后，我们的博导们一个都没利用，要充分利用博士生协助做科研，共同推进科研。我们要制定科研鼓励政策，老师和所指导的学生联合发表成果，视同老师的教学成果。其他科研鼓励政策我们还会研究，陆续出台。一定要整合学校资源，整合社会资源为我所用。通过团队建设，把重大的、有影响力、符合国家战略的大科研成果做出来，这就是我们科研组织的良好范式。

第五，要增强激励意识。我们现在的激励政策还不到位，要进一步加大奖励力度，实行双向奖励。这个机制目前没有到位，激励措施不到位。什么是双向奖励？申报课题的过程就有奖，申报自然科学、申报社会科学就应该给奖。申报到的有奖，申报不到的也给予一定奖励。申报就是在做科研。一个好的申报书写成了，就是二分之一科研做完了。凡是写过申报书的人心里都清楚，它的路径、它的技术路线、它的难点，别人一看你的申报书就知道你的思想过程完成了，下面就是组织实施的问题。不要以为一个申报书是随便写写的，坐在家里半天工夫就出来。现在的评委都是高手，我也是社科基金的评委，只要一看就知道，你在申报书里下了多少工夫，你有没有构想思路和完成的路径。实事求是讲，这里面是需要劳动投入的。有的人写申报书花了半年，完成成果也是半年时间，总共一年时间，这一年里前半年都在搞申报书。申报项目视同获取项目，要给予一定的鼓励，当然，奖励力度需要区分开来，获取项目毕竟是成功了，要有奖励，但是申报项目也要给一定的奖励。教育部传出信息，就是社科基金要加大力度，教育部的人文社科奖也要加大力度，这将提供给大家，特别是年轻学者更多的机会，希望大家继续努力。大家知道，现在国家级有三大奖：国家自然科学奖、国家科技进步奖和国家技术发明奖，没有社会科学类国家级奖项。教育部要把人文社会科学奖列为国家级奖，今年已经写到规划中去了。所以对于我们从事社会科学的，现在应该是繁荣发展的大好时期，有非常好的发展前景。

所以，如何提高我校科研水平和科研质量，我们应该认真地思考，我想如果按照上面讲的五个意识——奉献意识、忧患意识、目标意识、团队意识和激励意识，聚精会神抓科研，一心一意上水平，就一定能把科研搞好！大家不要怀疑我们的水平不够，要相信三个臭皮匠顶个诸葛亮，只要发挥良好的团队精神，加强协作、沟通，进行充分的资源整合，我们的科研成果一定能再上新水平。

推进哲学社会科学“走出去”战略加强国际文化和学术的沟通与交流*

实施高校哲学社会科学“走出去”战略，主动积极地、创新地探索高校走出去的方式和内容，提升中国学术的国际影响力，是当前高等学校繁荣发展哲学社会科学义不容辞的责任，也是涉外型大学的使命。

中国改革开放的伟大成就，提升了中国的经济实力，创造了中国经济发展的奇迹，形成了中国特色社会主义的发展之路，推进了生产力的繁荣与发展。改革开放三十多年来，我国成为世界第二大经济体，GDP 总量保持在年 10% 左右的速度增长，人均 GDP 也在不断提升。我国进出口贸易额不断攀升，进入世界前列的进出口大国行列。十年前，中国加入 WTO 之后，我国经济与世界经济同发展、共繁荣。由于我国开放政策的有效实施，我国的国际化分工参与率愈来愈高，与国际经济的联系日益紧密，国际间的人流、物流、商流的运动和加速，需要我们

* 本文载于《北京教育》（高教版）2012 年第 6 期。

全面思考中国文化繁荣和发展与世界经济互动的大课题。在世界经济一体化的进程中，国际经济发展的一般现象表明：我国文化建设滞后于经济建设，中国文化的国际传播落后于部分发达国家的文化传播，经济的国际化程度大于相应文化的国际化程度，经济的国际推广力远远大于文化的国际推广力。在这样的背景下，推动社会主义文化事业的大繁荣、大发展，提升国家文化的软实力，特别是推进中国文化和哲学社会科学走出国门，强化中国哲学社会科学的国际影响力，具有十分重要的意义。

根据我的学习体会，当前深入推进高等学校哲学社会科学繁荣发展主要有五项任务：一是积极推进马克思主义理论研究和建设工程，深入开展中国特色社会主义道路、理论体系、制度的研究宣传，大力推动实践基础上的理论创新，加强哲学社会科学学科体系和教材体系建设；二是全面提高高等学校哲学社会科学教育教学质量，强化哲学社会科学育人功能，深化哲学社会科学教育教学改革，完善思想政治理论课教学体系；三是提升高等学校哲学社会科学科研创新能力和社会服务水平，加强哲学社会科学基础研究，强化哲学社会科学综合研究，推进哲学社会科学成果的转化应用，提高哲学社会科学信息化水平，实施我国哲学社会科学“走出去”战略；四是创新高等学校哲学社会科学科研体制机制，深化科研管理体制改革，创新科研组织形式，完善以创新和质量为导向的科研评价机制，完善科研经费投入和使用机制；五是大力加强高等学校哲学社会科学队伍建设，加大哲学社会科学队伍建设力度，完善哲学社会科学人才培养培训机制，加强学术自律，推进学风制度建设。这些任务都很重要，但为了国际化发展的需要，要加大力度推进中国哲学社会科学走出去，推进中国文化和世界文化的交流与融合，增强中国文化和哲学社会科学的感召力、吸引力和凝集力，推出一批有价值、高水平的哲学社会科学成果，提升我们的国际话语权，进一步强化我国经济发展的软实力。

一、哲学社会科学“走出去”的必要性

第一，哲学社会科学的经济支持属性决定了其走出去的意义和价值。从哲学社会科学角度看，世界各国对发展中的中国经济制度、体系和发展道路充满了好奇和期望，了解改革和开放的中国，特别是生产力高速的动因和机制，希望我们给出一些有价值的思考和建议。我国经济的发展引起了世界的兴趣，我们必须给出正面的回答，提出有价值的研究结果予以解释和说明，提出哲学社会科学的研究结果。在这样的形势下，我们必须大力推进哲学社会科学走出去，在国际交往中，满足不断增长的对中国哲学社会科学了解的需求，满足对于中国发展之谜的需求，满足对哲学社会科学交流和合作的需求。我们知道，社会需求是哲学社会科学发展的基础，广泛而有深度的需求是我国哲学社会科学走出去的基本缘由。巨大的需求表明了国际间对发展中的中国充满合作和交流的经济动机，经济动机是发动机，只要大家对中国的经济发展有兴趣，就一定会有力地推进中国哲学社会科学走出去。

第二，哲学社会科学与文化互动属性说明了国际间对文化交流的渴望和哲学社会科学走出去的意义。语言与文化、经济与文化、科技与文化、哲学社会科学与文化等，都有着良好的互动关系。文化是意识形态、价值体系、宗教信仰、道德水平、思想时尚等多方面的集中体现，是潜在的、隐形的国家发展软实力。推进哲学社会科学走出去，需要借助中国传统文化的魅力，通过文化载体，加强哲学社会科学的国际交流和传播。可以看到，近年来，中国文化交流和语言学习的国际需求加大了，

国际间学术交流的渴望增多了，大学间国际交流和国际合作的动力增强了，这些都说明国际上对五千年文明古国文化充满了兴趣。在国际间的交往中，不可否认，国际文化和本土文化的充分交融和流动才是先进的文化形态；中国的，也是世界的。把中国文化传播出去，推进中西文化的理解和融合，加强中国文化自信，对于今天的中国经济和文化发展，具有无比重要的价值。

第三，哲学社会科学的国际化属性决定了哲学社会科学走出去的意义和价值。我们知道，哲学社会科学是为国家科技、经济、社会发展等问题提供咨询和决策方案的研究体系，在服务国家战略的时候，必须提供符合国际经济一体化的研究成果。在服务国际化的过程中，我们必须从全球经济发展的角度，研究经济和社会发展的一系列大问题。特别在中国经济国际化程度日益提升的条件下，我们需要把哲学社会科学的研究框架放大到在国际化大系统下，研究国内外的经济、政治、社会、环境、外交等多系统的变化，要从意识形态、经济安全、国家利益保护、文化软实力以及世界发展方式等方面提出研究课题。由此可知，中国文化走出去，要在世界范围寻求合作，在国际科技合作中发展我们的哲学社会科学。中国哲学社会科学走出去战略，需要我们全面深刻地思考国际合作。

第四，汉语国际教育与推广决定了哲学社会科学走出去战略的价值与意义。从世界经济一体化、全球资源配置以及国际贸易发展需求的角度，汉语的国际推广涉及国家经济发展和国际化的工作。我们从国际语言推广的一般性规律看，今天的汉语教育与推广，就是未来中国的国际经济竞争力；从国际多元化文化传播与跨文化沟通和交流需求的角度，汉语的国际推广涉及国际文化的互动和交流，今天的汉语教育与推广，就是明天的中国国际文化交流能力；从符合生产力规律的国际间科技成果和创新发展的交流需要的角度，汉语的国际推广涉及高新科技国别间的流动，今天的汉语教育与推广，就是未来中国发展的软实力；从国际间的外交政策理解和国际友好来往的角度，汉语教育与推广可以推进国别间人员的流动和文化认同，有利于和平外交和睦邻友好，今天的汉语教育与推广，就是未来中国人的国际亲和力；从国家安全和全球共同利益保护的角度，汉语教育与推广有利于人员交流和理解，有利于国家间安全利益，有利于地球的可持续发展和全球气象、环境等项目的国际合作，今天的汉语教育与推广，就是未来中国的国际影响力和核心竞争力。

二、哲学社会科学“走出去”战略的步骤

从哲学社会科学“走出去”战略角度，我想需要采取以下步骤：

1. 适应国际化的战略需要，在中国高水平大学加大力度，建立一批国际、区域和国别问题研究中心和“智库”，提升中国在国际问题上的话语权。随着中国经济的快速发展，经济的国际化，特别是我国国际化分工程度不断提升，我们必须提出自己在国际政治、经济、贸易、法律等多种学术问题上的态度和观点。我们不能随波逐流，听任别人的学术霸权。例如，在世界贸易组织中，我们必须深入研究国际贸易规则和贸易冲突的解决机制，有我们独立的观点和立场，保护公平、公正的国际贸易秩序的建立；在国际企业和国家的信用评级评价方面，我们同样要有自己的研究与评价，不能在别国的研究结论中进行决策。在中国企业走出去战略中，同样，在国际资本直接投资于我国的问题上，需要提出高水平的国际问题的研究成果。我们需要提升国际化问题的研究能力。当前急需加强已处于减弱状态的国际化问题研究机构的建立，组织一批高

层次、有国际影响力的知名学者队伍，支持追踪国际问题的长期研究，加大国际信息资料建设的力度，真正建立一批水平高、反应快、有能力参与和影响决策的国际问题智囊团。

2. 把中国优秀的哲学社会科学成果翻译和传播出去，推进中国优秀文化走向世界。由于语言交流的障碍，中国传统文化与优秀哲学社会科学成果和思想传播是薄弱环节，与快速增长的经济发展不相适应。我们必须站在世界文化和学术平等交流的立场上，积极并有准备地推进中国文化和学术精品走向世界：在这一方面，我们的态度要积极、主动，有计划、有组织地去实施，从文化的融通性上，提出学术精品，组织翻译，向世界推广；对大学在一些有重要国际影响的哲学社会科学项目立项计划中，要提出国际推广的任务要求；在国内高水平大学建立一批翻译中心，运用各种语言，多方位介绍优秀的哲学社会科学成果；有条件的高校，要组织构建外文期刊和网站，及时有效地推进优秀学术成果的传播，增加世界对中国的了解。我们必须一方面要产出优秀的哲学社会科学的成果，另一方面，要加大优秀文化成果的推广力度，增强中华文明的亲和力与影响力。世界的和平与发展，需要国际间文化的认同和文化沟通。

3. 全力打造国际学术交流的平台，推进中国哲学社会科学走向世界。国际学术平台就是国际学术交流和沟通的载体。通过国际联合召开国际学术会议和利用孔子学院这一平台，全面介绍中国的社会、科技、文化、经济等各方面的成就和发展概况，系统分析和阐述中国成功的发展之路；在学习他国优秀文化和科技成果的基础上，主动地、加大力度地推进中国哲学社会科学的国际交流。目前，根据我们的了解，国外的学者和我们交流的需求很大，兴趣很高。例如，在我校商务汉语基地精心筹划和推动下，“商务中国”巡讲团赴俄罗斯、美国、日本、巴西、韩国、斯里兰卡、孟加拉等国家进行中国发展问题的专题演讲并与当地高校开展国际学术交流活动，演讲团所到之处，反响热烈。巡讲团运用中国发展的翔实数据和有思想的研究成果，使各国了解了一个真实的发展中的中国，进一步认识了与中国扩展经贸合作的重要意义，同时也激发了外国学生学习商务汉语和来华工作的热情，为各国人民加深对中国的了解、巩固友谊贡献了力量。又如，我校商务汉语基地把重点放在了商务汉语以及中国传统文化的国际推广方面。我校和希腊雅典商业大学联合召开“孔子与亚里士多德的思想对当今世界的影响”的国际商务研讨会，这是全球第一次将中、希古典哲学思想应用到现代经济管理之中，此会议的学术的国际影响力不同凡响，希腊总统出席了开幕式，在世界各国引起了东西方古典哲学思想的研究热潮，特别是对运用东方智慧解决西方部分国家的债务危机提出了新对策和建议，收到国际社会的好评。

4. 运用高校资源，组织师生开展国际文化交流和文化演出等活动，增强国际社会对我国的亲和力和友谊。例如，我校近期受国家汉办的资助和委派，组织大学生艺术团走出国门赴美国、沙特阿拉伯、希腊、德国、意大利、奥地利、捷克、匈牙利、斯里兰卡和孟加拉等国巡演。艺术团富有浓厚中国文化和民族特色的演出传递了中国人民热爱和平、建构和谐世界的愿望，反映了当代中国大学生的艺术修养和精神风貌。艺术团所到之处，受到当地政府与社会各界人士的热烈欢迎。在文化和艺术巡演的同时，我们积极在各国开展巡展活动，制作“中国印象”系列展板和“中外大学生文化交流”等内容的展板，依托各国孔子学院平台开展展出活动，有关中国历史、地理、文化、商务、教育发展的精美图片和中英文文字全面细致地介绍了中国，吸引了大批当地观众。巡展与巡演活动有机结合起来，既节约了活动成本又起到了相互支撑、相互促进的结果。又如，我校组织实施了外国歌唱家学中文、唱响中国歌的活动。“I SING BEIJING——国际青年声乐家汉语教育项目”是中国首次为世界优秀的青年歌唱家设立的中文演唱训练计划，此项目在全球7个国家选拔20位青年歌唱家和6位中国青年歌唱家共同学习并演唱中国著名艺术歌曲和现代歌剧选段，一个月的训练后，在中国国家大剧院的精彩演出，博得了中国观众的支持和喝彩。

实施高校哲学社会科学“走出去”战略，主动积极地、创新地探索高校走出去的方式和内容，提升中国学术的国际影响力，是当前高等学校繁荣发展哲学社会科学义不容辞的责任，也是涉外型大学的使命。我们要认真学习党的十七届六中全会精神，发挥对外经济贸易大学国际化的优势，努力提升我校哲学社会科学的研究水平和研究能力，在中国哲学社会科学走向世界的历程中，作出我们应有的贡献！

人才强校是办学之本*

人才资源是第一资源，人才工作是贸大科学发展的重要目标。人才强校，一定要出实招，办实事，求实效。

“人才强校”是我校事业发展的重要战略之一。人力资源是第一资源，是学校事业科学发展的基本。贸大的发展离不开人才支撑，人力资源的效率和效应，直接影响着贸大的未来发展。科学发展才是硬道理。人才工作是贸大科学发展的重要目标。在此基础上，我们提出“人尽其才，完善机制，优化环境”的科学育人的制度条件，并在本次会议上进一步统一思想。本次会议对学校的发展意义重大，其本质是落实《对外经济贸易大学“十二五”发展规划纲要》（以下简称《规划》）。《规划》提出了我校三大发展战略：第一是人才强校战略，第二是国际化战略，第三是改革创新战略。今天的会议主题涉及人才强校和改革创新两大战略。今天我主要就“人才强校”的几个具体问题，提出一些理念和大家一起思考，在形成共识后，加以落实。

---

* 2012年7月9日在学校第三次人才强校工作会议上的讲话。

一、人力资源总量

《对外经济贸易大学“十二五”发展规划纲要》中确定的学生规模为8 000名本科生、4 000名硕士生、3 000名留学生以及接受远程教育和继续教育的非全日制学生，这个学生规模共需教职员工1 750人。在制定《规划》时，我校专职教师总计1 000人；现在，专职教师总数为787人。未来四年内，退休教师预计有100多人，再加上目前的教师缺口，我校需要再引进300余名教师，即每年聘请65名教师。今年我校新聘教师56人，尚未能完成预期目标。人才总量不足，特别是教师不足仍是我校面临的一大瓶颈问题。

同类财经大学中，可比资料表明，中国人民大学教师1 814人，中央财经大学教师905人，上海财经大学教师1 044人，中南财经大学教师1 539人，西南财经大学教师1 305人。由此可见，在全国可比的财经类大学中，对外经济贸易大学规模最小。人才总量问题制约着我们的发展，由于生师比过大，我校教师格外忙碌，科研时间被大量压缩，且不利于人才培养。

我校计划在“十二五”期间，要引进教师327人，使我校专业教师总数能超过900人，这样才能使我校在竞争中不至于因为人力资源总量缺乏而处于尴尬境地。各院系根据自己的计划合理引进和分配人才，加强人才引进和培养的力度，建立一支科研教学相结合、国内外相结合的教师队伍体系，尤其要关注那些生师比过高的学院的人才引进问题。

二、人力资源结构

第一是年龄结构。目前我校教师的年龄结构偏年轻，35岁以下的占

27%，45岁以下的占全校教师总数的65%（超过全国的平均数60%），55岁以下的占90%。近年来，一些学院引进了一大批30岁以下的博士，占教师总数的50%。青年教师是贸大的主力和希望，他们与贸大未来的发展空间和通道有着重要关系。所以，我校重视中青年教师的培养，是根据我校校情所作出的一个正确选择。

第二是职称结构。我校教师中，正高职称和副高职称共占60%左右。所以从职称结构来看，我校的职称通道较窄，提升高级职称较困难。解决这个难题的途径只有一个——引进新人。新人越多，基数越大，高级职称比例越低。

第三是学历结构。我校787个教师中，有463个博士，占教师总数的62%。这个结构较为合理，但还需要稳步提升。我们预期的目标是70%，现在离目标越来越近。近三年，我校的博士比率增长了12个百分点。

第四是学科结构。我校学科结构不太平衡，要积极建设发展新学科和教学科研类机构。认真研究各学科的发展趋势，按照整体人力资源计划配置解决学科结构问题。

通过以上几点，我们知道了我校教师结构优化的大致方向，以及人力资源发展的整体方向。除此之外，人力资源的合理结构还要注重专业技术人员、管理服务人员和后勤保障人员合理的比例关系。这三支队伍的协调发展关系着一个合理的教职工结构的建立。教师、管理人员和后勤人员各司其职，才能提高我校的办学效率。

三、大师的培养

人才素质的首要问题是高层次人才的培养和发掘。高层次人才应具备三方面素质：一是师德高尚；二是爱岗敬业；三是技艺精湛。为此，我们专门研究讨论准备颁发《对外经济贸易大学贯彻落实〈高等学校教师职业道德规范〉实施细则（试行）》。我们要完成的就是师德、忠诚和能力的培养。我们要培养一批贸大学派的学科带头人，培养一批为中国社会科学走出去的学术带头人，培养一批为国家战略制定智库的学术带头人，培养一批学贯中西的大师级的学术带头人。没有大师不成为大学，大师是大学的基础。我校严重缺乏高端的学术带头人。国际贸易、国际经济法等几个重点学科教师水平是比较高的，但是顶尖的大师级学者，只有几个人。所以大家必须高度统一思想，一定要培养出贸大自己的大师。积极培育“杰青”、“长江学者”、“千人计划”、“万人计划”、“新世纪优秀人才”等竞争中涌现出来的优秀学者。通过事业留人、待遇留人、感情留人等方法，展现贸大求贤若渴、爱才如命的优秀品质。只要能培养和引进一两个大师，就能支撑、发展、引领一个学科，促进我校事业发展上一个新台阶。人才强校的目标就是造就大师。大家的思想要高度统一在高层次人才的质量、素质上。中层干部要有这样的意识，寻遍天下，发现英才，这是过去很多教育家成功的例子。教育家就是找到英才的伯乐，找到千里马的伯乐。学院领导都应该做伯乐，利用各种学术机会、学术平台，寻找天下英才，为我所用。近四年来，我校共引进杰出的成熟学者 23 人，他们之中的杰出人才为贸大的发展作出了突出贡献。引进和培养相结合永远是我们培养大师级人物的重要手段。

四、人才引进

首先是引进高层次学科带头人，就是我刚才讲的“大师”，包括外教、短期外教。外语学院与英语学院可以采取特事特办的方法引进外教来上课。在引进外教方面，学校准备了大额资金，希望在这方面能够有所突破。在这里我们应该制定两个特殊的政策：第一是“特事特办”的政策。对于有资历教授的引进，应该成立人才小组专门讨论，特事特办，不受正常引进条件的影响。有一些在政策允许的情况下，我们可以进行个案讨论，在可能的情况下满足一些人才的特殊要求，不能简单攀比。第二，在下一次人才强校工作会议上设置一个“伯乐奖”，奖励在人才引进方面对学校和学科建设作出突出贡献的人。

其次是引进海归博士。四年来，我校共引进年薪制海归博士 38 人，占同期引进人才的 15%。这个数量跟同类高校相比是有竞争优势的。对于海归学者的年薪制，我校投入的力度较大。这些学者，对于对外经济贸易大学的国际化工作、对拓展我们的海外联系、对我们国际论文的发表，都起到了非常好的作用。现在需要总结如何继续做好年薪制海归博士的引进工作。这项工作是一件新生事物，是探索性的工作。虽然我们已经作出了一些成绩，但还是没有很成熟的经验。最近，我们对这项工作进行了第一次考评，考评的过程中，还是发现了一些问题。通过对海归学者的考评工作发现，有的人超额完成了合同计划目标，有的人并没有实现目标计划，有的人是不同程度地实现。我们实施年薪制，一定要严格考核，实施流动管理聘任制。完成好的要留用和支持发展，完不成任务目标的要流动，直至流出。

最后是引进国内博士。我们现在存在的问题是要么过松、要么过严，尺度掌握不好。各学院需从科研潜力、学术发展动态、试讲效果和个人品德等方面进行综合考察，采用教授集体决策的方式引进新教师，既不能卡得过严，也不能太松。宽严尺度在各个学院掌握得不一样，有的很好进，有的很难进。但是我们要按照自然减员的政策，每年保证足够的博士的引进。因为每年都有一批人退休，而学校在发展，不可能不补充人员。

五、人才培养

学校针对青年教师培养问题进行了多次专题研究，并经过多次会议讨论，已经明确制订了青年教师培养计划。现在我校已经启动惠园“青年教师育苗计划”（35 岁以下）和惠园“小杰出青年基金计划”（40 岁以下）。评审方案已经制订，评审结果刚刚公布，各学院竞争非常激烈。第一次是好中选优，确定了一批培养对象。从他们填报的资料来看，我相信这批培养对象在学校的支持下、在社会竞争的推动下将来完全有可能成为各个学科的带头人。

对青年教师的培养，一是青年教师怎样上好课，二是科研。从青年教师培养两个规律来讲，青年教师的科研是必须要坚持的。当他博士毕业以后，如果能够坚持做一些科研，他的科研质量就会滚动性地发展；如果他离开了科研，只是专注于上课的话，再想做科研时就会有许多问题。现在有的人研究青年成才的规律发现，科研不能断。只要守定目标、坚持方向、持之以恒，就完全能够达到自己的目标，所以青年教师必须有这样的恒心和毅力。

此次人才强校工作会议除了提出青年教师培养方案外，还提出了“全员培训计划”的思路。我们现在有中年教师出国培训、青年教师各种基金支撑的出国培训，开通了在职教师的在职学习通道，取消了原有的制度限制，只要是学习我们都支持，给大家学习的机会，而且鼓励大家学习。同时，我们开放了一些岗位锻炼，教师可以到社会上进行挂职锻炼，也可以到孔子学院去任职。孔子学院的任职和教学都按西部支教一样，给予较好的待遇，年轻人应该珍惜这些机会，锻炼自己，敢闯敢干，在社会实践中锻炼自己的才干。我们还在和国家有关部门商量，推行教师的海外培训计划，到海外去做商务外交秘书，增加一些教师的社会实践岗位。过去对外经济贸易大学60%的教师有出国的经历。现在我特别提出，对外经济贸易大学的教师必须都有出国交流一年以上的国际培养和学习研究的经历，这是我校国际化的基础条件。有的学校已经把这一条作为硬性制度规定了，不出国就不能提升高一级的技术职称。这对我校未来的师资力量培育，是非常重要的一环。所以我们提出“全员培训”，各类人员、各类岗位都应该加强在岗培训计划，这也是对现代教育的基本理念“终身教育”、“继续教育”的贯彻与执行。

各学院都应该为每个青年教师制订个性化的培养方案，多创造一些机会，并给予一定的资助。总之，学校要建立教师、管理人员的培训计划，各类技术性岗位每年都应该有技术培训的机会。学校人力资源部门也要加大各方面人才的培训力度，比如要加强图书电子数据库的教师培训工作。电子数据库是我们终身为友、终身为用的重要财富。现在图书馆图书借书率在下降，电子数据库的使用在上升，所以，年轻教师都应该加大这方面知识的培训。

六、人才发展动力

我们这一次对人才动力机制问题进行了全面的研究，采取了一些有效的措施。其中之一是教授分级别，提升续聘工作，解决教授的动力问题。教授分级是择优聘用，不是每个人都有同样机会。我们要创造更多公开、透明的竞争机制，在竞争中提升大家的动力。

我们正在准备实施的职员制方案和专业技术岗位续聘机制，都是机会均等机制，不是结果平等机制，评贡献、评业绩，不评资历和年龄。

我们正在要求人力资源部门，制定一个教授教师人力资源考核的信息库，形成竞争、奖励、激励的人力资源机制。我一直强调，教师的激励机制、行政管理人员的激励机制和后勤人员的激励机制是非常重要的。对教师要实行计量考核，没有计量，便无法做到公平；对管理人员我们实施了年终绩效考核，以处级单位为单位，绩效奖励不是平均发放，一定要把人的贡献分出等级来，通过内部的考核解决行政人员的动力问题；对于后勤人员也一定要实行绩效工资。

在学校的收入整体分配中，要坚持效率优先、兼顾公平的指导思想，绝不搞“大锅饭”。贸大取得今天的进步，很重要的原因就是提高了效率。例如今年，我校共获取 39 项教育部人文社科的项目，在全国同类高校遥遥领先。在同样的人力资源条件下，突然爆发出大能量的科技产出能力，说明这些产出都是我们的教授共同努力的成果，是机制和效率创新的成果。所以坚持效率优先、兼顾公平的指导思想非常重要。

学校也非常重视外聘人员的管理、激励以及工资晋升问题。因为外聘人员拿的是“玻璃饭碗”，所以他们的态度和服务质量较高。但是也要对他们实行年度考核，即教师对外聘管理服务人员打分，这些在其他学校都有很成功的经验。要增加外聘人员的风险意识、激励意识，并对于作出贡献的人给予奖励。解决动力问题的关键，就是竞争机制、激励机制和奖惩机制。

七、人才发展环境

人才发展要优化人才成长发展培育的环境。引进人才都会有排异现象，所以我们要多关心新人，呵护新人，热情地接纳新人，为其提供一个宽松、自由、民主、包容的良好环境。创造一个包容的环境非常重要，有四点需要注意：

第一是领导者的心胸。心胸有多大，舞台就有多大，这是管理学的基本原理。我们所有当领导的，既然当了院长，当了书记，就要有宽阔的胸怀，要宽容一些有个性的学者和教授。一个不能包容人才的环境，是培养不出大师、造就不出一流人才的。

第二是要树立整个单位的正气。所谓正气，就是全体教师集中精力搞教学科研，而不是“窝里斗”。一些单位在实践中，出现嫉妒人才、排挤人才以及条件不让人才、位子不让人才、空间不让人才的情况。科学分工合作很重要，要让教师每个人头上都有一方天，这就是人才管理的成功范例。每个教授有独立的学术发展空间，是我们每个院长应该想到的。

第三是学术氛围。我们一定要有一个促进人才发展的学术氛围。贸大现在比以前有进步，但是还不够。什么是学术氛围？不是简单地搞几个讲座，而是教授之间形成团队合作，共同研发、申请课题的协作能力。我们应该形成一个大师加团队合作的团体。这个协作团体，就是教授之间根据不同的学科、不同的课题形成友好的合作氛围。现在的科研工作特别讲团队合作，单靠一个人的力量已经不够了，申请重大、重点的基金项目，一定要靠团队。我们要在学校内部形成一个个自发的团队，大家围绕课题来合作。这样，我校的课题申请成功率就会越来越高。年轻教师刚开始一定要学会抱团。商学院 MBA 的第一课就叫拓展训练。一件事情一个人做不成的时候，要让团队合作起来做。3 米高的墙一个人爬不过去，一群人堆垒就爬上去了，一定要有这种合作的机制和氛围。

第四是服务意识。我们整个学校都应该服务于教学科研，教学科研是我们的主战场。学校的教辅人员、管理人员都不是管理，是服务。绝不允许将管理放大成权力，造成权力的寻租。比如一个教授刚进学校，我们应该帮助他，尽快让他熟悉贸大的生活和工作。学校还要做好“三助”工作。我校博士生们，都应该去做助教、助研、助管工作。“三助”工作不完成，博士生不能毕业。博士任助教工作，在过去都有制度规定，一定要推进。

制度环境里面，我们要创造更宽松的环境。讲文凭更讲水平，讲资历更讲贡献，讲学历更讲能力。但宽松自由的学术环境最重要的一条，就是透明、公开、公正的制度环境。现在学校的各类评选，总体上讲，从制度、过程、结果上都是相对公开、透明的。我们现在还要进一步细化教授评选的各种规则规程，保证程序公平，绝不允许搞猫腻、幕后动作，确实保证能者上、庸者下。我们一直坚持生产力标准，生产力标准就是制度环境，就是绩效优先。

今天会议归纳起来就是讲人才、顾大局、乐奉献，一定要出实招、办实事、求实效。这次人才强校会是有实效的，是有措施跟进的，不是讲讲很激动，回去一动也不动，激动以后要行动，行动以后要出实招，出实招以后要敢动真格的，真正是把人才强校工作落到实处。通过本次人才强校大会，要形成各方共识，上下合作、齐心协力的发展势头，以学校宏观政策和顶层设计为指导，以学院工作为抓手，形成人才强校的新局面。希望各学院认真组织一次本学院的人才强校工作落实的研讨会，制定一些可操作、可实施的本学院人才强校战略。各学院将本次会议作为一次动员会、布置会、抓落实的会，真正把我校在人才工作中的一些不足找出来，不断地解决困难、弥补短处，采取更有力的措施，推进人才强校工作的具体落实，实现人才强校、科学发展。

尊重教师、尊重知识、尊重创造*

高等教育事业是一项伟大而崇高的事业，需要我们努力去奉献；大学教育是无止境的学问，需要我们去探究；教书育人是复杂的艺术，需要我们去创新；管理育人是心灵的沟通，需要我们去探究；服务育人需要技术与质量，需要我们去开拓。

在这充满收获与喜悦的金秋时节，我们共聚一堂，热烈庆祝第二十八个教师节，共同庆祝我们自己的节日。在此，我谨代表校行政，向辛勤耕耘在教学、科研、管理、服务岗位上的广大教职员工致以诚挚的问候和美好的祝愿！向受到表彰的各位老师表示衷心的祝贺！向长期以来为学校的建设与发展作出重要贡献的老教师、老领导、老同志们表示崇高的敬意！

一、特定时刻

今年的教师节是在这样一些特定的历史时刻到来的：

---

* 2012 年 9 月 10 日在学校庆祝第 28 个教师节暨表彰大会上的讲话。

（一）党的十八大即将召开的前夕

今年以来，在复杂多变的国际政治经济形势中，在“GDP 增速大幅下滑”的担忧中，我国仍保持了经济平稳增长、社会和谐稳定的态势。但是我们也要看到，我国经济社会发展所面临的国内国际形势依然严峻。向外看，国际金融危机的深层次影响还在不断显现，世界经济复苏一波三折，脆弱的市场信心更不易恢复，极易导致国际外汇、证券、大宗商品等市场持续波动，全球经济增长低迷仍可能持续较长一段时间。向内看，我国经济趋稳的基础尚不稳固，扩大有效需求面临不少制约因素，企业生产经营困难加大，结构调整任务艰巨，经济下行压力仍然较大。面对当前经济形势，党和国家正以科学发展为主题，以加快转变经济发展方式为主线，坚持稳中求进的工作总基调，把稳增长放在更加重要的位置，以扩大内需为战略基点，以发展实体经济为坚实基础，以加快改革创新为强大动力，以保障和改善民生为根本目的，统筹当前与长远，更加注重拓宽增长空间，更加注重提高增长质量，更加注重激发发展活力，更加注重共享发展成果，着力破解经济社会发展中的难题，促进经济平稳较快发展，保持社会和谐稳定，努力实现经济社会发展预期目标，以优异成绩迎接党的十八大胜利召开。

党的十八大是我党在我国进入全面建设小康社会关键时期和深化改革开放、加快转变经济发展方式攻坚时期召开的一次十分重要的会议，对于我们党团结带领全国各族人民继续全面建设小康社会，加快推进社会主义现代化建设，开创中国特色社会主义事业新局面具有深远意义。十八大不光是为今后五年发展制定目标、指明发展方向，还要着眼十年乃至今后更长期的发展。可以说，十八大是中国特色社会主义由社会主义初级阶段向全面建设社会主义和谐社会阶段转进的出发点。要在保持基本路线百年不动摇的总格局下，根据新形势、新条件、新目标、新任务，适度调适、完善确立新的政治路线、组织路线、思想路线。今后五到七年内，中国经济会再上一个台阶，会成为名副其实的世界经济领导力量。在全国人民喜迎十八大召开之前，我们迎来了第二十八个教师节，我校一定要以和谐稳定的发展态势和优异的成绩迎接党的十八大召开！

（二）高等教育正面临前所未有的大好发展势头，深化高等教育改革，走以提高质量为核心的内涵式发展道路成为必然趋势

国家高度重视教育，尤其是高等教育的发展。改革开放以来，党中央、国务院召开了四次全国教育工作会议，出台了四个文件，体现了我国教育事业随着经济社会发展和时代进步而继承创新、开拓前进的光辉历程。2010年，颁布的《国家中长期教育改革和发展规划纲要（2010-2020年）》，在我国教育事业改革发展过程中具有里程碑的意义。《国家中长期科学和技术发展规划纲要》、《国家中长期人才发展规划纲要》、全国教育工作会议精神和胡锦涛总书记在清华大学百年校庆大会上的讲话精神，无一不为高等教育的发展指明了发展方向。

我国高等教育的发展形势，经历了平稳发展到大扩招再到稳步发展的过程；大学建设的发展也经历了从一流大学建设到高等院校普遍提高质量的发展历程。提高质量是世界各国进入高等教育大众化阶段后面临的共同问题，也是我国高等教育发展的必由之路。当前，解决我国经济社会发展的深层次矛盾，迫切要求加快提升高等教育质量。因为高等教育作为科技第一生产力和人才第一资源的重要结合点，具有高端引领作用，其发展水平和质量决定着人才的创新创造能力，决定着产业在全球价值链中的地位，决定着我们站在什么样的制高点上。经济全球化深入发展，信息网络技术广泛应用，使知识的生产和传播突破了时空局限，

资金、技术、人才流动频繁，要求高等教育资源跨部门、跨区域、跨国界开放共享等。这些新的经济、科技、社会发展，要求高等教育的教学科研组织模式进行改革，要求高等教育理念与模式进行革新和发展。知识创造爆发性增长，科研成果转化周期缩短，学习方式发生深刻变化，教育正在从学校教育向终身教育延伸，要求高等教育提供灵活便捷和个性化的教育服务。这些新趋势为提高质量带来了后发优势，能不能抓住机遇，加快改革，决定着我们能不能实现教育质量的新跨越。

提高高等教育质量是立足我国现代化的阶段性特征和国际发展潮流提出的深刻命题，关系国家未来和民族振兴。高等教育战线要树立忧患意识、危机意识，增强责任感、使命感、紧迫感，树立科学的高等教育发展观，坚持解放思想、实事求是、与时俱进，强化质量立校意识，推动高等教育从以规模扩张为特征的外延式发展向以质量提升为核心的内涵式发展转变，从关注硬指标的显性增长向致力于软实力的内在提升转变。坚持正确的办学方向，坚持以人为本，遵循高等教育发展规律，全面实施素质教育，不断推进改革创新，走出一条中国特色、世界水平的现代高等教育发展道路，培养出德才兼备的、合格的社会主义事业建设者和接班人。因此，此时正面临机遇和挑战，我们需要改革和创新！

（三）对外经济贸易大学科学发展、快速前进、保障有力

上学期末和暑期中，学校捷报频传，喜讯连连。对外经济贸易大学在科学发展的道路上大步前进，可喜可贺，为第二十八个教师节献上了珍贵的贺礼！

1. 重点学科申报再创新喜。法学一级学科、会计学二级学科新增为北京市重点学科，应用经济学一级学科、企业管理二级学科列入北京市重点支持学科名单。截至目前，我校拥有 2 个北京市重点支持学科：应

用经济学一级学科、企业管理二级学科；拥有 7 个北京市重点学科，其中包括：应用经济学一级学科、法学一级学科（原民商法学二级学科并入法学一级学科）、法学与经济学交叉学科、低碳经济学交叉学科、企业管理二级学科、世界经济二级学科、会计学二级学科。

2. 人才强校工作稳步推进。我校第三次“人才强校”工作会议围绕全面提高高等教育质量，组织实施“高等学校创新能力提升计划”，深化学校体制机制创新，全面推进国际化战略。提高教师创新能力，推进高层次人才队伍建设和学科协同创新团队建设，构建不同类别、不同岗位教职员工发展的动力机制，通过创新性人才资源的整体规划、布局、开发和使用，努力打造结构合理、素质优良、高水平的师资队伍和党政管理干部队伍，为建设国际知名的有特色高水平大学提供强有力的人才保障。会议的一系列具体方案都在计划实施中。

3. 科研能力稳步提升。申报国家社科基金课题 157 项，成功获批 31 项，比去年增加 7 项，其中重点项目 1 项、一般项目 15 项、青年项目 15 项，资助经费 475 万元，立项率为 20%，高于全国平均立项率近 7 个百分点，在全国 647 个获资助单位中排名第 12 位，居全国同类院校之首，再次刷新我校建校以来的历史最好成绩。国家自然科学基金项目评审结果，2012 年我校共有 22 项课题获准立项，立项率为 30.6%，高于全国平均立项率 21.0%。22 项立项课题中，面上项目 6 项，青年科学基金项目 13 项，专项基金项目 2 项，国际合作项目 1 项，共获得支持经费 844.5 万元，同比增长 19.2%。全国哲学社会科学规划办公室公布《2012 年度国家社科基金重大项目（第二批）招标评审结果公示》，全国共有 64 项课题中标，我校获得两项。我校国际经济研究院张海森副教授和国际食物政策研究所（IFPRI）Kevin Chen 博士合作申报的“中非农业公共政策与农村贫困的比较研究”成功立项，获资助经费200万元。这是我校首次获得NSFC和CGIAR国际合作项目，也是我校与国际食物政策研究所在合作研究方面取得的重要成果。本次重大突破将对提升我校学术地位，开展国际合作研究产生积极影响。

4. 人才培养质量不断提升。暑期学校顺利结束，获得一致好评。本次暑期共有55门经管文法类课程。开课教师主要是来自美国、加拿大、澳大利亚、日本的教授、副教授，全部采用全英文上课形式。其中有28名教授来自美国或持有绿卡，占外籍教师总数的65.1%。我校获得“卓越法律人才”校外培养基地（涉外和应用型两个项目）的资格。信息学院申报的“十二五”国家级实验教学示范中心，实现了我校国家级实验教学示范中心零的突破。暑期共有380余支学生社会实践团（近2 500人次）参与本年度社会实践，参与学生涉及本、硕、博、留四大群体，实践地点覆盖国内所有省份（包括直辖市和自治区）和美、印、法、俄等多个国家和地区。

5. 本科生录取依然全线飘红。今年，我校实际录取2 103名新生，其中文科1 052人，理科1 051人；男生646人，女生1 457人。文科在全国24个省市的录取分数超出一本线50分以上，天津、内蒙古、吉林、黑龙江、海南、贵州、山西、云南、重庆、青海、宁夏、新疆等省市超出70分以上，其中天津超出94分、青海超出106分、海南超出148分。理科在全国14个省市的录取分数超过一本线100分以上，其中海南超出184分、青海超出176分、新疆超出141分、内蒙超出131、北京和天津超出128分。文科录取的考生排名基本保持在全国各省市300名前，其中海南文科最高分排名全省第57位，青海文科最高分排名全省第62位，宁夏文科最高分排名全省第72位；理科录取的考生排名基本稳定在全国各省市 1 800 名左右，其中海南理科最高分排名全省第 160 位，青海理科最高分排名全省第 222 位，宁夏理科最高分排名全省第 304 位。在北京地区的高校中，我校理科排名第六，文科排名第九。

6. 国际化工程顺利推进。全面推进全球战略合作布局，积极拓展国际交流合作；支持区域国别研究，推动服务国家战略；学生出国出境规模扩大，交流层次提高。国际商务汉语教学与资源开发基地成功承办墨西哥新莱昂自治大学孔子学院“汉语文化体验营”。“2012 北京友好城市青年交流营”在我校成功举行。“I Sing Beijing ——国际青年声乐家汉语歌唱计划”成功完成，中外名剧名曲音乐会在我校举行。

7. 学校财务状况持续良好，办学资金保障有力。

二、要求期盼

我们已经迈入了高等教育发展的快车道，处于高等教育发展的黄金时期，一所大学，要进一步提高高等教育质量，推动教育事业的发展，关键在教师。没有教师的质量就没有学生的质量，也就没有教育事业和社会服务的质量，更没有教育事业的发展。借此我向广大教职工提几点要求：

（一）始终按照“师德为先、教学为要、科研为基”的标准和要求，努力造就自己成为一名师德高尚、业务精湛、充满活力的高素质的教育工作者

教师教育学生，一是品格，二是知识，三是方法，其中品格是最高层次的追求。“高尚的师德，是对学生最生动、最具体、最深远的教育”。全体教师要自觉恪守“学为人师、行为世范”的为师之道，以教育部颁发的高等学校教师职业的道德准则为标准，爱国守法、敬业爱生、教书育人、严谨治学、服务社会、为人师表；以身立教，弘扬师德；切实增

强历史使命感、政治责任感和社会正义感，修身正己，自我约束，努力做学术道德和良好风气的维护者、践行者和弘扬者，做社会的脊梁，为学生的楷模。

（二）以勇于担当的责任感，做到“教书育人、管理育人、服务育人”，爱岗敬业，以大爱之心关爱学生

“教师是太阳底下最光辉的职业。”教书育人是教师的天职，作为教师，首先要热爱学生，要把传承知识、塑造心灵、指路引航当作人生的最大乐趣，当作人生最大的兴趣和追求，以饱满的教育热情和大爱之心关心、关爱每一名学生，努力成为学生的良师益友，成为学生成长的促进者。在学校的各项工作中，各类人员都有“三育人”的重任，要从学生学习、生活的多方面关心、爱护学生，要把学生当亲人、当朋友，想他们所想，急他们所急，为广大学生解难题、办实事、做好事！

（三）以坚强的恒心和毅力，克服浮躁心理，坐得住“冷板凳”

教师的职业特点更是要求教师必须具有乐于奉献的敬业精神。不能把教师职业仅仅当作谋生的手段，而应将其视为天底下最伟大、最阳光的事业；为伟大的教育事业，心甘情愿地奉献、牺牲，这是超越功利层次的敬业精神。只有具有敬业精神，才能产生发自内心的激情，包括献身教育事业的志向，对教育事业具有强烈的使命感与责任感，对教师职业有高度的自豪感才能把职业发展的精神内化为自己的人生追求，把教育作为一门科学与艺术去探索和创造。教师，只有克服浮躁心态，不辱使命，平心静气，立足岗位，才会敬业、乐业、勤业、精业，才会诲人不倦、潜心育人，才会无怨无悔。

老师们，教师节的设立就是要求全社会尊重知识、尊重教师、尊重

劳动、尊重创造。高等教育事业是一项伟大而崇高的事业，需要我们努力去奉献；大学教育是无止境的学问，需要我们去探究；教书育人是复杂的艺术，需要我们去创新。管理育人是心灵的沟通，需要我们去探索；服务育人需要技术与质量，需要我们去开拓。希望大家肩负起神圣职责，凝聚智慧和力量，奋发进取，开拓创新，继续发扬优良传统，增强责任意识和忧患意识，抓住机遇，用好机遇，为建设国际竞争力、影响力显著增强的国际知名的有特色高水平大学而努力奋斗！

成立统计学院，完善学科布局*

统计学院的成立，既是对外经济贸易大学完善学科布局、增强学科交叉融合能力的重要步骤，也是学校提高科研水平、培养国际化特色鲜明的高水平拔尖创新人才能力的重大举措，更是统计学科、数学学科不断进步、发展的必然结果。

今天，对对外经济贸易大学来说是一个值得纪念和庆贺的日子，正值第三个“世界统计日”之际，对外经济贸易大学统计学院正式成立了！几代贸大人一直企盼的统计学院今天终于宣告成立了！众所周知，一颗小树苗的成长需要阳光、雨露的呵护，我校统计学院的成立也离不开社会各界的支持。因此，非常感谢国家统计局领导和下属各部门长期给予我校的关心与支持！感谢兄弟院校给予我们的帮助和照顾！感谢大家在我校统计学一级学科评审中给予的帮助！各位朋友从全国各地专程来到我校参加统计学院成立大会，令我们激动不已，我们只有努力办好统计学院，才能更好地回报大家给予的帮助和关爱！

统计学院的成立，既是对外经济贸易大学完善学科布局、

* 2012 年 10 月 20 日在学校统计学院成立大会上的讲话。

增强学科交叉融合能力的重要步骤，也是学校提高科研水平、培养国际化特色鲜明的高水平拔尖创新人才能力的重大举措，更是统计学科、数学学科不断进步、发展的必然结果。这意味着我校的统计学科和应用数学学科有了更广阔的舞台，其他学科将会得到更有力的支撑，我们学生的知识结构、知识领域将会有更大的改善和拓展，学生的就业竞争力将会极大地提升，学校服务社会的能力将会有更全面的发展。

我校自 1953 年开设统计课程，到 1982 年设立统计教研室，再到 1988 年设立统计学系，再到今天的统计学院成立，学校统计学科经历了半个多世纪的艰辛发展历程。我校的商管类课程——会计和统计课程的开设，可追溯到建校之初。据校志记载，1952 年学校就设立了零售会计统计师资训练班。1953 年 1 月刘伯午先生调入，我校才有了专职统计学教师。1954 年陈及时先生随人大外贸专业师资调入我校。同时，我校的李志伟教授获得芝加哥大学经济学博士学位，其导师是诺贝尔奖得主弗里德曼。当时，李志伟先生敏感地意识到在中国改革开放之际，外经贸是处于前沿的。企业管理、市场调查和预测等都需要统计分析；而国内财经高校当时普遍讲授的“统计学原理”只停留在描述统计范畴方面，远不能满足未来市场导向的企业统计分析的需求。李志伟先生曾到中国人民大学拜访他当年在西南联大的老师——戴世光教授。那时戴老刚刚挑起学术界的争鸣，抨击苏联统计工作经验及其理论不能解决中国社会主义建设新时期“四个现代化”面临的问题，指出必须解放思想，确立理论统计学在统计科学中的基本地位，并在统计工作中高度重视理论统计学的应用。李志伟先生表示支持戴老的观点。当时还向戴老请教给研究生授课需要什么教材，戴老告诉他，人大用的是梅森的《统计学在工商管理中的应用》的内部汉译本，外贸学院是涉外性高校，学生外语程度高，可以使用国外原版教材。那时国外图书进口种类很少，李志伟先生通过各种途径找到几部美国大学商学院使用的统计学教科书，经过比较最后确定采用汉伯格的《决策统计分析》原文版。1987年，我校李志伟教授编写的《统计分析概论》获北京市“七·五”期间优秀科研成果二等奖和经贸部优秀教材奖。学校于1993年建成全校第一个统计教学实验室，1994年开设统计实验课，1997年该实验课获北京市优秀教学成果二等奖。1982年春季开学后，学校正式成立国际经济管理系，统计学系是其中之一。施家珍是第一任教研室主任（任期1982—1989年），后又有三人相继担任教研室和统计学系主任，分别是：贾怀勤（任期1989—1994年），张杰（任期1995—1997年）和王玉荣（任期1997年至今）。我们深切怀念为我校统计学发展作出奠基性和开创性工作的陈及时、刘伯午、罗真耑、李志伟等前辈，真诚地感谢施家珍、贾怀勤、张杰、王玉荣等教授和统计学的教师们，并对几十年来在我校统计学、数学领域辛勤耕耘的各位老师们，表示衷心的敬意！

我校在统计学本科阶段早已开设了应用统计、多元统计分析、商务预测原理、商务调查与分析、应用统计分析软件、计量经济学基础、统计研究方法与写作等课程；在硕士阶段开设了管理统计学、统计学研究方法、多元统计分析、管理定量分析、高级统计学、计量经济学、预测方法与技术、项目融资决策、风险投资学、项目风险管理；在博士阶段开设了多元统计分析与应用、预测与决策理论专题、商务统计与国际比较专题等课程。

除上述教材外，我校还出版了一批教材：MBA教材《数据、模型与决策》、《商务预测》；研究生教材《简明管理统计》、《管理研究方法》；本科教材《新编应用统计》、《应用统计》和《商务调研的策划与实施》。

其中《数据、模型与决策》于2006年获北京市精品教材荣誉。在我校统计学一级学科的论证中，应用经济与外贸统计数理统计、金融和保险统计等学科均作出杰出的贡献。在此向这些学科的老师们表示衷心的感谢！

统计学院的成立是几代贸大人的期盼，饱含他们的心血和努力，值得我们去感恩和感激！但我们不应沉迷于过去的荣誉，更加美好的未来还需我们去开拓。各位老师，目前学校正值快速发展的最佳时期，统计学、应用数学学科迎来了大好的发展机遇，具备了良好的发展基础。统计学院现有教授、副教授等专职教师25人，其中千人计划学者1人，博士生导师6人，教师学源背景、年龄结构合理，教学和研究梯队健全，师资力量雄厚。目前统计学院由三个学系组成：（1）经济统计系；（2）数理统计系；（3）应用数学系。研究机构目前设有统计与决策研究所。

统计学院将在广泛调查的基础上，借鉴国内外统计人才培养的先进经验，充分结合我校学科特色和优势，针对统计学专业的本科生、硕士研究生、博士研究生的不同层次人才培养需求，研究出一套人才培养方案，各层次学生均授予经济（统计）学学位，我校将已招的统计学专业硕士研究生、博士研究生统一到统计学院进行管理。我院将于2013年开始招收统计学专业本科生。学院致力于培养具有国际视野，能够胜任政府部门、高校、研究机构、金融机构、各类企业的经济统计实务和高层次统计研究工作的复合型高素质专门人才。

我们已经拥有统计学一级学科博士学位授权点、一级学科硕士学位授权点，本科专业也即将开始第一次招生。希望我们以统计学院的成立为起点，通过引进和培养高端学术人才，不断深化教育教学改革，深入探索高水平拔尖创新人才培养模式，不断提高科研水平和服务社会能力，使统计学院成为统计学、应用数学学科腾飞的广阔平台，为学科发展和学校整体教学科研水平的提高作出突出贡献，希望在大家的支持下，可以把对外经济贸易大学的统计学院建成国内一流的高水平的统计学院。

在此，祝我校统计学院事业兴旺，科学发展，健康成长！祝各位老师在统计学院工作愉快，同心同德，共襄盛举，共享未来！

希望各位来宾继续关注、支持我校统计学院，为统计学院顺利成长和发展助一臂之力。

师德楷模、良师益友黄良文教授*

他爱学生如爱子，对学生是一团火，处处事事积德行善，教书育人，行为世范。

1982年，我大学毕业，希望能进入当时一流大学的经济学科继续深造，毅然选定了厦门大学经济系。当年的计划统计专业，首次向社会招收经济统计学、国民计划与管理、计量经济学三个方向的硕士研究生，我有幸和其他七位同学一起，成为黄良文老师的学生，这是我一生的荣幸！在当时师资极为匮乏的条件下，我随黄老师学习抽样理论和方法、投资与基建统计、统计学原理等课程，这些课程让我受益良多。我和大家的同感是，做黄老师的学生，就是和大佛修行，因为他的学识、道德皆为弟子楷模，品行、文章都是学人世范。我今天本有公务，但本着诚信和孝义，我请假前来为恩师庆贺。一是答应来在前，此为诚；二是天下大事，孝为先。

黄良文老师是我们崇敬的恩师，在于他从教60年的品行和行为不断地给我们弟子一些人生的启示。在商品经济大发展的

* 2012年12月16日在黄良文教授从教六十周年庆典暨统计学高峰论坛上的致辞。

条件下，他潜心治学，不图名利，不浮华，不浮躁，不求学术一时的繁华，重视学术的生命与价值，60年如一日。他学富五车，却没有当过大官；他是大学问家，却像小学生一样的谦虚，这在今天的商品经济社会里，实属不易。我们从黄老师身上，汲取营养，学会如何净化心灵，如何放弃名利，追求真理，不是一时，而是一世。

黄老师是我们学生心中的佛，在于他是个大家公认的好人、善人、伟人。他勤奋、刻苦、踏实、拼搏，几乎从不休息，每天笔耕不辍，在方格子的稿纸上留下他数千万字的作品。我印象很深的是他端正的字体，一页页地流淌在稿纸上。他认真做细活，勤奋出高产，比如《统计学原理》教材在全国发行就超过500万册。他活到老，干到老，至今还是论文著述高产的教授，每天都在快乐地工作中。我脑海里经常回忆起黄老师老年骑着自行车在校园穿行的景象。我们要学会保持像黄老师那样永远都笑口常开的好心情，快乐工作！

黄老师是我们学生的学习楷模，还在于他的开拓与创新力。他在国民经济核算理论与方法、抽样理论、投资与基建统计、资本与估价理论、金融工程等诸多领域都有全国领先的成果。他著述等身，并在这些学科中做出有重要影响力的作品，实属罕见。他不唯书，只唯实，与时俱进，围绕国民经济的难点和热点，以社会需求为导向，敢于攻坚克难，在学术上大胆创新，引领社会学术发展的方向。他的学术创新力是我们弟子永远的学习榜样。

黄老师是我们学生永远的精神领袖，他是中国统计学的开拓学者、厦门大学统计学科的开创者、著名的统计学家、教育家、中央电大的老师。他爱学生如爱子，对学生是一团火，有求必应，处处事事积德行善，教书育人，行为世范。和黄老师在一起，没有压力，只有动力。在黄老师面前，我们感到师恩浩荡，恩重如山。需要向黄老师学习的东西太多太多，他是我们永远的精神楷模。

最后，祝黄老师和师母永远健康、快乐、幸福！

篇三

实现贸大梦，就是把贸大的文化，诚信、开放、包容、创新的大学精神予以传承和发扬；按照有特色、高水平大学的发展定位，立足首都，面向全国，走向世界，在全方位服务社会的进程中充分体现大学的价值。

对安徽参与泛长三角分工与合作的思考*

泛长三角区域发展要以开放的思维，合作共赢的理念，对区域进行科学定位，对产业进行合理布局，对大区域进行统筹规划，展开错位竞争，差别化竞争，这样才能提高泛长三角建设的有效性。

长三角的区域发展要打破行政区域限制的思维，要以开放的思维、互惠共赢的心态，来对待经济圈层结构的延伸和发展。所谓经济上说的长江三角洲，本质上是指经济学中圈层结构的内核，它大体上可以分为三个层次：第一个层次是以上海为龙头的15个城市，后来加上台州，变成了16个城市。有关单位研究了此类经济圈层的经济关联性，提出其划分的主要指标，包括：人口密度每平方公里>500人，城市化水平>20%，GDP总量要占上海GDP总量5%以上，人均GDP总量占上海人均GDP的20%以上，与上海的经济关联系数>10%。第二个层次的长三

* 本文载于《江淮论坛》2010年第1期。

角范围是沪苏浙两省一市，也是以上海为龙头，地理距离在300到400公里范围内的第二圈层结构。所谓泛长三角即是第三圈层结构，是指沪苏浙核心层以外，以上海为龙头，与上海在地理和经济上紧密相连的地区。与上述指标对照起来，安徽显然属于第三圈层结构。

根据都市圈理论、产业演化模型和中心城市的支撑发展体系，长三角经济圈是一个由中心城市、次中心城市和卫星城市组成的区域经济发展格局，它形成了中心向外围的辐射和外围对中心的支撑这样一个经济圈，因此，本质上泛长三角是经济概念，不是行政概念。但是更多条件下，由于行政引领，通常把它演化为行政圈层。我认为泛长三角经济圈的形成，即构建泛长三角的主要依据是这一区域经济内在的、系统的、客观的联系。泛长三角要成为中国经济增长极的核心增长部分，就要形成以经济力量带动行政力量，推动区域经济发展的这样一个理念。对此我有四点思考：

第一，泛长三角区域经济产业分工以及产业升级，需要整体区域资源统筹和协调。首先要迎接经济增长中心极的产业溢出效应。应该说泛长三角中心地区经济比较繁荣，但是该地区的产业同构性强，互补性不足，产业分工体系不明显。尤其是区域内部产业低水平恶性竞争，加之“诸侯式”的竞争式招商，使外商在这一区域获得竞争性的利得，得到了很多优惠，这一区域实际上是竞争非常激烈的一个产业区域。

泛长三角地区要利用区域间产业统筹，梯度布局和产业协同，加强对土地资源的有效开发，分层次确定不同区域的投入产出比，这实际上是形成产业自动的溢出效应。比如说江苏的昆山等地区，它的土地产出，每亩产出如果低于1亿或者一定数目，是不能进入工业园的，它的每一个梯度土地接受能力都是由产出制约的，这样就必然形成了产业在区域间的梯度溢出。最近统计数值表明，泛长三角地区向第三圈层的溢出在加速，这样整个区域系统的产业科学定位、合理科学整体开发、系统统筹协调等，就显得非常必要。

我们要打破一省一市的生产力布局和生产要素的规划，要从泛长三角的区域合作角度看系统资源的整体配置。实际上，经济圈内的产业布局往往是市场行为，但通常是通过行政行为推动的，这就容易导致经济行为的扭曲。但行政强有力的作用，可以推动大的经济布局，例如，我认为，泛长三角交通系统的协同和统筹布局，得到了比较有效的实施，成果显著。但行政区域对经济地域的协调作用力还很不够，要想让泛长三角在梯度转移上的协调能力加强，必须打破行政的贸易壁垒，打破行政封锁，允许各类资源在泛长三角区际间自由流动。欧盟是成功的例子，近日，欧盟 27 国设立了轮值主席制度，他们早就设立了自由贸易区，现在它又设立了我们中国人称为“欧盟总统”的制度。设“欧盟总统”这个概念，实际上是加强区域内统筹规划，在经济领域中，加强系统内资源的自由流动，促使诸多商业壁垒被打破。实际上，泛长三角的行政区域涉及很多壁垒，还需要努力打破，才能顺利实现泛长三角区域产业分工和产业升级。这是非常重要的一点，重要的不仅是我们在行政上的推动力，而且是我们在利用市场的作用力的同时不要阻止市场自发的内在力量。

第二，区域产业结构升级实际上是区域经济归核化发展战略的实施。所谓归核化战略，实际上就是企业的外包战略。现代经济的分工理论表明，现代企业的产品，没有一个产品是一个企业从头到尾全部独自完成的。例如，一部小汽车有成千上万个零件，分别是由不同的企业完成的。一个企业在产品、技术、市场等方面不是面面俱到的，而是抓住自己的核心技术、核心竞争能力，把次要部件、低效益部分分包出去，这就是现代区域经济发展的基本趋势，就是经济发展和区域经济的归核化趋势。所以，从区域经济的核心经济竞争力来看，泛长三角的第三圈层必须迎接与长三角中心圈层的对接，努力进行产业和服务外包基地建设。

上海近距离服务基地有两极，第一极在浦东，第二极在昆山，这两极都建了大量的产业和服务外包基地。这些产业和服务外包基地，如上万人的平安保险外包基地，是在为平安保险进行全过程服务，平安保险所有柜台数据基本在浦东处理。现在昆山又要建全国最大的金融服务外包基地。所谓金融服务外包，就是把 ATM 机、金融软件开发、金融灾备中心以及投资银行的管理等这些数据和软件开发和管理都建立在外包基地。这是我们对接和辐射产业结构升级的重要组成部分，要把产业价值链中低效的部分转移出去，才能促进地区的产业升级。

这个产业升级对于中心地带而言就是要勇于放弃，对于辐射地带而言就是敢于承接。一个大城市，一个中心极，对于产业布局应该没有必要什么都做。归核化战略要求地区产业发展不可能求大求全，要专注高技术、高利润、高竞争性产品的定位，而把产业价值链中的低利润部分转移出去，这就必然有了区域的产业转移。

第三，参与泛长三角分工要注意吸收发达国家经验。在区域产业结构升级过程中，要学习发达国家经验，以提升我们的国际竞争能力为重点。大家知道，在世界分工体系中，国外近十多年经济得到了迅猛发展，因为他们对低效益的制造业逐渐进行了产业转移，所以近期看来中国制造业高速发展。但是请大家不要忘记，中国制造大多是中低技术产品，其技术水准通常是低层次的，甚至是资源消耗性的。中国制造的现状是产业层次低，产业结构雷同；产品创新不足；没有核心技术，出口效益不高；高能耗、高资源消耗，环境污染大。

国外产业大量转移其低技术的部分，可以看出其中的原因。比如机床，中国的机床产能大量过剩，但是中国一年进口数万台智能化数控机床。中国电梯生产能力过剩，但是我们四星级以上电梯都是进口的。中国是纺织大国，但是我们高档西装面料大都是进口的。以上所举例子说明中国是制造业大国，但不是高新技术强国。为什么会出现这样的现象呢？这就是国际经济分工理论，经济发达国家用简单的复杂劳动交换中国倍加的简单劳动。看看美国人和欧洲人，一天工作几个小时，因为它已经把低效益的简单劳动转移出去了，这个梯度转移过程是提升经济竞争力的关键。所以我们要学习国际间区域竞争经验，敢于抓大放小，敢于抓强放弱，敢于抓高放低，有所为有所不为。中国联想公司收购了IBM，表面上看是中国企业进入了国际，事实上也是IBM的产业转移，把PC电脑低附加值、劳动密集型的部分转移到国外去，这是一个典型的国际转移案例。

要敢于转移低技术、低附加值东西，进行充分的市场对接，因为国际市场竞争是一个铁的市场规律，不以人的意志为转移，也不以行政区域为转移，所以区域转移、合作共赢是泛长三角经济合作的根本。区域经济要加大自主创新力度，才能真正实现产业结构升级。要有自主创新，才能自立于世界民族之林，泛长三角的自主创新是中国自主创新的源头之一。

第四，区域产业结构升级，需要加强高等教育的创新驱动。在泛长三角进行区域经济的发展，需要加强对高等教育的支撑和协同。我一直认为，中国高等教育和产业结构联系不是很紧密，特别是在经济方面，人才结构和产业结构紧密关联度不够。一个地区要发展高新技术产业，发展服务业，发展有竞争力的行业，必须在人才储备上进行超前准备，如一地区要发展IT产业，没有IT人才储备，怎么会有IT产业的大发展呢？没有金融服务外包的专业人才的培育，怎么会有金融服务外包产业的大发展呢？没有动漫产业人才，怎么会发展动漫产业呢？这些需要高等教育在进行人才规划时，按照大系统的原则，进行区域整体人才布局，以适应区域产业结构升级的需要。

根据这样的需要，我们人才的培养要超前进行，比如动漫人才，要提前四年做好人才储备。没有一定数量的人才储备，搞动漫基地一定会达不到要求。这就要求区域内的高等教育要适应区域产业结构升级的要求，进行超前的教育资源布局，进行区域大系统布局协调，特别是从整个泛长三角地区布局来配置，因为人才在泛长三角地区是充分流动的。

从科技成果的区域流动角度看，要加强科技成果的转化，高等学校科技成果的转化对产业结构的升级至关重要。高等学校在科技成果服务方面要加大力度，不仅以区域为关联，还要以产业关联来对接。要有泛长三角的概念，这个概念中要求资源在区域中充分流动，科技成果的转化也要从大系统的角度考虑，而不仅仅局限于小范围。

由上述分析可知，真正推进泛长三角产业转移一定要有开放的心态，要有中心辐射和迎接辐射的心胸和姿态，要有合作共赢的理念，要对区域进行科学定位，要对产业进行合理布局，要对大区域进行统筹规划，展开错位竞争、差别化竞争。大区域科学分工是泛长三角建立的经济基础。泛长三角不是一个行政概念，一定要从经济角度考虑生产要素的充分流动，要在系统中打破一省一市生产要素的布局，要从泛长三角整体区域角度对区域资源的整体进行规划，这样才能提高泛长三角建设的有效性。

两部共建，
开启对外经济贸易大学发展新篇章*

教育部和商务部正式签署协议共建对外经济贸易大学，必将使我们的办学定位、办学方向更加准确和明晰，将为我们直接服务国家战略并通过服务提升办学实力和水平构建更加广阔的平台，也必将为广大师生学业、事业的发展提供更多的机遇和空间。

今天是我校师生期盼已久的日子，也是对外经济贸易大学发展历史上重要而难忘的时刻。陈德铭部长、袁贵仁部长分别率团专程到我校签署两部共建对外经济贸易大学协议，我们共同见证了这个历史性的时刻。这份特别的关怀与厚爱体现了国家对对外经济贸易大学的高度重视，饱含着国家对我校发展的殷切期望，这让我们全体贸大人深感温暖、鼓舞和振奋。在此，我谨代表全校师生员工，向一直关心和支持对外经济贸易大学发展并参加出席仪式的教育部、商务部有关领导、来宾表示衷

* 2010年12月28日在教育部、商务部共建对外经济贸易大学协议签字仪式上的讲话。

心的感谢!

对外经济贸易大学原本是为中国对外经济贸易事业发展而成立的。从1951年创办的“高级商业干部学校”，到1954年的“北京对外贸易学院”，再到1984年的“对外经济贸易大学”，在长达半个世纪的岁月里，在原对外贸易经济合作部的直接领导下，对外经济贸易大学坚持社会主义办学方向，坚持面向世界办学，坚持理论联系实际，为国家培养和输送了数万名各类外语、外经、外贸和外交人才，“为推动中国对外经济贸易事业发展作出了巨大贡献”（李岚清语），同时也奠定了学校在中国对外经济贸易教学和研究领域的独特地位，成为全国首批“211工程”重点建设高校之一。

2000年6月，原中国金融学院与原对外经济贸易大学合并，成立新的对外经济贸易大学并划归教育部直属，学校进入新的发展阶段。在教育部的领导下，新的对外经济贸易大学按照“国家队”的标准加快建设，奋发进取，很快便融入中国高等教育主流。十年来，学校的学科建设获得突破，学科布局不断优化；科研成果丰硕，服务社会能力不断提高；人才强校战略全面推进，师资队伍水平快速提升；教育教学改革逐步深化，人才培养质量明显提升；对外交流不断扩大，国际化办学特色日益鲜明；办学条件明显改善，保障能力显著增强。

在加快自身发展的同时，学校也主动在人才培养、理论研究、政策咨询、项目开发等方面为我国商务事业提供服务。由学校承担的商务干部培训、援外培训、中外经贸合作网站建设等项目均达到了预期目的，成效显著；学校部分专家、教授一直参与相关商务法律制定、学术研讨和经贸政策咨询，在服务相关国际组织上，也发挥了积极的作用。

而现在，对外经济贸易大学已发展成为一所享誉国内外，拥有经、管、法、文四大学科门类，以国际经济与贸易、法学（国际经济法）、金融学、工商管理、外语（商务外语）等优势专业为学科特色的多科性财经外语类高等学府。学校近六十年的发展凝聚了几代贸大人的不懈努力，蕴含了众多前辈、领导和校友长期以来始终如一的关心与支持。去年我们拜访李岚清和吴仪两位原校董会主席时，他们都特别强调要着眼国家战略，加强部校联系，充分发挥学校在对外经贸教学、研究领域中的重要作用，希望在新时期为我国对外开放事业作出新贡献。

我们看到在隶属关系改变之后，学校服务商务部的能力有所减弱，这不利于我校办学特色的发挥，不利于学校服务国家战略的实施。而今天我们如愿以偿，教育部和商务部正式签署协议共建对外经济贸易大学，两部将着眼于“推动中国特色商务事业的科学发展，加快紧缺型、高层次商务人才培养步伐，以更好地为我国经济建设特别是商务事业发展提供人才保障和智力支持”，在人才培养、学术研究、科技成果转化和对外交流合作等方面加大对学校的政策和经费支持。这必将使我们的办学定位、办学方向更加准确和明晰，将为我们直接服务国家战略并通过服务提升办学实力和水平构建更加广阔的平台，也必将为广大师生学业、事业的发展提供更多的机遇和空间，其意义深远而重大。

两部共建使对外经济贸易大学又一次站在新的起跑线上。我们将珍惜并牢牢抓住这一难得的历史机遇，认真贯彻落实《国家中长期教育改革和发展规划纲要（2010-2020年）》、《国家中长期人才发展规划纲要（2010-2020年）》以及全国教育工作会议精神，更加积极地承担起服务国家战略的庄严使命，继续坚持以科学发展为统领，走内涵发展、特色发展、现代化发展之路，努力把我校建设成为国际竞争力、影响力显著增强的国际知名的有特色高水平大学。今后，我们还将主动适应世界经济形势变化和我国商务事业发展的需要，保持和发扬办学特色，进一步提升经贸服务能力，以服务求支持，以服务求发展，在商务政策咨询、专业人才培养、行业高端培训等方面作出更积极的贡献，并以“211工程”等重点项目为依托，形成一批标志性成果，努力为我国商务事业发展提供坚实的理论支撑，真正使我校成为商务部战略发展的思想库、智囊团。

我们坚信在教育部和商务部共同领导与关怀下，在广大校友和社会各界的关心与支持下，通过全体师生的艰苦奋斗和不懈努力，对外经济贸易大学一定能够不负重托、再创辉煌，为我国的教育、商务和对外开放事业作出新的更大的贡献。

现代职业教育体系建设与提高我国对外开放水平的关系*

中国入世和对外开放水平对现代职业教育进行与之匹配的体系建设提出了新要求。“走出去”战略需要高素质技能型人才。

尊敬的各位领导、各位同行：

很高兴和大家一起讨论现代职业教育体系建设与提高对外开放水平关系的话题。国际化给现代职业教育体系带来的机会和挑战是什么？我讲五方面内容：（1）中国入世与对外开放要求现代职业教育进行与之匹配的学科体系建设；（2）中国企业“走出去”战略要求现代职业教育做好哪些准备；（3）高校应该走本土国际化之路，培养国际化人才，通过现代职业教育为中国培养优秀产业工人；（4）现代职业教育需借助世界平台提高自主创新能力；（5）开放性现代职业教育体系的构建对提高教育国际化水平、促进教育服务贸易发展的意义和作用。

---

* 2011年12月13日在全国第二期高等职业学校院校长专题研修班上的主题报告。

一、加入世贸组织和开放型经济的环境，这是我国发展的背景，也是现在发展的国际环境

2011 年 11 月 10 日是中国加入世贸组织十周年的纪念日，胡锦涛总书记在人民大会堂作了重要讲话，对入世十周年进行了理论概括和实践总结。我校师生在中央电视台做了一档《对话》节目。中国加入 WTO 是中国全面开放的标志性成果。十年前，我们作为第 143 个成员方成为 WTO 的成员。加入世贸不仅是中国拥抱了世界，世界也需要中国，中国向世界打开了大门。在这十年里，对于国人的经济冲击力是比较大的，十年的变革，开放经济悄悄发生了变化。可以认为，近十年开放经济的成果大于改革成果。我们讲几个数据，中国的出口额，由十年前的 2 660 亿美元上升到去年的 15 777 亿美元，增长了 4.9 倍，每年平均增长 21.9%，这个数据是整体经济的综合表现。整个货物贸易进出口额十年前是 5 000 亿美元，现在是 3 万多亿美元，增长了 4.8 倍，这表明中国的物流，包括服务贸易也在提升。进出口货物的快速提升，使我国成为世界第一大出口国，第二大进口国。这十年，我们的经济发展水平是改革开放 30 年来成长最快的十年，也是中国可记录的经济史上成长最快的十年。这十年的成就，得益于打开国门，这不止是加入世贸组织的问题，更是对中国整个经济体制的重造和重构。关税要逐步降低，比如对汽车行业的冲击，当时汽车的税率最高的时候达到 300%，平均关税 100%，现在已经降到 13.4%，汽车零部件和汽车进口税率降到平均 10%，工业品的税率降到 9.8%，农业的税率水平降到 8.9%。我们开放了全部市场，包括教育、金融、服务、保险、航空、运输、商业，特别是仓储商业，比如沃尔玛、家乐福等大举进入中国。世界 500 强，现在进入中国的有

480 多家。中国打开了大门，促进了中国开放经济的发展。我们取消了所有的进口配额，没有许可证，对所有的工业品、制造业、农产品的冲击力非常大。把堤坝打开了，高水位往下一冲，顶得住的冲不垮，顶不住的就冲垮了。纺织品十年来增长了 10 倍，我们一下子进入了世界第一纺织大国。美国人形象地比喻："中国的纺织是大象，我们最多是一只小狗，你们让一点空间给我们，我们太小了，你们太大了。"我们现在向纺织强国迈进，纺织行业的整体水平也超出了国际平均水平，现在我们纺织品的水平不亚于国际上的最高水平。有一些产品还不敢讲质量，但是中国纺织品这个行业与国外的差距越来越小。另一个行业就是农业，农业受冲击最大的是大豆，东北的大豆基地几乎被打垮了，我们取消了进口配额，国外产品大举进军中国，其凭借集团化、现代化、产供销一体化的管理，把我们的集体经济打垮了。我们只占市场的 10%。另外一个角度看这是优胜劣汰，资源的重新整合。这些案例可能在某种程度上理解为加入世贸对中国的影响。

我们现在开放了服务贸易部门。服务贸易部门共有 160 多个，现在开放了 100 多个，开放度是 62.5%，超出了世界发达国家的水平。现在进来的都是国外零售巨头，包括银行、保险、金融……各种机构全部进入。但是应该看到加入 WTO 促进了开放型经济的发展，提升了中国整体的竞争力。现在有两个指标中国人是很自豪的，一个是进出口总额，今年 1~10 月份达到 3.3 万亿，同期美国是 3.2 万亿，也就是说在进出口总额上我们有可能在今年成为世界第一。美国去年同期是 3.2 万亿，但是美国的增长率没有我们快，我们有可能今年略微超过美国，如果今年不行，最多明年，会成为第一大进出口贸易国。中国和国际经济的联系增加了，开放度提高了。这既给中国带来了利益，也促进了世界经济的发展。现在我们的人均 GDP 尽管还比较低，预计今年达到 4 700 美元，但十年前仅是 1 038 美元。这个指标最实在，美国是 47 000 美元，我们是 4 700 美元，我们是美国的十分之一。但是，和改革开放之初的 1/57 相比，现在的 1/10 是多大的进步。所以说有两句话：“中国赢了”，“世界赢了”。中国生产力发展主要以进出口、国际经济一体化、经济全球化为特征，这对高等职业教育的人才培养来讲是大的机遇和挑战。在开放型经济的背景下，国际分工程度提高了。十年前我们的分工率大概在 21%，现在的国际分工率达到了 60% 多。整个国际经济中，你中有我，我中有你，现在是既竞争又合作。看看中美之间的关系就知道了，完全处于竞争合作状态。在这样的局面下，美国参众两院一方面要对中国汇率进行制裁，另一方面又不断地向中国示好，表示我们是国际合作的友好伙伴。中国现在是美国的消费大国，我们买飞机一买就是 200 亿美元，给卖方创造了多少就业机会。近十年，中国每年平均进口 7 500 亿美元的商品，相当于为贸易伙伴创造了 1 400 多万个就业岗位。中国的对外投资企业雇佣职工超过 80 万人，每年在当地的纳税超过 100 亿。

简单归纳一下，入世对中国人来讲是充分享受了权益，改善了国际贸易环境，提高了全方位、深层次、宽领域的开放程度，推进了中国深化市场经济体制改革的程度，提升了中国企业的竞争能力。现在世界 500 强里，中国进入了 30 个。入世也推进了中国经济的高速发展，提高了中国经济在世界经济中的地位。这次 WTO 总干事拉米给中国加入世贸后的表现打分，他的评价是 A+。世界各国多位重要领导人对我们的入世十年发表了讲话，高度评价中国这十年的重要作用。现在很多国际友人都说，没有中国参加，任何国际组织都是不完整的。WTO 现在有 155 个成员，俄罗斯刚刚加入。我们对世界的贡献力提高了，在世界经济总量中的占有额从 4.4%增长到 2012 年的 11%，对世界 GDP 的贡献率达到 18%。这十年来，中国进一步扩大改革开放。改革开放，应该说是适应经济全球化的自然行为。

中国入世和对外开放水平对现代职业教育进行与之匹配的体系建设提出了新要求。这个要求是与生产、流通、服务以及金融、科技全面的国际化有关系的。入世提高了中国国民全球化的意识。中国开放首先是国家开放，其次是单位和部门的开放，最后是个人的开放。所以我们培养的人才，应该是开放的、具有国际视野的、通晓国际规则的、有国际竞争力的产业人才。现在“人才”的概念不是封闭性的。我们提出几条，其中一条是国际视野，就是全球眼光。人才的目标不是局部性的、本土性的，而是全局性的。现在任何一个生产要素、自然资源、技术、劳动力、商品的流动都是全球性的。目前有共识的一句话是：打开企业大门就是打开国际竞争大门。真正的竞争是国际竞争，国内竞争现在退居二线。我们以前总是讲：“入世了，国际化的竞争体现了。”这些概念，对我们培养有国际化视野的人才提出了要求。首先是生产的国际化。比如我们打开一台电脑，可以发现 CPU 是美国制造、英特尔公司设计的，硅片是日本制造的，主板是中国台湾地区制造的，显示器是韩国三星的，软件是印度人开发的，最后组装在中国大陆，最后谁卖呢？中国香港卖出去。过去说“中国制造”或者“日本制造”或者“美国制造”，现在很多东西设计在美国，组装在中国，变成几个国家协同完成，没有独立的“哪里制造”了。现在，企业产品生产完全实施“归核化”战略，生产最有竞争力的产品和配件。在这样的条件下，生产一个产品，完全独立由一个国家完成，几乎没有可能。过去说手表厂就是生产手表，现在手表厂只做表芯和组装，其他都是外包。这种外包的形式导致了世界外包、国际外包，不是一个国家之内，是全球范围内。所以现在的企业竞争是全球性的。

首先是生产的国际化。最近，我国的纺织业受到很大挑战，主要是东南亚国家的激烈竞争，他们的劳动力更便宜。我们的摩托车厂生产零部件，嫌自己的劳动力工资太高，现在也从重庆往越南搬，因为越南的劳动力市场价格更便宜。我们遇到了经济成本的挑战，摩托车越来越便宜，技术越来越成熟，越南的劳动力便宜，所以我们就把厂搬到越南。现在越南大量生产中国的摩托车零件，中国拿回来组装。由于归核化战略，企业将以核心技术为主。比如一个汽车生产厂，它有两千多个工厂为组装厂配套，不是全部自己生产，只生产核心部件和组装。就和人一样，人在有限的时间里，只能做最核心的事情。企业也是这样。企业不断升级，不是什么都做，把投资回报率比较低的产业让其他人做，这是全球化的一个重要方向。

其次是流通服务的全球化。国际上出现了大量的服务外包现象，我们现在讲的服务外包，在中国、印度主要是软件服务外包。美国人下班以后，把自己要做的业务，在后台打包送到印度，少数送到中国，中国人正好上班，这边整理好打包发过去，他再上班的时候拿到整齐的数据资料。大量的金融服务外包、流通服务外包不断地延伸。还有国际资本流动也导致国际金融服务外包延伸。这个服务外包更加专业化、职业化。现在有一些专业要懂得服务转型。银行把和计算机有关的工作外包给了IT公司，把小的业务分散出去。像美国，住房贷款有住房贷款公司，如房利美、房地美这样的；大学生贷款有大学生贷款公司负责。让小公司去赚钱，他们只做核心的，抓住重大的技术。这一条对我们影响非常大。

最后是科学技术的国际化。通过专利转让、成果共享、人才流动，形成整个技术的世界供应。现在科技流通是非常之快的，一个技术出来以后要马上占领市场，要通过这个技术获得利润。中国人用的 iPhone 是美国的产品，但是滞后时间只有两到三个月。我在美国硅谷问过他们，他们认为技术落差从美国传播到中国最多滞后两到三个月。现在很多产品美国市场一受欢迎，马上就到中国打市场，迅速占领市场。科技流动非常快，所以世界科技成果可实现共享，很多重大技术，特别是在人类克服自然灾害、疾病方面的大的人类成果的共享，是全球共同参与、协同攻关的。这是全球化提供的良好背景。这个良好背景发生的原因首先是高科技的发展，近十年的科技成果超过人类文明的总和。这要求我们加大、加快协同创新的力度，解决人类共同面临的困难。

现代物流、商流和信息流的加快发展，导致整个资源的全球流通。因为是地球村，要遵守统一规则，所以加入 WTO。统一规则下建立刺激反应机制和学习机制。第四，由于经济竞争力的提升，要求资源的全球配置优化。我们的高等职业教育要在这样的背景下学会应对，整个培养理念的变化是在开放经济下和现代产业结合。整个现代产业在升级、转移、变化，一个是高度化、一个是方向合理化。所谓高度化，就是产业升级，第一产业农业、第二产业工业、第三产业现代信息技术、文化产业，这些产业是不断提升的。随着全球整体经济的一体化，产业提升速度加快，原有的生产体系和人才构建体系要相应发生变化。我们要培养动漫人才，搞动漫产业、软件产业，首先需要培养人才，没有一定量的人才我们光在那儿喊也没有用。我以前在南京大学工作，工作期间省里提出一个计划，要培养 50 万动漫人才、200 万软件人才，提出了人才培养目标。但是学校有没有这样的机制，有没有这样的转型，有没有这样的师资，有没有这样的课程体系建设呢？适应国际化快速变化的产业升级，学校准备好了没有？我们的人才准备好了没有？一般来讲，这个滞后至少十年。一个大学，专业人才的职业定位，要看十年前和十年后。现在招生十年后才能出人才，才能看出效果。所以提出产业计划，培养人才，至少十年才能发展起来，要有批量人才才能支撑产业升级。我们要提前为产业升级、为国际化做准备：要求高等职业教育从封闭走向开放；要与国际规则接轨，加强在世界范围内的国际合作与交流；要引进优质教育资源，整合国内、国际两个市场；创建具有国际竞争力的职业教育品牌；要立足全球视野整合我们的体系、布局、教师培养、课程设置、教学方法、国际化方法，以及人才的不同类型的分类。这个强大的背景需要我们的一些变化。

2009~2020年我国高技能人才分大行业需求预测

行业分布	2009~2015年高技能人才需求增长量	2009~2020年高技能人才需求增长量	2015年分行业需求	2020年分行业需求	2020年需求占比（%）	2009~2020年需求增长占比（%）
制造业	2 200 367	3 985 810	14 742 510	16 527 953	40.7	40.09
建筑业	1 180 970	2 168 259	7 768 078	8 755 366	21.56	21.81
批发和零售业	310 867	579 246	2 002 498	2 270 877	5.59	5.83
采矿业	279 498	525 995	1 774 534	2 021 032	4.98	5.29
交通运输、仓储和邮政业	223 436	407 315	1 484 202	1 668 080	4.11	4.1
电力、燃气及水的生产和供应业	161 123	282 573	1 125 790	1 247 439	3.07	2.84
公共管理和社会组织	129 420	234 211	868 230	973 021	2.4	2.36
租赁和商务服务业	137 496	268 074	826 580	957 158	2.36	2.7
科学研究、技术服务和地质勘查业	124 153	223 512	838 705	938 064	2.31	2.25
教育	115 627	204 393	799 880	888 646	2.19	2.06
房地产业	102 813	192 632	657 020	746 839	1.84	1.94

续表

行业分布	2009~2015年高技能人才需求增长量	2009~2020年高技能人才需求增长量	2015年分行业需求	2020年分行业需求	2020年需求占比（%）	2009~2020年需求增长占比（%）
住宿和餐饮业	94 775	169 221	647 229	721 674	1.78	1.7
水利、环境和公共设施管理业	81 093	142 114	567 129	628 150	1.55	1.43
农、林、牧、渔业	83 302	160 895	508 340	585 933	1.44	1.62
信息传输、计算机服务和软件业	65 908	119 328	441 892	495 311	1.22	1.2
卫生、社会保障和社会福利业	51 696	92 771	350 713	391 787	0.96	0.93
居民服务和其他服务业	44 643	80 935	298 780	335 072	0.83	0.81
文化、体育和娱乐业	41 617	71 444	298 468	328 295	0.81	0.72
金融业	18 378	34 473	117 426	13 341	0.33	0.35

注：资料来源于中组部与人力资源和社会保障部的《高技能人才队伍建设中长期规划（2010—2020年）》。

这是中组部与人力资源和社会保障部在《高技能人才队伍建设中长期规划（2010—2020年）》中对2020年各行业的人才需求预测。第一是制造业，占40.7%的比重，第二是建筑业，占21.56%，第三是批发零售，占5.59%，依次是采矿4.98%、仓储邮政4.11%、电力燃气水3.07%、公共管理2.4%、租赁商务服务2.36%、科学研究地质勘查2.31%、教育2.19%、房地产1.84%，这是对高技能人才需求量的一个预测。通过这个预测，我们应该看到人才需求总的变化，是考虑到了传统产业的升级换代，考虑到了产业合理化以后的人才需求。

二、“走出去”战略需要高素质技能型人才

开放型经济是打开国门，引进来。加入WTO，我们受到了挑战，受

到了冲击，我们的人才需求有了变化。中国走出去，目前最需要的是高素质技能型人才。中国走出去是开放经济条件下的必然结果。为什么呢？第一个原因，强有力竞争的企业都是国际性的。任何一个中国企业要成为世界500强，肯定是国际性企业。像华为就是逐步成长的，因为它的国际化使它成长为世界500强，在国内现在排第10位，最好的时候排过第8位。我们看看世界500强公司，哪个不是国际化的跨国企业。一个国家找出一个大企业、找出一个权威性的高技术企业不大可能，都是跨国性的，所以要成为强劲的企业必须走出去。第二个原因，世界资源、能源的分布需要中国企业向外开拓。现在商务部有一句话是“摊开地图找资源”，中国人不惜一切地从海外获取我们发展所需要的资源。我们是能源进口国，而且进口率非常高，已经达到了能源消费量的50%以上，所以有人提出能源安全问题，生怕有一天俄罗斯不供油给我们了，中国会不会出大问题。美国就是这样干的，美国自己的资源不采，到国外去拉油、拉气。我们现在发展也需要国际资源，澳大利亚的矿、巴西的矿，很多不在中国，我们需要大量的工人出去。很多能源，如气、油、煤，以及许多战略资源需要在国际上开拓。中国在达尔富尔采油，这个地方民族械斗，中国人不惜生命，冒险在那里采油。比如这次利比亚撤侨，我们损失很多，撤了三万多人，也可以看出国际劳工走出去的比例很大。最近我到巴西发现，劳动力严重缺乏，中国两个汽车厂奇瑞和吉利都要投资十亿美元在那里建厂，急需一大批人，而现在人才匮乏。我们每到一个地方，特别是小语种国家，都告诉我们缺人才。我们到韩国去，韩国人告诉我们懂韩语、懂技术的人非常缺乏，三星公司找不到，只要会简单的交流、懂技术就可以，有没有这样的技术工人？这样的工人严重匮乏。所以中国走出去的市场很大，我们已经逐步开始探索。

高技术企业、服务贸易企业的市场份额和它的效益，要从国际市场来取得。现在尽管很少，但是有，例如我们的华为、海尔、中信。几乎走到哪个国家都可以看到，华为、中信这两个公司有一批应用型人才。在美国，海信、海尔产品已经进入了定点超市，海尔集团 2011 年销售额 1 509 亿元（人民币），其中海外销售额 55 亿美元，他们是在用技术和市场战略赢得国外市场，提高市场份额，获取效益。中国自主知识产权品牌的汽车很少，现在只有奇瑞汽车可以卖到俄罗斯，卖到美国、卖到阿根廷、卖到巴西、卖到非洲，中国合资企业汽车是不能卖出去的，凡是合资的，只能卖国内，只有具有自主知识产权的产品才能出口。尽管我们东西很便宜，QQ 就卖几千美元，但在经济不发达的新兴经济体国家卖得很好，俄罗斯就卖得很多，这是中国企业走出去、打开国际市场的典型案例。中国的纺织都是靠代工，不是靠自己品牌直接推销的。另外，现在中国的跨国并购也开始了，吉利并购沃尔沃，联想并购 IBM，国外也在并购我们，肯德基并购我们小绵羊，现在是相互并购，挤占市场份额。所以跨国并购是国际贸易当中的一个正常手段。比如说我卖东西卖到美国有很多贸易壁垒，如果收购了美国公司，由美国公司去卖，就没有这个问题了。所以要占领国外市场，打消贸易壁垒，就必须收购它的企业，通过合资企业，把业务放在分部，把钱赚到总部，用这样的经营理念扩大企业经营。我们并购是消除壁垒、打进市场。所以中国走出去战略全面盛开，随着经济的发展，现在中国的文化也需要走出去。我国正在制定大的计划，现在办的孔子学院遍地开花。昨天是第六届孔子学院大会开幕，李长春、刘延东等领导同志都参加了。我们在全世界建了 358 所孔子学院，500 多个孔子课堂，现在培养的学汉语人士达 50 万人以上，我们计划十年内总人数达到 200 万，这就是文化走出去。经济发达的地方，语言就是气象。现在全世界不少人都用汉语普通话，经济的成长性伴随很多东西走出去，语言是第一个走出去，然后经济走出去，文化走出去。这个大的体系要全面展开。中国绝对不是封闭的，过去是闭关自守的，现在更多的是带有中华民族的奋斗精神走出去，不只是硬件，更多是软件，包括文化。

所以中国走出去战略形成了几个特征：第一，由被动接受国际分工到主动打造国际分工体系。这个体系里面暗含着我们参与国际分工的主动性，包括人才培养、科学研究。这是产业升级的一个过程，国际分工过程中我能够参与什么，我是从人才培养出发，所以需要我们人力资本的输出，研究国际分工体系条件下的人才需求，这对我们是一个观念转变。假如说我们的人培养出来要到巴西去从事生产制造业或者服务业，只要懂点葡语，就技术加葡语，技术为主，加两门课，不一定很复杂，应知应会。国际分工体系里面要看我们在分工体系中处在什么角色。第二，从低端低价竞争开始走向品牌竞争。我们买东西，买便宜东西到大排档、到夜市，买好东西就是到 Shopping Mall，那是品牌的集合，“Shopping Mall”是一个新名词，我们创造了这样的新名词。品牌竞争就是高质量、高品质、高服务，然后形成无形资产。第三，从简单模仿创新到全面创新，包括技术、市场、管理、组织全面创新体系建设，这需要我们自主创新。任何国家，发展中都需经历模仿创新，我们走过模仿创新之路，中国改革开放初期就是模仿创新。中国人学习能力强，我们过去厨师是学徒制，师傅带徒弟，就是模仿创新，看看就会。中国刚开始办大酒店，改革开放第一年在广州，广州白天鹅大酒店只找人来管理，没有对人才提出素质要求，结果发现不行，烧的菜卖不掉，管理效益上不去；后来下大力气请人，请大厨师。当时国外大厨师和国内厨师的钱差十倍多，中国一个高级厨师两千块，而国外请一个厨师几十万，顶尖级的一百万。中国人听了吓死了，但是白天鹅大酒店还是咬牙请了几个大厨师，做了五星级的菜，慢慢地把技术模仿学会了，就是师傅带徒弟，模仿两三年就可以学会了。我们很多工作也是这样的，在模仿过程中创新，这是第一阶段，然后进入自主创新阶段。我们现在讲，真正走出去的人更多地要自主创新。

探索中国走出去，要研究国际分工体系对人才需求的变化。针对我们某些行业产业的变化情况，要关注国际市场对人才，尤其是职业教育的人才需求。走出去战略需要关注，很多业务都需要实干型、业务型、动手型人才。建筑工人我们一派就是几百、上千的，一个省的劳务输出公司一年要派几万、十几万到世界各地做工程，他们大部分是职业教育培训出来的，走出去还是要有一定胆量、有眼光的，要受过一点基本的职业教育，尽管是蓝领工人。所以这方面需要我们职业教育继续努力。

对外投资领域呈多元化，商务服务大概占 50%。随着企业、产品、货币资本走出去，人力资本是跟进的成败关键。高管、金融人才严重匮乏。我们学校专门培养走向国际的精英人才，我们处在分配的高端，所以我校的学生就业形势非常好，可能一个学生有十几个单位招。所以特色教育是关键，要加强我们定制化人才培养，提高开放水平。

三、走本土国际化之路培养国际人才，通过现代职业教育为中国培养优秀产业工人

高等职业教育在变化，这个变化有四个特征非常明显：第一是精英教育模式向大众教育模式转变。现在包括高等教育、高职教育，还都在精英教育范畴里转不出来。我们的毛入学率超过 15%，国际上就认为我

们进入大众化教育时代。大众化教育时代的特点就是教育和人才的分类，我们这个分类太慢，最近我们在搞研究生的分类，我们招了这么多的研究生都是学术型的，发现社会实际上需要大量技能型的人才。我们很多从事精英教育的人到今天为止还在这个地方转不过来，培养了很多学术型的硕士，发现这些人到社会上没有什么用处，所以这两年教育部下大力气进行战略转移。两年前专业硕士只占硕士生总量的6%，今年已经占到31%，我们的目标是占50%，应用型、动手型硕士占硕士总量的50%，这就是转型，是大众教育，那就有一部分人分流了。应用型、技能型、动手型，明显强化他们在市场上的作用和地位，不是和学术混在一起，这是大众教育的典型特征。第二个是数量扩张走向了质量发展。高等教育招生人数大量下滑，2008年是人口高峰，之后每年以50万、100万的速度下降，现在有的省每年减少5万考生，全国就是几十万、上百万的下降，这直接影响到职业教育的招生数量。第三个是在新的竞争当中，模仿教育向自主创新体制方向发展。第四个是从浅层国际化到深层次国际化以及本土国际化。本土国际化就是通过在本校强化国际化培养。职业教育培养优秀产业工人，通过本土化培养高素质的国际化的技能型人才。这也是中组部预测到2020年现有条件下技能型人才的增长人数，技师、高级工、中级工的全面增长人数和变化（如图）。这对我们培养中国制造、中国创造在人才需求上的新的要求，人力资源不全面提升，产业提升、竞争力提升就没有基础，人力资源是第一资源，这个道理非常浅显。全部送出去我们叫国际化，现在立足于国内，但是要强化国际化的培养。本土国际化就是在经济全球化和教育国际化的条件下，全面深化职业教育改革，构造本土国际化的支撑体系，使学生增强跨文化交流能力和国际竞争力。我们学生要具有国际视野，懂得国际规则，能够参与国际竞争。

2015 年、2020 年各等级技能劳动者需求增长预测

技能劳动者结构	2009 年技能劳动者需求规模（人）	2009~2015 年加权方式下技能劳动者需求增长（人）	2009~2020 年加权方式下技能劳动者需求增长（人）
合计	115 773 407	18 881 289	32 909 663
高级技师	1 141 688	214 314	401 897
技师	5 292 948	963 859	1 781 466
高级工	24 236 005	4 269 010	7 759 835
中级工	43 368 086	7 364 523	13 130 332
初级工	41 734 680	6 069 583	9 836 133

注：资料来源于中组部与人力资源和社会保障部的《高技能人才队伍建设中长期规划（2010—2020 年）》。

我们的教育是“一带四”。所谓一，就是一个主体培养模式，即面向全体本科生主修专业的人才培养模式。所谓“四”是指“主修和辅修相结合”、“国内培养和国外培养相结合”、“学术教育与职业资格认证相结合”（如会计专业与 ACCA、CGA、澳洲 CPA、香港 CPA 等国际专业组织合作，金融专业与 CFA 资格证书考试结合）、“专业学习与专业实践相结合”等选择性培养模式。不一定非得把学位看得很重，可以把学位抛开。比如韩国缺制造业工人，就可以加一点韩语，再加一点金融、加一点法律。过去把专业知识看得太单纯。国内加国外学习，现在有的家庭具备这样的条件，有些是家长和学校共同承担。我们提出培养 50% 以上具有国际学习经验的精英，在国外学习一段时间，哪怕学习一定的技能，有一定的语言基础，能简单地应知应会，能够简单操作。专业教育加职业技术证、职业资格认证，现在把职业资格认证和我们的专业教育结合起来，如会计师、金融师、理财师，还有一些没有形成资格的，需要行业部门不断地形成行业资格，达到基本的应知应会。会计上岗是四到六门课，不是很复杂的，但是考个会计师很不容易，而会计上岗是很简单的，所以有时候把自己的标准定得要高，要加大专业资格证书的比例。专业学习和企业实践，这是学校加企业的培养模式，要形成一套国际化的体系。

这个职业教育体系的目的是培养国际化人才，培养高等教育学习者的学习能力、继续教育能力、就业能力、创业能力和工作转化的适应能力等。如果从事的一份工作突然遇到调整，他就可能需要辅助技能来适应调整后的工作。在这样的背景下，要本土国际化，要建立国际化职业教育的课程体系，这个体系建设是在国际化条件背景下的。我们竞争的是国际同行，我们必须考虑到职业发展和职业提升。国际化的职业教育师资队伍也是非常重要的，师资队伍涉及高职教师的转型与技能型实践精英的培养，首先教师要有国际化视野，不能仅仅在一个行业里的国际化、一个专业的国际化，教师是本，教师没有实践经验，没有实践知识很难培养出实践型人才。现在搞“双师制”，外面老师的责任心不是很到位，总是以我为主，以他为辅，主辅结合，双师型。这样的情况下我们教师本身的转型很重要。我曾经在上课时遇到一个挑战，我教企业管理，有一个企业家问我，你没有管过企业，凭什么教我们企业家呢？这是很有挑战性的问题。我当时回答说我有很多背景，我管的企业比企业家多得多，但是大多数老师没有管过企业。后来发现商学院是淘汰制，实际经验不足的，学生马上就不上你的课了。现在我们上 EMBA 课，全部实行打分制，最后发现 100 个讲企业管理的老师，只有 10% 的留下来了，90% 的老师讲得过于书本化了，没有操作能力，被淘汰了。所以一定要双师型，一定要增加实践精英，一定要请进来，走出去。我们对外经贸大学过去以实务著名的，50% 的教师在海外做过参赞或经过商。我们老师首先被送到国外实际从事业务，经贸实务会讲了，进出口单证会填了，再回来讲课，这是教师转型，所以教师转型和技能非常重要。还有就是专业教材体系。教材的知识体系，我们一共教三方面的知识：一是知识，二是能力培养，三是经验传授。高职也是这三个方面。第一是知识。教一个人，知识必须够用，不是越多越好，现在有些老师舍不得压缩书本知识，恨不得什么东西都教，大家应充分研究知识必须够用。实用性知识，比如学20小时，最后有用就是好的，你学60小时没用。第二是研究能力。课程体系的专业教材就是围绕综合能力、竞争能力、创新能力、创业能力构建的，能力是高等职业教育的关键，技能型、应用型都是靠能力培养的，必须能够干，不是纸上谈兵。我以前上MBA，老师上课先发一个本子，让你买期货、股票，每天做笔记，为什么买这个股票，进行技术分析、条件分析。然后一个学期后就查投资结果，给你一百万，凡是赚钱的都优秀，凡是亏本的都没有用。你背得再好没有用，就是看实战能力，你能不能炒股票炒赢，实战能力怎么样，是最重要的。中国教育体系最大的问题是应用能力太差。有的人离开稿子不能讲十分钟，他没有独立表达自己思想的能力，大学生不能独立表达自己思想，出去讲话必须读稿子，缺乏独立思维。所以整个能力培养有很多，能力研究有很多，本土化、国际化的专业人才培养很重要。第三就是经验，就是到实践中来。知识、能力、经验这三者是高等职业教育要全面研究的，缩小知识，增加能力和经验。知识够用就行，建立国际化的国际课程教育，具有国际化的教育语言环境，如果将来要走出去，一定要加一点语言。谁如果能够在这方面加一些，形成一个特色，这个特色就会变成我们的特色，在某些方面通过调查，完全可以加一些语言。然后是实习环境、专业教育课、校园文化。

四、借助世界平台提升自主创新能力

提升自主创新能力要进一步解放思想，构建具有中国特色、世界水准的现代职业教育体系，为世界职业教育打造“中国模式”。一是学术型和技能型要分开，研究学术型和技能型的差别，真正打造技能型为主、技术导向为特征的人才，强调技能型、应用型、动手型，强调自主创业、自主创新的能力。二要坚持开放的心态，增加教育的国际视野。三要研究应用型技能人才的培养标准，强调动手和操作，但不是低人一等，是有合格的培养标准。不能因为有职业学位和学术学位之分，就把学术学位看得高一点，这两种学位无非是两个不同类型的人才。要研究办学特色。这里面有很多内容，要研究职业教育就业导向的人才培养体系。市场经济还是讲就业教育，不能把就业教育看成是职业培训，否则，这也是错误的，看得太窄了也不行。但是就业教育还是以就业为导向，是办人民满意的教育，能找到工作的教育就是人民满意的教育，能促进人的自由全面发展就是人民满意的教育。实际上大学、高职、大专都是人的第一个职业，是人的第一份职业的训练，很多人都在第一个职业领域，大学的专业很多就是职业选择。所以我们就业导向是非常明确的，要增加这方面的能力，当然要和企业对接。有人说这里有一个缝隙，大学培养的人才和企业培养的人才错位，有人想我们专门搞一个学士后教育，解决这个缝隙问题。我们不能让这个缝隙产生，应该和企业无缝对接。大部分人认为高职教育不能直接培养出企业需要的人才，因为我们没有太具体的针对性企业，岗位特征不是特明白，还是要有岗前培训过程。在中国苏南专门有这样的公司做岗前培训，在这儿学习三个月保证你就业，这说明我们的高等职业教育还没有和企业的就业对接，我们要解决这个缝隙问题，使整个教育质量能力得以提升，这个教育体制要强调职业教育和人文教育的共同发展。专业教育和人文教育的分离是高职发展的弊端，很多学科是素质教育，我强调职业基础教育首先是高素质、国际化、应用型、技能型人才培养。

五、中国加入WTO对于提高教育国际化水平、促进教育服务贸易发展具有重要作用

我国和德国、英国、意大利、日本、韩国等这些制造业比较发达的国家的职业技术人员的培养相比，他们在这个体系内应该起到示范作用。应该向世界发达国家学习，因为加入WTO以后我们承诺了高等教育全面开放市场，让中国教育逐步融入世界教育体系。我们服务教育的数量和类型也是呈增长态势。加入世贸以后对于教育的冲击是对教育培养理念、模式、内容的冲击，今天如果培养的不是经济开放条件下的高技能人才的话，对我们的冲击非常大。中国今天不是闭关自守，必须面对世界，重视教育国际化程度，才可能推动高职教育的发展。

这是我今天和大家交流的内容，中国开放型经济的发展以及对人才的迫切需要，怎样利用本土国际化手段全面提升培养国际化人才的目标。我们的培养目标是除了高素质、国际化，最重要的是有国际视野、通晓国际规则、能够参与竞争的未来高技能应用人才。

我国开放型经济的战略思考*

开放型经济=全球市场+虚拟经济+网络革命

开放型经济是当前全球经济发展的重要特征。随着中国改革开放的深入，中国已经步入开放型经济时代，开放型经济成为中国发展的新模式和新引擎。

一、开放型经济内涵

开放型经济是与封闭型经济相对立的概念，是一种经济体制模式。在开放型经济中，要素、商品与服务可以较自由地跨国界流动，从而实现最优资源配置和最高经济效益。

（一）开放型经济是多元化的经济，绝不是少数国家单边化的经济

开放型经济强调把国内经济和整个国际市场联系起来，尽可能充分地参加国际分工，同时在国际分工中发挥出本国经济的优势。根据系统论的观点，没有能量交换的封闭系统不可能

* 2014 年 3 月 2 日在第二届全球桂商发展论坛上的报告。

改变系统的旧貌，系统的不平衡加剧，最终导致系统混乱乃至消亡。新系统平衡与健康发展需要系统的开放，能够不断与外部进行充分的能量交换。开放型经济国家即是一个开放系统，是由生产要素的双向流动引发财富的双向流动，这需要政府、企业、个人的全方位、多元化开放。胡锦涛在纪念改革开放30周年大会上发表讲话时就曾指出："在当今世界，任何国家关起门来搞建设都是不能成功的。"党的十八大报告表明，必须实行更加积极主动的开放战略，以更广阔的视野统筹国内国际"两个大局"，谋划国内国际"两个市场"，推进全方位对外开放格局，不断拓展新的开放领域和空间，扩大和深化同各国利益的汇合点，进一步提升中国在全球化进程中的影响。发展中国家只有顺应经济全球化的潮流，制定正确的开放型发展战略，在参与国际分工和国际竞争中寻找发展机会，才能最终实现强国富民之梦。作为世界上最大发展中国家的中国更应坚定不移地实行对外开放，推动开放型经济发展。

（二）开放型经济=全球市场+虚拟经济+网络革命

在经济全球化、知识化和信息化的背景下，开放型经济日益体现为全球市场、虚拟经济及网络革命的融合，从而使其被赋予了新的内涵。

1. 全球市场

广义的全球市场不仅包括一般商品买卖活动的运动空间，还包括与对外贸易有关的货币结算、货物运输、货物保险等内容，以及在全球范围内的资本国际化、资源国际化、生产要素国际化、生产国际化、物流国际化、科技国际化及服务国际化。全球市场的形成使一国经济和社会的方方面面都纳入到全球性开放范畴，在国际化的系统内实现平衡。

2. 虚拟经济

虚拟经济是指与虚拟资本以金融系统为主要依托的循环运动有关的

经济活动，简而言之就是直接以钱生钱的活动，包括银行业、证券业、保险业、房地产业、资本市场、货币市场、外汇市场及诸如担保、对冲基金、证券、期货等金融衍生工具，是一个涵盖金融业的概念。随着虚拟经济的发展，经济日益呈现出“虚拟五化”趋势，即经济金融化、财富金融化、金融全球化、金融证券化和危机经常化。经济金融化是指包括银行、证券、保险、房地产信贷等广义的金融业在一个经济体中的比重不断上升。金融全球化是指世界各国、各地区在金融业务、金融政策等方面相互交往和协调、相互渗透和扩张、相互竞争和制约已发展到相当水平，进而使全球金融形成一个联系密切、不可分割的整体。金融证券化，也称资产证券化，是指把银行贷款和其他资产转化成可在金融市场上出售和流通的有价证券。危机经常化是指由于全球金融联系日益密切、不可分割，经济金融危机也具有全球传染性，使世界经济受到全球化推动和主导国经济状况的影响而呈现系统性波动。例如，1990 年日本金融危机、1998 年亚洲金融危机、2007 年美国次贷危机、2009 年欧债危机的爆发都是危机经常化的体现。

同时，国际资本的流动和资本结算的国际化也直接推动了虚拟经济的纵深发展，如汇率的变动提升了货币在开放经济中的重要地位，促进了国际信贷关系的变化；围绕着美元汇率和美国作为全球最大债务国的角色，汇率直接导致全球经济的货币战争。本人认为随着美联储逐步退出 QE3 和美国经济的复苏，以及中国金融改革的推进和人民币国际化进程的加快，人民币兑美元单边汇率升值的局面将会改变，人民币汇率将有一定程度的持续贬值，但人民币兑美元汇率破六的可能性较小。

3. 网络革命

网络革命也是开放型经济的重大表现。在信息大爆炸、大数据的时代，网络革命正在爆发：网络物流快速发展；以 B2B、B2C 和 C2C 为模式的电子商务发展如火如荼；物流产业革命初见端倪，信息流推动物流，物流信息化蓬勃发展；跨境电子商务和物流经济的发展正在逐渐改变传统贸易方式。跨国公司越来越重视使用在线外贸平台进行采购，国际采购方式已经逐渐向在线方式转变，倾向于小单多频与定制化，当前通过跨境电子商务实现的贸易量已经接近国际贸易量的 10%。依赖传统销售、买家需求封闭、订单周期长、汇率风险高、利润空间低的传统外贸模式必然会阻碍国内企业尤其是中小企业的发展，因此在开放型经济发展中，中国企业应当加强对网络革命的认识，充分利用网络电子商务平台提升国际化发展水平。

二、开放：国家间财富流动的规律

工业革命以来，国家间财富流动主要有如下五种方式：

（一）侵略掠夺：占领领土，抢夺财富

侵略掠夺是工业革命以来帝国主义最野蛮的分配世界财富的方式，两次世界大战基本上是对资源的掠夺和世界财富的分配。鸦片战争以来，中国饱受帝国主义的欺凌，财富受到掠夺。随着新中国的成立，中国不断发展强大，在世界政治经济中发挥着越来越重要的作用，屹立于世界民族之林，国际地位日益提高。圆明园被劫兽首的回归是对当初帝国主义侵略行径在某种程度上的纠正，体现了中国的决心与实力。

二战以后，初期的战争非理性手段逐步被之后的贸易等理性手段替代，但战争掠夺世界财富的行为并未完全结束，区域性和局部战争还在发生。

（二）国际贸易：互通有无，公平贸易

国际贸易是指商品、服务和生产要素在不同国家（和/或地区）之间的交换活动，是各国之间分工的体现形式，反映了世界各国在经济上的

相互依存。国际贸易不仅意味着贸易、商品、服务的国际化，也意味着各国在参与国际分工中逐步实现的生产国际化。国际贸易与贸易自由化、生产国际化和金融全球化是相互促进、密不可分的。国际贸易规模和水平的不断提高对贸易自由化、生产国际化和金融全球化提出新的要求，推动其不断向纵深发展。而伴随着贸易自由化的对外国商品和服务进口限制的减少及为进口商品和服务提供贸易优惠待遇的增多将促进国际贸易规模的扩大和水平的提高；国际分工进一步向深度和广度发展，各国之间的联系日益密切，生产的国际化将推动国际贸易的发展；金融全球化推动了经济全球化的发展，为国际贸易引起的货币资金在国际间的融通和结算提供了一定的保障与便利。对外贸易的发展是提升中国开放型经济发展水平的重要推动力。

1. 入世后的中国

世界贸易组织（WTO）是贸易自由化的主要推动力量。WTO 的宗旨之一就是以开放、平等、互惠的原则，逐步调降各成员关税与非关税贸易壁垒，并消除各成员在国际贸易上的歧视待遇。2001 年 12 月 11 日，中国正式成为 WTO 的第 143 个成员方。加入世贸组织以来，中国遵守世贸规则、信守承诺、逐步开放市场，对贸易体制和政策进行了全面的调整，向世界呈现了一个遵守规则、自信开放、勤奋生产、乐于消费的大国形象。（1）自 2002 年起逐年调低进口关税，关税总水平从 2002 年的 15.3% 降至 2010 年的 9.8%。农产品平均税率由 2002 年的 18.8% 调整至 2010 年的 15.2%，工业品平均税率由 2002 年的 14.7% 调整至 2010 年的 8.9%。目前，中国加入 WTO 的降税承诺已全部履行完毕，关税水平不仅在发展中国家中是最低的，还低于欧盟的平均水平，在部分细分行业也低于一些发达国家。（2）2004 年开放外贸经营权，外贸经营权一改实行了 55 年的审批制，变为登记备案制。2010 年，在中国经营企业中国有企业、外企和民营企业的比例分别为 20%、55% 和 25%。

除认真履行加入世贸组织的义务，中国充分利用加入世贸组织的机遇促进自身发展。加入世贸组织，中国廉价的劳动力和规模化的加工模式优势显现出来，使中国成为全球制造的最大基地。加入世贸组织十多年来，市场经济的理念深入人心，市场已经成为中国经济领域资源配置的最基础的方式。（1）中国充分享受权利，改善了国际经贸开展的环境。（2）加大开放，促进改革进一步深化：入世后，中国逐步扩大开放度，形成了全方位、深层次、宽领域的对外开放格局；加快改革，推动政府转型，促进市场完善，使企业素质得到提升。2013 年《财富》世界 500 强企业名单中，入围的中国企业达到 95 家，其中，中央企业 44 家。2010 年私营企业注册 840 万户，占全国企业总数的 74%，上缴税收 1.1 万亿元，从业人数超过 1.8 亿。（3）推动了中国经济发展。2010 年中国 GDP 总量位居世界第二，超越日本成为世界第二经济大国。2013 年国内生产总值（GDP）568 845 亿元，比 2001 年的 95 933 亿元增长 493%。人均 GDP 由 2001 年的 1 038 美元上升至 2013 年的 5 414 美元，上升了 4 倍多。2010 年中国成为世界第一大贸易出口国和第二大贸易进口国。2013 年进出口总额 41 600 亿美元，比 2001 年的 5 098 亿美元增长 716%。其中，出口 22 096 亿美元，较 2001 年的 2 662 亿美元增长 730%；进口 19 504 亿美元，较 2001 年的 2 436 亿美元增长 701%。2013 年服务进出口（按国际收支口径统计，不含政府服务）总额 5 396 亿美元，比上年增长 14.7%。对外贸易的发展极大地提升了中国企业的国际化水平，提高了中国的国际影响力和开放型经济发展水平。

2. 我国国际贸易发展新战略

尽管对外贸易对中国开放型经济发展起到巨大的推进作用，但是也应该看到，当前中国在国际贸易中仍存在着“增量不增利”、对外贸易结构不合理、出口产品附加值低、出口市场单一与国际贸易保护主义冲击等问题和挑战。因此需要我国采取新战略促进国际贸易发展。

（1）以自主品牌、自主知识产权和自主营销为突破口，建立并完善宏观政策与微观企业相配套的激励机制，全力支持和引导企业增强自身的综合竞争力。

（2）积极落实国家自主创新战略，大力提高出口产品中自主知识产权的比重；引导企业对于劳动密集型产业出口的转型升级。

（3）加快高耗能、高污染和资源性企业转型升级，在资源节约型和环境友好型城市建设方面作出新的贡献。

（4）积极迎接跨国公司技术含量高的加工制造环节和研发中心的国际转移。促进加工贸易逐步从代加工向代设计，从代设计到自创品牌的升级转型。

（5）全面协调创新和积极拓展新兴市场，加大力度推进国际市场的多极化，逐步减少对少数国家国际贸易市场的过度依赖，增强外贸企业发展的抗风险能力，科学应对国际贸易中出现的纠纷和摩擦。

（6）建立和完善以政府财政等手段为主、多手段结合的外贸调控体系，完善各项贸易促进服务体系，全力促进中国企业走出去，构建质量效益导向的外资和外贸促进体系。

（7）建立健全重要商品出口的预警和风险防范机制，提升出口质量。

（8）加大创新，解决进口替代，加大议价能力，实现进出口基本平衡的目标。

3. 国际贸易开放的思考

在国际经济新形势下，当前国际贸易开放中应实现四个平衡，即国际化与区域经济共同体的平衡；经济全球化与主权国家的平衡；发展中国家与发达国家的平衡；新兴工业国家与发展中国家的平衡。中国在积极实施国际贸易新战略的同时，应注重加大国际自由贸易区建设力度；加快与其他国家建立自由贸易区的进度，如推进中美、中欧、中澳自贸区谈判，打造中国东盟自贸区升级版等；加大体制机制创新，提升国际贸易企业的竞争力，使我国尽快成为贸易强国。

（三）投资驱动：资源获取，企业拓展

国际直接投资是指一国的自然人、法人或其他经济组织单独或共同出资，在其他国家的境内创立新企业，或增加资本扩展原有企业，或收购现有企业，并且拥有有效管理控制权的投资行为。国际直接投资是跨国公司提升自身国际发展水平以及实现国际经营战略的重要手段，也是一国提升国际竞争力的重要方式。发达国家开放型经济发展的经验已经证明了这一点。实施“走出去”战略，开展卓有成效的对外直接投资是中国开放型经济发展的重要手段。

1. 国际背景

（1）国际市场需求略有改善，但不确定因素增多

2014年，世界经济略有复苏，增长率3.5%～4.5%。大国经济回升，出口需求增长，有利于出口和能源、资源的进口；区域贸易保护主义抬头，例如TTP、TTIP、RCEP等；知识产权、技术性贸易壁垒、贸易摩擦加大。2013年7月，经过一年多艰苦斗争，“中欧光伏案”最终实现“软着陆”，保护了中国光伏企业60%的市场份额，避免了40万人的失业。这不仅有效遏制了欧盟保护主义的发展势头，维护了我国企业的切身利益，同时为解决全球贸易争端提供了样板。尽管如此，中国已经连续多年成为世界贸易保护主义最大受害国，因此开展对外直接投资，改

变产品原产地是规避贸易摩擦的重要方式。

（2）引进外资优势增加，但国际间竞争激烈

引进外资是我国开放型经济发展中的重要一环，外资在中国改革开放进程中起到了重要作用。随着中国市场规模扩大、基础设施日益完善、产业配套能力加强、对外开放进一步发展，中国利用外资优势不断展现。近年来，中国一直是最具投资吸引力的发展中国家，在吸引外资方面处于国际前列，但随着中国劳动力成本和其他要素成本的不断提升，以及以美国为首的发达国家“再工业化”浪潮，引进外资的国际竞争日益加剧，中国不仅要面临来自美、欧、日等成熟发达国家的竞争，还要受到周边国家更廉价劳动力资源和要素成本的挤压，引进外资的国际竞争日益激烈。同时，中国国内产能过剩也要求中国企业转移产能，到海外寻求更具成本优势的生产区域和更广阔的市场。

（3）对外投资合作机会增多，但面临诸多风险

一方面，中国企业跨国竞争能力不断加强，产业过剩转移需求增大，具备“走出去”的强烈需求和“走出去”的能力；另一方面，中国全球经济外交的不断推进，与多个国家和地区开展自贸区谈判，为中国企业对外投资合作提供了机遇。目前，中国在建自贸区 18 个，涉及 31 个国家和地区。其中，已签署自贸协定 12 个，涉及 20 个国家和地区，正在谈判的自贸协定 6 个，涉及 22 个国家。此外，中国完成了与印度的区域贸易安排（RTA）联合研究，正与哥伦比亚等开展自贸区联合可行性研究，还加入了《亚太贸易协定》。这些正在开展的工作为中国企业到海外投资提供了必要的投资便利化，为“走出去”铺平了道路。虽然中国企业“走出去”前景一片大好，但由于中国企业“走出去”时间不长，经验不足，在对外投资中所面临的政治风险、经济风险、项目风险等不断加

大，尤其是以美国为首的发达国家推进的 TPP（跨太平洋伙伴关系协定）、TTIP（跨大西洋贸易与投资伙伴关系协定）排斥中国，也将在一定程度上影响中国企业的国际化发展。

2. 中国双向投资发展现状

“引进来”和“走出去”是中国开放型经济发展的重要手段。改革开放以来，中国在吸引外资方面取得了巨大的成绩。随着中国进入中等收入国家行列以及实力的不断提升，“走出去”发展越来越迅速。2013 年中国实际利用外资 1 170 亿美元，比上年增长 5.3%，虽超过世界平均增长率，但近年来增长势头呈现相对停滞状态，个别年份甚至出现增长率下降态势。相反，近十几年来中国对外直接投资呈现高速发展态势，入世以来，年均增长 30% 左右，已经由 2002 年的 27 亿美元增长到当前近千亿美元。2013 年，中国境内投资者共对全球 156 个国家和地区的 5 090 家境外企业进行了直接投资，累计实现非金融类直接投资 901.7 亿美元，同比增长 16.8%，累计对外直接投资额上万亿美元。跨国并购大项目增多，例如 2012 年中海油以 151 亿美元收购加拿大尼克森公司，是迄今为止中国石油企业海外油气并购的最大一宗交易。从发展趋势上看，中国对外直接投资年度额超过吸引外资年度额指日可待，彰显了中国国际投资能力和开放型经济发展水平的提升。

（四）资本流动：金融杠杆，货币战争

1986 年美国开始从债权国成为债务国，2012 年美国债务总额是 44 162 亿美元，其海外资产 207 601 亿美元，海外负债 251 763 亿美元，目前是世界上最大的债务国。美国利用汇率杠杆取得良好的投资收益，实现了负债越多，投资收益越大的“悖论”。美国通过金融霸主地位，在国际市场上推出大量包括次级债券在内的、种类繁多的金融衍生品，大发金融危机的财，掠夺财富，转嫁危机，其次贷危机的单即由世界各国来买。据测算，美国欠债1美元，现在仅需要还0.5美元。利用金融杠杆，华尔街金融家们通过没有硝烟的货币战争大量掠取世界财富。

因此，我国的开放型经济发展，不可能回避金融全球化，在今后参与国际金融开放过程中，要注重金融市场机制和国际金融调控的平衡，实体经济、虚拟经济、网络经济的协调与平衡，世界经济一体化中公平与效率的平衡，全球经济一体化与国际贸易保护主义的平衡及金融创新与金融风险的平衡。

（五）技术获取：抢占高点，吸纳财富

国际化中的财富流向规律是流向高技术的国家和企业，例如微软、苹果、现代等。全球跨国企业5.5万家，销售收入占全球销售收入的比重超过三分之一，占全球国际贸易的三分之二，全球直接投资的四分之三。可以说，当今世界，谁能占领科技鳌头，谁就能主导世界。发达国家就是通过不断的科技创新来主宰世界的，近年来页岩气革命、3D打印机、智能机器人等革命性创新活动提升了发达国家吸纳世界财富的能力。

鉴于此，中国应该注重高新技术发展，积极落实国家自主创新战略，融入高新技术国际流动进程，抢占高点，吸纳财富：

（1）以开放倒逼改革，通过机制体制创新，促进企业高新技术的发展；

（2）加快构建中国企业主导的国际生产经营网络；

（3）加大出口自主创新产品的比重，支持建立更多的中国跨国企业，放松管制，加强调控；

（4）调整出口产品结构，提高出口产品质量；

（5）加大力度推进中国国际品牌的创立；

（6）推进企业国际化的发展；

（7）国际贸易产品积极采用国际标准、国际权威认证等，并积极参与国际标准、技术法规、合格评定程序的制定等。

三、我国开放型经济发展战略

（1）进一步通过行政力量推进开放程度，改革市场体制，完善市场机制，加大与国际经济接轨的步伐，主动迎接世界科技革命的浪潮。

（2）努力提升中国出口产品在世界产业价值链中的位置。以全球化的视野、战略的高度，准确把握经济全球化的新机遇，在更大范围、更广领域、更高层次上参与国际经济技术合作与竞争，充分地、合理地利用国际产业转移，从而推动外贸和产业的协调可持续发展，提升中国出口产品在全球价值链中的地位。

（3）做好开放战略的顶层设计和系统设计，重构新的有利于开放的制度体系。从全局的角度，对开放领域的各方面、各层次、各要素统筹规划，集中有效资源并实现资源的优化配置，实现中国进一步扩大开放的战略目标。

（4）系统完善实体、虚拟和网络三大系统协同创新，推进开放型经济的科学发展。虚拟系统和网络系统不能脱离实体系统的发展，实体系统发展要充分利用虚拟系统与网络系统的资源，提升其信息化技术水平，最终三系统相辅相成、相得益彰，共同推动开放型经济的科学发展。

中国融入世界，世界需要中国*

国际汉语教育的推广是中国语言文化走出去的重大战略之一。孔子学院的建立，一方面是为了提高大学声誉、办学实力和国际影响力；另一方面，大学也希望把孔子学院变成校际长期合作的基地。

国际汉语教育的推广是中国语言文化走出去的重大战略之一。随着世界上学习汉语人数的增多，孔子学院总部的事业也逐步发展壮大起来。汉语在国际上的地位和影响力日益凸显。汉语的广泛传播，表明了中华民族经济崛起的力量。汉语推广事业的发展，也是由世界对中国需求的国际大循环背景决定的。经济发展的经历表明："什么地方经济发展了，什么地方的语言就吃香。""文革"前，上海经济发展迅速，大家纷纷学习上海话；改革开放后，社会发展的重心移到了广东深圳一带，中国到处都讲广东话，粤语成了最流行的语言；而现在人们又开始讲普通话，因为北京是中国的政治文化中心。语言的流行，随着经济的发展不断变化。改革开放后，中国有两亿多青年人如

---

* 2014 年 4 月 8 日在学校孔子学院专职教师座谈会上的讲话。

饥似渴地开始学习英语，广场上、河边、柳树下留下了他们刻苦的身影，他们那一代人特别了解，国际化需要以一大批语言人才为基础；而今，大批的外国人来到中国，汉语成为当今最时尚的语言之一。中国经济三十多年的崛起，使外国人看到了中国经济的发展和壮大，他们希望学习汉语，了解中国的愿望更加迫切。没有中国的改革开放，不可能有中国经济的腾飞；没有中国经济的强大，不可能在世界上有这么强大的四百多所孔子学院、六百多个孔子课堂。虽然现在全世界孔子学院注册人数有八十几万人，但还远远不够，我们希望让上百万、上千万人都来学习汉语。汉语国际推广的事业方兴未艾，是中国语言文化走出去战略远大宏伟的战略目标。语言是国际贸易的基础，没有语言的交流，国际贸易不能做大做强；语言是培养国际化人才的桥梁，没有语言的培训，国际贸易的优秀人才不能应运而生。作为孔子学院的专职教师，我们的目标是在国际化背景下，通过对人才的培养让外国人学会汉语，让他们通过汉语从事国际间商务贸易。作为对外经贸大学孔子学院专职教师，一定要了解国际化开放背景知识、国家开放形态趋势以及我国现在的经贸发展状况。文化走出去，企业走出去，技术走出去，产品走出去，这跟语言走出去、汉语走出去是一样的。我们要全面倡导中国人走出去战略。

一、中国语言文化“走出去”战略形成的原因

（一）中国梦的实现

实现中国梦是很多人小时候的梦想，是非常远大的目标和理想。中国梦就是富国强民之梦，是让中国人有尊严地立于世界民族之林之梦。这和美国梦有着同样的本质。现在中国的开放，不是1840年中国被打开大门、被动的开放，那样的开放使我们变成了东亚病夫，成了世界上的

弱国。那时中国在两次世界大战中被列为战胜国，但国家的财富却被其他战胜国瓜分。而今，中国人、中国企业走出去是要让中国人走进世界，融入世界；让世界欢迎中国，接纳中国，让中国和世界形成一个和平发展的共同体。中国梦的本质是让中华民族自立于世界民族之林的梦想。在过去，无论是冷战时期，还是阶级斗争年代，中国的综合国力相当弱小，既没加入WTO，也没签署关贸总协定，中国完全置于世界之林之外，没有国际认可，少有国际贸易，没有国外人来中国投资。1980年以前，中国每年对外投资总额只有一到二亿美元，数量少得可怜。中国人只能靠自力更生，才能改变现状。近三十年来，中国经济的发展十分迅速，中华民族的巨变使中国被世界所认可。习总书记用可爱的雄狮来比喻中国，并称中国已经不再是熟睡的雄狮，它已经苏醒。首位华人诺贝尔获奖者杨振宁去南京大学作报告时曾说，他一生做的一件事情，就是证明黄皮肤的中国人也能和世界其他民族人民一样，能做成功伟大的事情，也是世界公民的一分子，证明中国人和其他皮肤的人一样也是优秀人才。中华民族的本质是自信开放、勤劳勇敢、积极生产、喜好消费、乐于和平的民族，中华民族的气质是具有开放性的。中华民族要走出去，中国的语言、文化、投资、产品、技术等要走出去，适应了世界对中国的需要。中华民族正在崛起。在这种形势下，作为对外汉语教育者，要实现中国梦，一定要有爱国之心，要对我国所走的发展之路充满道路自信、制度自信，要有民族自尊心、自信心、自豪感，要时刻牢记专职教师的教育事业代表学校，代表中国，不代表个人，时刻要有为祖国争光的决心和意志。

（二）开放型经济的需要

前30年，中国改革开放所取得的巨大成就，得到了社会的公认。我个人认为，从经济学角度讲，就是开放的红利大于改革的红利。借用国务院总理李克强的话，就是用开放倒逼改革。要想深化改革就要先加大开放。开放后让很多人和企业看到了自己的不足，开放使中国大学走出去，看到了国外大学的发展，使中国的校长、教授学习到了国外大学的教学思想和先进理念，这些宝贵成果对中国大学的办学有着直接的指导和借鉴作用。开放型经济是整体性开放，它包括国家开放战略、区域开放战略。国家开放战略是国家整体性开放，区域开放战略就是要和各类不同的区域，如东南亚、东盟、金砖国家、拉美国家、非洲国家、上海合作组织等形成各种区域性的开放势态。中国加入 WTO 之后，中国的开放性，彻底打破了过去的封闭观念，使中国的经济总量跃居世界第二，2011 年达到 7 万多亿美元。开放后的我国进出口总额，截至 2013 年，也已达到 4.16 万亿美元，列居世界第一位；人均 GDP 也已经达到了 7 000 美元。虽然我国现在的人均 GDP 还只有美国的十分之一，但是国家在开放，经济总量在不断增长，持续不断的开放成果会为中国带来越来越多的经济收益。开放型经济的明显标志就是国家开放，经济总量不断增强，从经济学原理来讲，封闭的经济系统缺乏能量交换，而开放系统通过要素交换，互换能量，可以促进经济技术的发展。开放是国家战略，是经济腾飞的杠杆，是经济发展的推进器。

开放型经济分四个层次：国家开放，区域开放，企业开放，个人开放。没有开放的个人就没有开放的企业，没有开放的企业就没有开放的区域，没有开放的区域就没有开放的国家，从微观到宏观每个层次都要开放。开放的人要有语言基础，人要在国外交朋友，进行国际交往，需要学习语言和文化。但是语言的学习是无止境的，起点很容易，但要学得精通、学到和其他国家文化充分融通的水平还很困难。语言的学习也是文化学习的过程。前国家主席胡锦涛在庆祝改革开放30周年讲话中提到“只要我们不动摇、不懈怠、不折腾”中的“不折腾”难倒了众多的中外翻译，美国请到了华盛顿著名的专家，通过对中国文化和经济的大量研究，翻译出了“No Z-turn”，形象贴切。中文里的每一个文字就像相声一样，有包袱，有内涵，这和中国的文化发展有很大的关系。这种关系使我们的教学过程充满无限乐趣。作为孔子学院的专职教师，我们一定要让语言和文化一起传播，讲相声、绕口令、打快板、山东快书都是文化语言，我们不能一味地讲语言知识，而不讲文化。

开放就是物流、商流、信息流的充分流动。在欧洲，荷兰人到比利时打工，德国人到法国工作，一个申根签证，使他们可以随便在任何欧洲国家工作，欧盟国家的各国人员可以随意流动。欧盟间的经济体是充分开放的。在欧洲，生产要素、资源、经济要素充分流动就形成了开放。世界上最开放的东西是音乐，音乐无国界，无国界就是最开放的要素。所谓国界就是国家与国家之间通过行政封锁，造成差距，造成的生产资源不流通；而开放就是让人、财、物等生产要素充分流动。

经济的全球化就是生产、流通、研发、分配、消费的全球化，所谓全球化就是开放。第一是生产的全球化。当今社会很难找到完全出自一个国家的产品，很多产品的原配件来源于全世界，最后在一个地方进行组装。例如，一台电脑，芯片是美国的，CPU是中国台湾的，电池是德国的，屏幕是中国的，最后在中国组装；中国组装的电脑占世界产量70%以上。社会发展的趋势是哪便宜就在哪生产。沃尔玛商店，每天有几十万件的产品流动，但这些产品不是一个厂生产的，是很多跨国企业生产的，通过“沃尔玛”的流通渠道在运转，这就是生产的全球化。第二是流通的全球化。我们都知道荷兰是流通的典范，素有“欧洲花园”

之称的荷兰，本身是一个只有4.1万平方公里的小国家，但却种植有大约44 430英亩鲜花，而其中郁金香就有30亿株，荷兰人每天从早上5点到下午一天十几个小时内要把郁金香配送到全世界，这得益于荷兰高速运转的流通渠道。今天“沃尔玛”利用卫星和电脑系统配送货物，先进的配送系统保证最近的店最快时间到货，这就是流通的全球化。第三是研发的全球化。一种产品从发明到传播只要半年多的时间，知识和新产品更新的速度和市场跟进的速度已经让人瞠目结舌。第四是分配的全球化。分配的杠杆除了第一次分配之后，世界经济利益更多的是通过财政、金融、资本市场、劳务等手段对财富进行分配。美国人不派一兵一卒，用美元的国际地位和贬值，就可以把别国口袋里的钱掏走。有笑话说，一个外国人来中国游玩，来的时候携带100万美元，换成830万人民币。他在中国玩了几年，美元贬值了，汇率变为6.3%，他在中国花费了200万，还剩下630万，回国之前，根据当前汇率，又换了100万美元。几乎没花钱，他就在中国生活了几年，到底谁为老外买的单？这一外国人在这两三年中的消费额，被中国货币升值买了单，这正是美元世界货币地位和汇率分配杠杆所决定的，也是世界财富隐形分配的结果。除此之外，还有消费的全球化，从世界不同肤色、不同国家的人民的吃穿用等生活用品的雷同，就可知消费世界大同。

（三）中国转型升级的需要

中国企业走出去，就要更多地解决中国经济转型升级的需求。开放型经济的本质就是促进中国经济和企业走出去。产业转型升级就是一个产业达到一定的饱和程度或者一个产业面临着国际竞争时，它处于不利地位，会产生溢出效应（经济学上的“溢出效应”），同时自己必须进行转型升级。就像深圳的发展得益于香港的“溢出效应”。当香港经济高速发展时，其产业化、工业化达到一定程度，空间地皮严重不足，容纳不了更多的工业加工（20世纪70年代的时候，世界很多商品都是在香港制造完成的）。20世纪70年代后期，香港开始采取退二进三、转型升级的策略，把企业搬到了东莞、深圳、广东等沿海地区，带动了这些地区的发展，这就是“溢出效应”，同时，香港企业自己在转型。中国的纺织加工企业也有“溢出”。中国随着经济的发展，劳动力成本有所增长，竞争不过越南、老挝、柬埔寨等东盟国家，自然发生溢出效应。他们的劳动力成本相对偏低，中国企业只好搬到那里去。生产力发展到一定程度后，劳动力便宜就是竞争力。中国的劳动力成本越来越高，就像水倒满了要溢出来一样，自然转到了周边国家。中国企业必须转型，现在企业发展的战略要求企业向中国西部转，向东南亚转，向“上海合作组织”转，在俄罗斯、哈萨克斯坦等国有大量土地资源，充满了廉价的劳动力，只要有资金过去，他们马上就可以开工。

中国产品处在产品价值链的中下游阶段，在工业价值链分析里，中国多数企业所赚的是中下游技术带来的收益。从技术层面来讲，中国生产的产品不是高端的东西，这就决定了中国在国际开放型经济中一定要转型升级。中国电梯生产能力过剩，但是最好的电梯都需要进口，进口的电梯安全平稳，四星级和五星级酒店会用进口的电梯；中国的机床生产能力过剩，可是中国一年还要进口数万台数控机床；别看我们纺织生产能力过剩，好的西装面料却需要进口；别看我们的化工工业如何发达，安全无毒无污染的化工产品还需要进口……这就是现在发展中的中国，一方面生产能力过剩，但是创新能力却跟不上。中国一年要进口两万亿美元的商品，我国的国际贸易顺差只有一千万，所有进口的都是高技术产品。美国人用“三片”就搞定了世界：薯片（麦当劳和肯德基），电脑芯片，电影大片，这些会让各国人花大把的钱去消费。所以，我们从这些产品中看到中国的产业经济还是处在中下游，仍处在转型升级的压力过程中。

（四）中国企业走向世界的需要

中国企业近年来发展很快，但发展中也有问题，主要问题是缺乏跨国公司。中国大型跨国公司如中国银行、中石油、中海油，严格意义上讲还是国有企业，中国大型跨国公司少有几家是民营的，更谈不上世界市场主体地位。如果中国也有像微软、苹果、现代、三星那样的公司，在国际上有重要的国际影响力和竞争力，中国的发展就融入世界了。众所周知，中国的企业，像华为和中兴在国外很有影响力，这些企业已在全世界 100 多个国家开设分公司。中国企业走出去，需要大批人才，不仅是中国的管理人才，还需要本土化的当地人才。所以，孔子学院将来一定要培养出一批能够服务于中国跨国公司的本土化人才，培养一大批懂汉语、了解中国文化、知晓国际经贸知识的本土化人才，这些就是汉语国际教育的对象。例如，华为在印度的分公司办得好，公司内部有五六千人是懂一点中文的印度人和一千多名中国管理者。中国公司要成为跨国公司，一定会寄希望于孔子学院专职教师教育出来的学生。这些学生可以加速中国跨国企业本土化进程。据统计，中国企业走出去，可以为全世界提供几十万个工作岗位，在国外的跨国企业中，通常 90% 是外国人，只有 10% 是本国人。

研究表明，世界上最富有的企业一定是跨国公司。跨国公司主要是指发达资本主义国家的垄断企业，以本国为基地，通过对外直接投资，在世界各地设立分支机构或子公司，从事国际化生产和经营活动的垄断企业。我这里讲的跨国企业不是指跨一两个国家的公司。真正讲的跨国公司，一定是多国体系投资和贸易的，并且在世界上至少50个国家开设分店，占有世界一定市场份额。中国经济要发展、要腾飞，培养自己的跨国公司很重要，但是中国跨国企业的发展任重道远。世界前500强企业，有470多家在中国开了分公司，他们看到了中国巨大的市场潜力。所以跨国企业的发展，实际上是执世界经济之牛耳，它是经济的龙头。世界现有的跨国企业，在全球国际贸易中占1/3，占世界投资的3/4。跨国公司通过高新技术和现代化的管理向世界各国人民收钱，叫世界人民为其买单。苹果公司每年出一款新产品，中国人就要消费500亿；微软用一个软件统治世界，让全世界人民去购买Windows系统，跨国企业的最大本领就是用新技术和新产品吸纳世界财富。所以，中国要把跨国企业作为助推经济的一个主要手段。

二、孔子学院专职教师如何应对国际化

（一）拓展国际视野

在这样一个大环境、大背景下，作为孔子学院的专职教师，未来发展的战略方向之一是培养跨国公司需要的国际汉语人才；战略方向之二是要培养一批助推经济成长的跨国企业家。因为现在中国企业离国际化还差得很远，这也是为什么对外经济贸易大学致力于培养学生国际化视野的原因。国际视野就是国际眼光或者国际视角，是指能够站在全球或更广阔的的角度上看问题。比如作为大学的校长出访国外，不仅仅只探讨对外经济贸易大学的学科有什么、成果是什么，国际学术交流很重要，但往往他还代表中国人，作为公共外交的发言人，所以一定要了解国际关系的知识背景，了解到访国家的基本知识，这些知识储备就是国际视野的一部分。无论去哪个国家，每次出国之前，至少要了解到访国家贸

易额做到多少；中国和到访国家之间有多少经贸关系，有多少合作项目，主要在哪些领域，这些都是每次出国前要做的功课。要了解别国，才能知己知彼，百战不殆。作为孔子学院的专职教师，也一定要充分熟悉所去的当地国家的知识背景，至少通晓和周边关系的国际知识。所以我们要变成国际问题专家，对国际上发生的重大问题有自己的看法。这里包括国际关系、国际问题、国际视野。专职教师一定要记住，每个人都代表 UIBE，代表祖国，无论你身处哪个国家，具备国际视野首先要求你认真备课，要有备而来；遇到问题虚心请教，不要不懂装懂。孔子学院的院长们到合作院校，更应该了解合作院校的历史和发展，对合作院校今后对汉语教育的发展方向，要有宏观的把握。

（二）通晓国际规则

孔子学院专职教师要培养一些通晓国际规则的跨国企业家。万事都有规矩，中国有中国的规矩，西方有西方的规矩，WTO 有 WTO 的规则，按规矩办事是世界有秩序的表现，虽然现在有越来越多的变化，这些日益变化的规则和制度既为人的活动创造了方便，也为人的行为作出规范。社会的经济、行政、法律都有自己的规则，这些行为规范，作为孔子学院专职教师应该有所了解。有个案例说明，不通晓国际规则，事情就难以行得通。有个中国民营老板，在澳大利亚买了一个矿，但至今不能开矿。按中国人的想法，花钱买下，努力建设，把矿开采出来，然后运出来卖，就可以盈利了。但是，因为这个矿山在山里面，山上有很多树，没有路通山下，需要砍伐山树。澳大利亚的绿色和平组织不允许企业家砍伐树，因为不让砍树，所以即使开采出来矿石，也运送不出来，中澳双方谈判了多年，还是以失败告终。这个事例就是不通晓国际规则、不懂环境保护在国际上重要的价值观造成的。作为孔子学院专职教师一定要了解一些规则、习俗、风俗、禁忌等，我们要知道哪些国家不能摸小孩子的头，说话有什么禁忌，虽然社会在变化，但是很多事，对于一些人，特别是宗教人士，还是禁忌的。如果我们遵守这个国家的规则，他们会觉得你有个人修养，你也会得到他们的尊重；如果我们不遵守规则，国外人虽然表面不会说你什么，但是在心里会产生“素质差”这样的评价。在当今社会，我们不仅要了解所到国家的礼仪、风俗、习惯，同时也要掌握国际经贸关系的规则。

（三）具备国际竞争力

具有国际竞争力的未来精英人才是国际化发展人才需求的大趋势。所谓具有国际竞争力就是在国际商业竞争中处于领先的位置。作为孔子学院的专职教师，一定要修炼自己的综合素质，因为工作的特殊性，决定了大家要和各种人打交道，这种竞争力是综合素质的体现。举一例说明之。我校的阿拉伯语和会计双学位毕业生孙世伟同学，大学毕业后在苏丹某大型水电公司工作，在工作中遇到了苏丹反政府人士劫持。被劫持的中国建筑队伍中，一共28人，除了两位翻译（一位英语翻译，一位阿语翻译）其他人都不会外语。反政府武装分子以他们为人质跟政府谈条件，孙世伟同学在被劫持期间，发挥自己的阿语优势，跟劫持者对话谈判，要求释放他们，因为他们的努力，加上中国政府外围的工作，最后被劫持人员顺利回国，这是一个很大的政治事件。这一事例说明，在国外不论我们遇到什么问题，都要从容淡定、不慌不乱、成熟稳重地处理国际事件，这是国际竞争力的一个重要表现。不管遇到什么样的问题，都要成熟稳重冷静，采取有利于我们的措施，化险为夷，让风险降到最低，让我们获得成功的概率更大。在国外的问题可能会比国内的复杂，尤其是我们的女老师们，要特别注意自己的社交网络和行为，要懂得自我控制，在发生危机时，应该采取有力措施。我们期望通过孔子学院专职教师的努力，能够造就一批综合素质非常强、有较强竞争力的国际汉语推广者。

产品走出去，技术走出去，企业走出去，语言走出去，文化走出去，对外汉语走出去，哲学走出去，社会科学走出去，在这个走出去的过程中，我们认识到我们的主要任务就是：以语言人才培养为基础，以商务交流为方向，促进中国走向世界。中国经济高速发展为我们提供了强大的支撑，无论是 GDP 总量还是中国对外的投资总额数和我们参与世界的国际分工，都能看到中国在整个世界中的地位在发生改变，最大的变化就是中国人在世界上受尊重的地位显然提高了。这三十年祖国发生的变化，使我们对中国的未来发展和崛起充满信心。

企业要开放，大学也要开放。在现代化大学里，办好孔子学院意义重大。对外经济贸易大学现有八所孔院，这对于一个致力于国际化的大学还远远不够，今后我们还将建立更多的孔子学院。孔子学院的建立，一方面是为了提高大学声誉、办学实力和国际影响力，因此建好孔子学院是建好开放型大学的前提。开放型大学的重要支持条件之一，就是要办好孔子学院，就是要使本国语言、文化走出去。办好孔子学院，是国际化大学的重要支持力量，也是实现“中国梦”的具体表现。另一方面，对外经济贸易大学也希望把孔子学院变成校际长期合作的基地，不是简单地建设好孔子学院，商务孔子学院更多的是促进两校之间的紧密合作关系。孔子学院就如同对外经济贸易大学在世界各大洲布的桥头堡，加强了我校和各个合作院校的联系。孔子学院要通过自己的努力，使两校合作关系更加稳固和久远。我们要在国家汉办的引领下，继续发展好、建设好我校现有的孔子学院，并建立更多的孔子学院。

大学科技园：创新与文化

大学科技园是实现高校科技成果转化的平台，是知识创新转化为技术创新的主要载体。构建和营造有利于创新精神形成并能迅速推动创新文化发展的环境，是大学科技园的重要任务之一，其中资本支持是基础，创新文化是支撑。

高新技术是实现创新的重要力量，大学作为知识创新的主要源头和重要基地，是技术创新的重要支撑点。大学科技园则是实现高校科技成果转化的平台，是知识创新转化为技术创新的主要载体。大学科技园主要作用是为社会孕育、培育高科技企业，培养新的经济增长点，养成创新性文化和培养科技创新人才等。大学科技园是知识经济时代，全面加强管理创新与技术创新结合的一种新型的社会经济组织形式，它紧密依托高校的人才优势、信息优势、科研优势以及学术环境优势，结合企业的创新需求、管理优势、社会的资金能力，为社会孕育高新科技企业、推进创新性文化的形成与发展。构建和营造一种有利于创新精神形成并能迅速推动创新性文化发展的环境，是当前建设和发展大学科技园的重要任务之一。

现在社会上有一种说法，企业大致分三类：三流的企业做产品和项目；二流的企业做上市和资本兼并；一流的企业做文化、做标准。虽然这个分类不完全科学，但是它在一定程度上反映了企业发展的规律性，好的企业大都以文化发展为引领，从行业标准和企业制度规范方面来构建现代企业制度。

大学科技园的特征：一是高技术人才密集；二是产品技术含量高；三是管理现代化和技术领先。大学科技园的建设需要创新性文化的支撑。它不仅要考虑如何租房，如何获得优惠的政策，如何合作，还需要自身高科技含量、文化品位、学术塑造等方面的环境支持。大学科技园的建立，就应该考虑如何把大学的文化和科技园文化融合起来以促进科技园的发展，真正造就一个风险投资环境，建立“官、产、学、研、资”相结合的管理体制，使之成为我们科技开发的主战场。

大学科技园实际上就是以搭建平台为框架思路来构想的，我们以高新技术作为创新的主要力量，作为我们实施高新技术成果转换的重要平台。大学科技园的作用主要体现在以下几个方面：第一，它是一个企业孵化的平台。它为科研成果的孵化提供平台，同时它也是大学生创业的中心。大学科技园不是高新技术产业园，也不是经济开发区。在产业链条中，它处于大学这一端。第二，它是一个融资和投资的平台。如何跟风险投资公司有效结合是我们尚需解决的问题，还有一些机制比如风险投资公司如何超前介入，如何掌握大学的研究动向等仍需探讨。因此，如何加大投融资，使我们的风险投资在早期能够超前介入科技研究，这是此平台的重点。第三，它是搭建一个人才聚集的平台。把我们的人才队伍进行组合，也是我们所讲的聚集效应。第四，它是一个综合服务平台。这个服务平台指的是我们的硬环境和软环境。我们搭建这样重要的平台，是为了形成创新和创业的基地。第五，它是科技成果辐射转化的平台。通过这一平台，把实验室的样品转变为企业的产品，再实现为市场的商品。

所以，大学科技园作为高技术、人才密集的地方需要创新性文化的支撑，这个创新性文化是我们科技产业得以服务的载体。世界上的大学科技园区分两类：一类是以斯坦福园区及其硅谷地区为代表的市场主导型园区；另一类是以新竹科学园区为代表的政府主导型园区。两类园区对文化建设、对科技成果以及风险公司投入的程度是不一样的，介入的程度也是不一样的。政府主导是有目的的，大多数东南亚国家都是政府主导的，像新加坡、日本、中国。我们在教育部的引导下，建立大学科技园，政府的主导必须有对科技园文化的培育，这分为两类：一类是硬环境建设；另一类是软环境建设。硬环境包括必要的基础设施、中介服务机构，还要引入相关科技企业到园区中发展；软环境包括制度环境和介质环境。这个制度环境很重要，过去我们讲经济竞争靠科技，科技竞争靠人才，人才竞争靠制度，所以一个有效的用人制度、激励制度是我们园区建设的重点。软环境建设主要从文化、制度、系统方面来研究网络、规范、规则、信念等内容。建设软环境是一个系统工程，但最终奠定了园区文化，奠定了组织之间的合作力。

大学科技园作为一个创新主体，最重要的是资本支持。创新社会资本的流动，能够加速政府、高校及企业三方面的合作，有利于高校与企业之间的知识转移，有利于企业之间的合作，也有利于园区整体网络关系的形成。这实际上反映了我们互动、互补、互助的关系。大学科技园是企业之间、企业与高校、企业与政府之间联系的纽带。所以风险投资公司超前介入，有利于整个创新系统的建设。

我们一直在思考如何增强园区聚集效应，如何增强园区的扩散效应。如果你的园区没有聚集效应、扩散效应，你就不可能容纳更多的科技人才。通过网络型资源结构加大我们对园区创新文化的理解，形成一个良好的园区文化的内部和外部环境，特别是构造开发型的系统体制，多元化激励机制以及完善配套的法制环境，知识产权的保护也尤为重要。只有构造一个创新性的文化，才能确保系统之间的有效运转。如何构造一个创新性文化外部环境，包括政府政策和自然环境。这些都是我们需要思考的问题。大学科技园的特点就是政府和大学结合紧密，大学与大学之间结合紧密，大学与风险投资结合紧密，企业与企业之间结合紧密，特别是政府主导型的科学园。所以我们特别注重以文化推进科学的发展，促进科学的产业化。

大学科技园内创新文化的内涵和精髓，主要包括以下内容：

第一，鼓励冒险，宽容失败。创新活动是一项风险性活动，意味着新的发现和探索是对现有存在的挑战，是破旧立新。创新，一般通过创新者标新立异的行为，勇敢地开拓别人未敢尝试的实践领域，大胆设想，敢于挑战权威，因此，它要求具有科学上的冒险精神。允许失败、宽容失败，就是对创新的保护和支持。尊重那些为开拓新领域而付出艰苦劳动的创新失败者，这样才能使所有创新者保持信心、勇气和动力，保持大学科技园浓厚的创新氛围。

第二，团队合作，协同创新。大学科技园内的高科技创新活动，由于其知识复杂性强、技术更新快，往往需要不同行业、不同技术领域之间的交叉合作，需要不同专业的创新人员之间密切配合，需要系统的学术合作和技术交流，因此必须有一种提倡知识共享、协同创新的精神。而进行协同创新的前提就是合作双方相互信任和理解，合作双方，为了共同的愿景和目标，通过合作双赢的理念，以自己的最大努力，开发出合作双方所需要的创新知识与技术，形成知识共享的创新成果。

第三，竞争导向，分配激励。鼓励创新者对新技术、新知识领域的探索和发现，就要坚决打破传统的“大锅饭”和“平均主义”的分配方式，建立一种优劳优得的物质激励分配模式。通过竞争性分配机制，打破安于现状、不思变革、墨守成规的“小农”意识，充分调动创新者的主动性、积极性和创造性，使他们能锐意创新、大胆创新，公开透明地、理直气壮地享受创新带来的物质利益。

第四，健全法律，产权保护。创新性文化的构建和营造，不仅要建立一系列激励性的措施，还要完善相应的法律、法规保障措施。通过一系列法律、法规的建立和实施，有效地保护知识产权，打击破坏诚信、剽窃成果等不端行为，维护市场竞争的公平和有序。这不但可以打击和遏制一些破坏创新性文化的行为，而且可以鼓励和调动创新者的积极性和创造性，从而进一步促进创新性文化的形成。

第五，美化园景，天人合一。创新性文化必然要与科技园优美和谐、体现人文精神的自然环境相结合。大学科技园通过环境的美化，不但可以把各种创新人员聚集在一起，为他们提供舒适的生活环境，也可以促发他们在心旷神怡、赏心悦目的环境中养成乐观、进取的创新精神，激发创新者创新的灵感。以天人合一的价值观讲求园区人与自然的协调。在系统优化中，造就人、园区、科技、创新和谐共生的美好景象。

大学科技园既是科技创新园区，也是文化创新区，在新兴文化的引领下，创新才是永不枯竭的源泉。

篇四

实现贸大梦，就是通过校园文化建设，塑造贸大精神，构建和谐校园，让广大教职工有尊严地工作；就是通过环境优化，丰富多彩的校园文化生活，民主制度体系建设，让广大教职工心情愉快地工作；当然，还包括使全体教职工在发展中不断提升自己的收入水平。

现代信息技术在大学的应用

——澳大利亚大学访问考察的启示*

现代信息技术正在改变大学的教学和教育方式，已经成为高校竞争领先的重要手段。

现代信息技术的发展正在以几何级数的变化带来新技术的革命，处在这样一个变化的时代，带给我们的永远是惊奇和振奋，高等教育领域也不例外。信息技术正在给人们的生产、生活带来新的无穷的变化，一般大学各专业的普通老师，不是信息技术的专业技术人员，很难跟上信息技术的潮流，不了解教育教学的方法和手段都在发生新的变化，传统的教材、教法已经不适应现代大学的发展步伐。努力学习新的信息技术和手段，不断提升管理思想和管理手段，在信息革命的大潮中，顺应科技革命的潮流，提高消化吸收科技成果的能力，尽快地将一流的信息技术运用到大学的教育和教学改革进程中，已经成为高校竞争领先的重要手段。在当代科学技术的研究中，充分运用

---

* 2010年10月。

新的信息技术和手段，不断提升科学研究的质量和水平，需要将新的科技手段和方法运用到高校的科研管理实践中，利用电子化手段提升科研的协作力，特别是全球化的科技合作。还有利用高校精细化管理和科学管理的技术推广，进一步提升高校全面质量管理，使高校管理的效率和管理水平都能极大地提高，这是世界高等教育发展的新趋势。在近日参加的教育部和外国专家局组织的澳大利亚校长访问团访问考察国外一流大学的学习实践活动中，我们受到了极好的学习启示，感到特别震撼，对于发展中国高等教育的信息技术应用有了新的思考。

一、在大学的教学改革中加大信息技术的使用

大学的教育教学改革如何深入是摆在每一位大学管理者面前的课题。我想，利用新的信息技术的发展机遇，加强在教育教学改革中全面深入地应用信息技术，是一条非常有效的捷径。我们把大学教育教学的全过程梳理一下，不难发现新的智能软件和技术大有作为，例如，大学图书馆的信息技术应用、网上学习系统、跟踪学生学习信息系统、移动课堂，以及学生电子智能学习环境创造，都可以极大地提高信息技术在高校的应用。我们知道，年轻人，特别是大学生对信息技术的使用处于敏感期、兴奋期，特别具有对新技术的接受能力，从教育学的规律看，一般新生的技术和产品，年轻人接受得更快些。采用新的技术，显然年轻的大学生们在处于兴奋的状态下接受，会极大地提高教学效果，这就是兴趣对教育的促进作用。过去，人们常常重视在远程教育中充分应用现代信息技术，原因是远距离使人们受到教育的时间、空间限制。在实际运用中，在现代教育环境下，完全可以使用信息的储存技术，将学习材料存放在电子信箱、学习资料库中，供学生在精力集中时去学习，也可以改变学

生在时间、空间上的冲突，提高教学效果和质量；对学生的学习情况还可以适时监控和了解，我们完全可以通过信息技术提升大学生的学习效果。在大学生毕业时，还可以给每个学生一个电子包，当然，是电子数据包——一个 U 盘，带走大学学习的课本、学习材料、参考书、课程作业、案例分析、实践作业、考试卷等，提供给学生在未来工作和社会实际中可能应用到的知识体系。总之，在教育教学改革中，现代信息技术正在发挥越来越重要的作用。

二、充分运用现代信息技术在科学研究中的作用

现代大学的电子应用已经无处不在，在我们无法直接沟通的时候，可以通过远程实验系统将远距离的科学实验系统对接，使科学实验没有距离，可以提升全国同类实验的水平和能力，极大地改变科学使用空间和时间上的距离；通过大型机器的高级运算系统使机器的利用效率大幅提高，改变机器的使用效率；通过大量数据存储系统使科学研究的数据达到共享的效果，特别是科研管理信息系统，将科学研究的成果及表现落实在数据上，建立全国数据评价中心，统一进行评价，有利于科学技术的比较和评价。

三、在高等学校的后勤管理中加大信息技术的运用

在大学后勤管理中，澳大利亚大学有很好的管理经验，值得我们学习。特别是其水电、空调智能管理系统，这一系统将学校放在适时监控之中，可以了解大学电力、暖气和冷气的使用状况，可以用智能化方法调度电力的使用，极大地提高能源的利用效率；又如在校园的环保智能系统中可以通过信息系统的建立，建立健全学校环保的监控和智能控制

系统，最大限度地提升校园环保的效率和效果。

四、将现代信息技术运用到现代大学的全过程管理中

现代大学的信息技术已经充分应用于大学管理的方方面面，例如，大学老师的绩效考核系统，就是通过计算机系统将大学老师们的教学、科研和社会服务的各项成果计入系统中，通过合理的权重系统，对大学老师作出公开、公正、公平的评价，从而得到合理的、科学的评价结果；建立健全大学的各类数据分析系统，可以全面考量大学的各类成果和产出效率，建立大学资源共享系统，利用信息技术达到资源共享的效果；在大学的行政管理系统中，还需要利用信息技术建立行政管理系统，做到大学办公的无纸化等；在大学的安全管理中，利用电子技术建立的电子门禁管理系统，可以改变传统的管理方式，达到高效率的管理等。

现代信息技术正在改变大学的教学和教育方式以及人们的生活方式。通过此次学习，我们有了深刻的体会，它山之石，可以攻玉，要借鉴发达国家的管理经验，特别是行之有效的发展方法和手段。我们认为必须全面推广信息技术在创建世界一流大学中的应用，加大力度，全面推进，抢占高点，谁能早点占领信息技术应用的前头，谁就能在高校改革和发展及在教育管理上领先一步，在创建世界一流大学的进程中加速发展。信息技术的应用具体来说有如下几点：

首先，要领导高度重视，俗话说“老大难，老大难，老大一抓就不难”，从世界科技革命的趋势、从国外大学发展的现实、从以人为本的管理理念、从管理的精细化和复杂性的角度出发，我们必须改变传统的管理方式和方法，大胆引进新的技术手段，只要我们高度重视信息技术的打造，就一定会提升大学的管理水平。应该看到，我们与发达国家在建

设一流大学上的差距表现在很多方面，但在硬件上，主要体现在信息技术与信息管理上，这是国际教育比较中呈现的基本事实，如果我们不能迎头赶上，与发达国家一流大学的差距就会进一步拉大。我们必须加强组织管理，全面系统地组织实施信息技术在高校的全面应用。在澳大利亚，几乎所有的大学都建有大学信息技术管理委员会——负责设计、规划、管理、检查等多项职能的委员会，由分管信息技术应用的副校长负责，在校长的领导下，开展全校信息技术的开发和使用，下设技术、咨询、创新、服务等多个分委员会，全面提升信息技术的应用力度。

其次，加大信息技术的投入。对于大学的发展，我们很多人注重大楼的建设，现在中国大学的大楼外观形象提升了很多，但软实力却没有及时提升。加大信息技术的投入，努力提高办学水平和综合实力，就是提升大学办学的软实力。从资金投入方面看，短期看是花费一些资金；从长期来看，是总体经济的节约。我们不能只谈信息技术应用的重要性，要真金白银，真抓实干，舍得加大在信息技术方面的投入。在近十年间，澳大利亚的大学平均用于信息技术和管理的经费投入占学校年度经费总投入的10%左右，这是澳大利亚高校信息技术应用委员会调查的结果。澳大利亚昆士兰科技大学花费4年时间，投入3千多万澳元，自行开发了学生生活圈的系统软件——从学生接到入学通知起到学生毕业止的全过程的学生管理软件，有效地改善了学生管理的水平和能力，我们访问的澳大利亚所有的大学都有这样的自主开发的信息系统。我们建议教育部和有关部委要增加在信息技术上的专项拨款——在开发信息技术上的项目拨款和在项目应用上的拨款；在全国大学系统组织专家学者，以点带面，重点开发，试点应用，全面推广。众所周知，重视信息技术投入的关键是人员的投入。昆士兰科技大学全校从事信息技术员工一共是400

人，占员工总数的9%；卧龙岗大学专门从事信息技术的员工有140人。国外大学大量的人力资源投入，一方面，不断开发出新的技术和服务；另一方面，向全校提供全天候的周到、及时的信息使用和维护服务，这对信息技术的科学使用十分重要。

最后，从市场消费的角度，大学要不断地对信息技术应用中受众的爱好和需求、对信息技术的动态需求和不满意方面进行调查，了解大学各类人员，特别是学生群体，有哪些不满意，从而改进服务，提高服务的质量，这就是以人为本的核心管理理念。培养的学生都是要走向社会的，在科技革命高速发展的今天，我们必须培养适合社会需要的优秀毕业生。大学必须保证学生毕业后，能很快地适应工作，这就需要学校的信息技术水平与社会同步，不能反差太大。我们必须人性化地考虑好这些方面，提升学生的就业竞争力。这都是以人为本的理念。

我们必须大力组织系统开发新技术，加强团队合作。在教育部相关部门组织下，集中全国优秀的信息技术开发人员，集中开发新型信息技术，充分利用高科技的作用，以点带面地发展——就是先试点开发，成功后，扩大试点，积极推广。我们必须积极利用市场的力量，加大信息技术企业开发力度，高校加大购买服务的力度，从而保证信息技术的有效利用。我们要注重信息技术的协调利用，加强信息系统的共享能力。信息的最大有用之处在于信息的共享和使用，我们必须利用这一特点，全面利用信息技术的共享特征，让信息技术为高等教育的发展发挥更大的作用。我们呼吁教育的宏观管理部门要加大信息技术共享方面的作用。我国是人口大国，可以通过发挥人口多的优势，使信息技术的效应最大化。我们还可以加大信息技术应用，全面提高大学科学化和精细化管理水平，通过有效的鼓励和奖励机制，大幅提升大学的管理科学化程度，改变教育管理的落后面貌。通过信息化，提升教育的现代化，可以全面提升大学的管理水平和质量，这是我在澳大利亚学习考察最深刻的体会和学习经验。特别想引起大家关注的是，希望大家知道发达国家今天成熟的管理经验，就是我们明天的发展。我们一定要在科技革命浪潮中迎头赶上，在科技发展的大好形势下充分利用现代信息技术的发展，为我们作出新的更大的贡献。

绿色校园建设，大有可为*

建设绿色校园、低碳校园是贯彻落实科学发展观的必然要求，也是我国高等学校应尽的社会责任。

建设绿色校园、低碳校园是贯彻落实科学发展观的必然要求。胡锦涛总书记在党的十七大报告中指出："必须把建设资源节约型、环境友好型社会放在工业化、现代化发展战略的突出位置，落实到每个单位、每个家庭。"我校对建设绿色校园、低碳校园高度重视。自2004年以来，在教育部的大力支持下，我校先后实施了中水处理回收项目、供暖管网水平衡节能项目、太阳能热水洗浴项目、水源热泵供热空调项目、平改坡及雨水回收利用项目、配电节电等十多个节能减排项目。这些项目投入使用以来收到了很好的成效，取得了巨大的经济效益。2007年9月，在国家发改委、中宣部等14个部委联合开展"节能减排全民行动大型主题宣传活动"中，我校被教育部确定为全国

* 2011年8月28日在第四届中国能源环境高峰论坛上的报告。

首批先进试点高校之一。2009 年 4 月，我校被北京市确定为节约型学校建设示范性高校。[①]

一、建设节约型校园的指导思想

我校在绿色校园建设过程中，坚持以邓小平理论和“三个代表”重要思想为指导，认真贯彻党的十七大会议精神，全面落实科学发展观，坚持全面协调可持续发展的原则，紧紧围绕绿色校园建设这一主题，以节约使用资源和提高资源利用效率为核心，以节电、节水、节气、节能、减排等工程项目为重点，积极探索绿色校园、低碳校园建设的新思路、新举措，努力开展节能减排降耗工作，构建绿色型、低碳型校园，为学校可持续发展以及为国家节约型社会建设作出应有的贡献。

二、节约型校园建设状况

经过几年的节约型校园建设，我校已经完成了 17 个节能减排项目，分别在水资源综合利用、太阳能收集利用、地下水热能和地热能利用以及节电设备设施等方面做了大量工作，收到了很好的经济效益和社会效益。

（一）利用再生水资源，最大化节约用水

1. 建设中水处理站，回收利用废弃水

2004 年，我校启动中水处理项目，建设了日处理能力为 1 000 立方米的中水处理站。其污水来源主要是收集学生公共浴室的洗澡水以及部分宿舍楼盥洗室的废水和管网污水，主要用于近 30 万平方米建筑物的冲厕，同时，部分校园绿地作为“试验田”，使用中水进行喷浇，由于中水中含氮

---

① 2012 年，我校基建处被人力资源社会保障部、国家发展改革委、环境保护部、财政部四部委评选为全国高校唯一的“全国节能先进集体”。2014 年，我校被全国节能办公室评为“中国能效之星”四星级用能单位。

肥，所以利用中水浇灌的树木根深茂盛，绿草葳蕤挺拔，效果很好。

我校第一期中水工程取得成功后，又启动了中水二期工程。中水二期工程完成后，我校办公楼、教学楼和学生宿舍的中水管线全部铺设完毕，70%的建筑使用上了中水冲厕，全校绿地面积30%（约30 000平方米）的日常浇灌，以及广场喷泉、人工湖、水池等校园景观等也全都使用上了中水。

目前，我校正在实施中水三期工程，将把化粪池的水通过用膜处理设备进行处理，补充用于冲厕和浇灌绿地用水。

2. 全面采取节水措施，建设校内“立体化”节水系统

学校通过用水设施的改造、草种改造、利用节水型设备进行绿化浇灌、浴室和开水房使用IC卡、全面修复管线等措施，加强对节水工作的日常管理，建成了以中水站为龙头的“立体化”节水系统。

（二）利用清洁能源，减少碳排放

积极开发利用新型能源，设法利用太阳能这一清洁能源，在光热、光电方面做文章。

1. 改造供暖管网水平衡调控系统

通过计算机管理系统，利用教学办公区和宿舍生活区之间的取暖需求时间差对供暖进行控制。其具体做法是：白天保证教学楼、办公楼正常供暖，适当降低学生宿舍温度；夜晚保证学生宿舍正常供暖，适当降低教学办公楼温度；阴冷天气保证正常供暖，暖和天气适当减少供暖，改变了传统供暖不管天气好坏、教学楼或宿舍楼有人无人，都用统一温度供暖的做法，有效实现了节能减排。

2. 浴室洗浴用水由煤气改为太阳能加热

自2007年以来，我校陆续进行了三期太阳能热水加热系统改造，全校

采用太阳能加热系统制备热水每日 383.2 吨，总集热面积 4 990 平方米，其中 4 675 平方米用于 45℃热水供应，315 平方米用于开水预热。学生宿舍的洗浴用水、部分生活热水、食堂洗碗水都采用了太阳能加热的方式。

3. 校园路灯改为太阳能路灯

我校近 420 盏路灯（840 个灯管）更换为太阳能路灯，项目已经完成了 80%。项目完成后全年可节约 40 000 度电，可以减少碳排放 8.48 吨。

（三）回收锅炉烟气余热，减少使用天然气

将原来的燃气锅炉改造为冷凝余热回收锅炉，通过采用先进的热管式冷凝器设备，将锅炉排烟中高达 150 度以上的余热进行回收，既减少了热量的消耗和损失，又降低了二氧化碳的排放量，达到了节能减排和废热回收利用的目的。

（四）进行屋顶平改坡改造，回收利用雨水

我校对 9 栋学生公寓楼及老图书馆、电教中心建筑屋顶进行了“平改坡”改造。该项工程的完成，不仅增强了屋面防水能力，提高保温效果，延长使用寿命，而且能够将雨水予以收集，实现雨水的再利用。每年夏天可收集雨水约 50 000 吨。

（五）建筑物外墙保温改造，提高建筑物节能效果

学校现有建筑物大部分建于 20 世纪八九十年代，建筑物在设计时未考虑外墙的隔热保温问题，建筑物隔热保温性能不能满足现行的设计规范要求，外窗也不是隔热保温窗，造成能耗加大，冬冷夏热，很不节能。我校今年对主教学楼（诚信楼）进行了节能改造，将原钢窗更换为隔热保温铝合金保温窗，外墙进行了外保温改造。改造后建筑物内保温效果明显加强，按照理论计算，改造后可节能 54%。该楼改造完成后师生反

映效果很好。

（六）采用先进的水源热泵技术，实现再生能源的利用

在新图书馆（建筑面积为25 000平方米）项目中引进地源热泵空调系统。该系统不需要使用天然气供热，也不需要安装空调系统，只需用设备将地热的热源和冷源提取用于冬天采暖、夏季制冷。经实际测量，图书馆冬暖夏凉，温度常年恒定在人们感觉舒适的状态中，被誉为我校最舒适的办公和学习场所。

（七）全面开展科学用电及节约用电，建设节能型校园

我校实施的节电项目有以下五项：（1）建筑物公共区域采用先进的人体感应控制照明设备，实现人走灯熄目标。（2）学生公寓、教学楼智能电表分户计量改造，实现一户一表，促使师生节约用电。（3）将全校照明灯更换为节能型灯具，可节约用电20%。（4）将7台油式变压器更换为节能型干式变压器，可节电20%。（5）配电室安装节电设备，经实际测试可节电25%。

三、节能减排的经济效益

1. 我校"立体化"节水系统，由于是集中式中水处理站，所以新建的教学楼、学生公寓、新图书馆和即将建设的科研楼等单体建筑不必在建筑物内再设置中水处理设备，只将管道接入校内已有的中水主管道即可，既节约了设备投资，又节省出地下室设备用房的空间。仅这几项新建筑就可节约中水设备投资300多万元。在我校建筑面积、绿化面积和师生人数不断增加的情况下，用水量不仅没有增加，反而减少。如按2004年学校全年用水量578 944吨标准测算，现在每年能节约水费支出270多万元。

2. 太阳能热水加热系统改造共三期，总投资预计 685 万元。太阳能制备热水系统，经初步测算我校每年可减少使用天然气 115~120 万立方米，不仅可以大大减少碳排放，而且每年至少可节约费用 220 万元左右，三年即可收回成本。

3. 供暖管网水平衡调控系统改造后，当年就节约 69 万立方米天然气，节约经费支出 124 万元，一年半就收回了工程投资。

4. 锅炉余热回收利用总投资为 94 万元，新系统投入使用后，回水利用系统回收的烟气热量温度可升到 48 度左右，再度进入给水系统，极大地减少了天然气损耗。每年可节约燃气费近 70 万元。

5. 平改坡实行雨水回收后，每年可收集雨水约 50 000 吨。两年时间就回收雨水约 10 万吨，可节约水费近 50 万元。

6. 太阳能路灯项目投资 160 万元，项目完成后全年可节约 40 000 度电，可以减少碳排放 8.48 吨。

7. 图书馆水源热泵供暖比电锅炉加热节电 2/3，比燃气锅炉节省能源 1/3。

8. 我校节电项目改造后，总体平均节电率可达 20%。

据北京诚信能环科技有限公司 2010 年 4 月为我校出具的“建筑能源审计报告”评价，我校节能技术改造工程收到了显著效果，每年直接节约累计资金约 1 240 万元，直接节水 41 万吨，直接节气 518 万立方米。节能工作已经形成了良好的循环体系，收到的社会效益和教育效益也是巨大的。

四、今后绿色校园、低碳校园建设的设想

我校绿色校园、低碳校园建设在教育部的大力支持下，动手早，起

步快，通过坚持不懈的努力，收到很好的效益。今后我们将继续努力推进绿色校园、低碳校园建设工作，拟重点开展以下几个项目，将我校建设成完全的绿色校园和低碳校园。

今后节能减排的主要设想如下：

1. 在新建综合体育馆项目中，使用太阳能发电技术，把节能环保与新建筑结合起来，实现游泳池热水的太阳能供给。

2. 在新建科研楼的建设中，采用地源热泵技术，替代室内空调，利用建筑造型采用日照照明，减少电力照明用电。

3. 利用热源回收技术，将洗浴废水再利用，将其热量进行回收并再次利用。

4. 继续完成原有建筑的外保温改造工程，增加保温材料，更换门窗，节约能源。

5. 采用新型节水产品，更换节水水龙头。

6. 利用风力发电技术，对部分建筑物、路灯进行风力辅助发电。

7. 继续完成污水回收利用工程，将学校的污水总出口进行截留，实施污水回送处理和利用，基本实现校园水资源零排放。

8. 科学合理规划并实施校园绿化，增大校园内的供氧量，吸收碳排放。

五、几点体会

我校节能技术改造工程得到了显著效果，节能工作已经形成了良好的循环体系，收到了巨大的社会效益和教育效益。我们的体会是：

1. 学校领导重视是关键。节能减排、建设绿色校园、低碳校园是高校贯彻落实科学发展观的必然要求，也是我国高等学校应尽的社会责任。

总结近几年我校节约型校园建设的工作可发现，搞好节能减排，建设绿色校园、低碳校园，关键在领导，校领导高度重视，积极推动，就能取得更大成效。

2. 教育部的支持和指导是保障。近年来，教育部对我校绿色校园、低碳校园建设给予了大力的支持和指导，这是我们建设绿色校园、低碳校园的重要保障。

3. 绿色校园、低碳校园建设对学生有着重要的教育意义。绿色校园、低碳校园建设可以培养学生养成珍惜资源、爱护环境的良好习惯。

4. 绿色校园、低碳校园建设也是利国利民关系到子孙后代的大事。

凝心聚力，共谋贸大发展*

秉持“广交朋友，广纳资源，支持发展”的方针，为学校的可持续科学发展提供更雄厚的智力、财力和影响力支持，进一步发挥校董会在学校教育事业发展中的重要作用。

今天，我们在这里隆重召开对外经济贸易大学第三届第一次校董会议。在此，我谨代表学校党政领导和全体师生，向今天出席会议的各位领导、各位校董、各位嘉宾、各位校友表示最热烈的欢迎和最诚挚的感谢！下面，我向大家报告工作，请各位校董审议。

一、校史回顾

新中国诞生之初，百废待兴。1951 年，高级商业干部学校成立，担负起了培养我国第一批涉外经贸工作者的重任。1954 年，以北京对外贸易专科学校为基础，成立北京对外贸易学院。1960 年，学校被列为全国重点大学。大批经过特殊选拔的优秀学子入校学习，他们后来大多成为了中国外经贸事业的领航人。

* 2011 年 9 月 24 日在学校校董会第三届第一次会议上的讲话。

1972 年，在中断三年之后，学校率先在全国高校中恢复招生，从河南固始迁至现址惠忠庵。在这一时期，学校从以外贸外语专业为主发展成为“外语+外贸”，从培养专门人才发展成为培养多规格人才，实现了办学史上的第一次飞跃。

从 1978 年开始，学校在办学体制方面采取了一系列重大举措，比如将“外语+外贸”人才培养模式逐渐延伸为“外语+专业”、“法律+经济”、“管理+信息技术”等复合型人才培养新模式。1984 年，学校更名为对外经济贸易大学。1986 年，中国金融学院成立，邓小平亲笔题写校名。1989 年，学校在国内高校中率先成立校董会，党和国家领导人李岚清、吴仪先后担任校董会主席，汇集多方力量，全力支持学校发展。1996 年，学校首批跨入国家高等教育“211 工程”建设行列。在这一时期，中国高考文科状元云集贸大，UIBE 在国内外声名鹊起，学校实现了办学史上的第二次飞跃。

进入新世纪，在国家高等教育体系调整的大背景下，原对外经济贸易大学与原中国金融学院合并成立新的对外经济贸易大学并划归教育部直属。学校面貌发生了巨大而深刻的变化，名列中国最难考的十所大学和教育部全国毕业生就业典型经验高校 50 强；被誉为国际化特色最鲜明的大学，学校的留学生相对数居于全国高校的前列；被教育部、财政部评为节约型校园建设示范性高校。2010 年底，教育部与商务部携手共建对外经济贸易大学，进一步明确了学校为国家战略目标服务的重大使命。这是我校办学史上的又一次腾飞。

二、近年工作回顾

“十一五”时期，学校深入贯彻落实科学发展观，以学科建设为龙头，大力实施人才强校战略，积极推进学校跨越式发展。党政团结、上下一心，先后顺利完成了本科教学水平工作评估、“211工程”建设二期验收、国家优势学科创新平台项目申报，以及党建评估、奥运志愿者服务、60周年国庆队伍游行等各项重大工作。基本完成了“十一五”规划确定的主要目标与任务，学校综合实力得到较大提升，办学水平和办学效益持续提高。尤其是最近两年来，学校更是进入了快速发展的战略机遇期，全校上下呈现出了政通人和、欣欣向荣的良好局面。其具体发展表现在：

（1）商务部、教育部共建我校，进一步提升我校服务国家战略需求和区域经济社会发展的能力；

（2）学校学科建设迅速发展，整体水平不断提升；

（3）学校深入推进人才强校战略，加大人才引进和培养力度，促进全校教职工队伍的整体素质提升；

（4）深入推进教育教学改革，着力培养具有良好的思想道德素质、全球视野和创新精神的国际商务精英人才；

（5）着力推进科研工作，提升科研服务社会、服务国家战略的贡献力；

（6）紧扣学校国际化战略发展目标，推进国际化办学向全方位、多领域、高层次发展；

（7）加强支撑保障体系建设，改善办学条件，积极构建和谐校园；

（8）以校庆60周年为契机，推动学校工作科学发展。

三、学校“十二五”发展规划

“十二五”时期，学校办学指导思想是：坚持以邓小平理论和“三个代表”重要思想为指导，深入贯彻落实科学发展观；以学习贯彻《国家中长期教育改革和发展规划纲要》、《国家中长期科学和技术发展规划纲要》、《国家中长期人才发展规划纲要》、全国教育工作会议精神和胡锦涛总书记在清华大学百年校庆大会上的讲话精神为主线，落实学校第十一次党代会的精神，将学校发展同国家、区域经济社会发展紧密联系起来；按照有特色高水平大学的发展定位，以人才培养为本，以学科建设为龙头，以质量、特色与效益为主线，以体制机制改革为突破口，立足首都、面向全国、走向世界；以科学发展为统领，促进学校的内涵发展、特色发展、现代化发展，全面提高人才培养质量，增强科学研究水平，提升服务经济社会发展能力，推进文化传承与创新。

学校总体发展目标是：到“十二五”末，将学校建成整体办学实力和主要指标居于同类大学前列、国际化水平领先的国内知名大学；经过十余年的努力，到 2020 年，将学校建成国际竞争力、影响力显著增强的国际知名的有特色高水平大学。

为实现以上办学目标，我们要着力做好以下几方面工作：（1）继续落实“人才强校”战略，打造一流人才队伍；（2）加强战略管理，提高执行能力；（3）关心民生、关心教职工利益，提升学校凝聚力；（4）多渠道增加办学资源，不断改善办学条件；（5）依法治校，完善体制，探索和建立现代大学制度；（6）进一步提升党建和思想政治工作科学化水平。

在对外经济贸易大学新的伟大征程中，我们一定要努力创建国际竞争力、影响力显著增强的国际知名的有特色高水平大学。要进一步解放思想，坚持以科学发展观为统领，走内涵发展、特色发展、现代化发展之路；把提高质量贯穿到人才培养、科学研究、社会服务和文化传承创新各项工作中；以重点学科建设为基础，以体制机制改革为重点，以创新能力提高为突破，积极完善中国特色现代大学制度，探索高水平特色大学建设路径。

我们一定要全面提升服务国家开放型经济战略的能力。要抓住新形势下，中国全面参与经济全球化的发展契机，以国家建设“内外联动、互利共赢、安全高效的开放型经济”为导向，以两部共建为契机，紧紧围绕对外经贸事业的发展，致力于推动建设开放自由的贸易体系和公正公平、包容有序的国际金融新秩序；增强在对外经济贸易发展战略和解决发展瓶颈问题的创新能力，加强行业精英人才的培养能力和国际合作的竞争力，成为研究与探索中国对外经济贸易重大理论与实际问题的知识创新基地。

我们一定要全面加强为北京和区域社会经济发展服务的能力。在推进“人文北京、科技北京、绿色北京”战略中，在打造“国际活动聚集之都、世界高端企业总部聚集之都、世界高端人才聚集之都、中国特色社会主义文化之都、和谐宜居之都”建设中国特色世界城市的进程中，承担应有的责任，作出积极的贡献，并努力拓展更多校地、校企合作。

我们一定要发挥大学在文化传承创新中的先导作用。进一步继承和弘扬中华民族优秀传统文化，高举旗帜，紧贴时代主题，努力建设中华民族共有的精神家园。要进一步强化跨文化交流窗口的功能，倡导全球视野、开放精神、交流意识和国际氛围，努力提升中国文化的软实力；做中外学术文化交流的使者，与世界同行一道，共同分享发展的机遇，共同应对面临的机遇和挑战，共同推动和谐世界的建设与繁荣。

四、校董工作回顾

对外经济贸易大学校董会成立于1989年11月。校董会的成立，是当时学校在改革开放的新形势下，为主动适应我国对外经济贸易事业的迅速发展，加强学校与社会的联系，依靠并联合社会各方面力量加强培养德、智、体、美全面发展的对外经济贸易专门人才而推出的一项重大举措；开了改革开放后中国大陆高校设立校董会的先河。

对外经济贸易大学第一届校董会主席是时任外经贸部部长李岚清同志。

校董会成立后，确定的基本职责是：审议学校办学方向和发展规划；筹措学校发展所必需的资金和教学设施、设备；提供有关国内、国际经贸发展信息；听取学校的工作报告，提出改进意见和建议；维护校长的权益，支持校长行使职责、职权；协助学校开展社会有偿服务和联合办学、委托办学，促进继续教育事业的发展；协助学校了解社会对人才的需要和毕业生的工作情况，并提出进一步提高教育质量的意见和建议；推荐组织国内外专家来校讲学或从事科研指导工作。

1995 年 6 月，校董会进行了第一次换届，由吴仪同志接任第二届校董会主席。

校董会作为一个高层次的咨询机构，为对外经济贸易大学办学作出了重要贡献。校董们不仅利用各种机会对学校的发展方向、培养目标等重大问题提出许多宝贵的意见和建议，而且本着共同办好学校的精神，在财力上给予了我校办学的大力支持。值此喜迎建校 60 周年暨第三届第一次校董会议召开之际，饮水思源，铭史感恩，我们特意制作了一份《校董铭谢状》，衷心感谢历届校董对我校的建设和发展所作出的重要贡献！

五、校董工作展望

学校各项工作成绩的取得，是校领导班子全体同志团结协作、改革创新，各学院、各部处密切配合、通力协作，全校广大教职员工共同努力、艰苦奋斗的结果，同时也离不开社会各界尤其是校友和校董们的关心支持！

进入21世纪以来，世界呈现出大发展、大变革、大调整的新态势。随着世界多极化、经济全球化进程不断加快和科学技术日新月异，人才在综合国力竞争中的重要性日益凸显。在新的历史时期，实现中华民族伟大复兴，科技是关键，人才是核心，教育是基础。大学，特别是高水平大学，培养大批具有创新精神、创新能力和国际竞争力的高层次人才，为建设创新型国家和全面建设小康社会提供科技和人才支撑，将成为今后一段时期最为重要的战略任务。这是国家赋予我们高水平大学的历史任务和社会责任，也给我们提供了一个极好的发展机遇。尤其是商务部陈德铭部长明确指出：中国有个贸大，我们的工作需要贸大，希望贸大成为商务理论创新的源泉，成为政府决策的高参和解决商务理论与实践问题的智库！

我们衷心希望，通过此次校董会换届，广纳各界精英人士和杰出校友参与学校建设，秉持“广交朋友，广纳资源，支持发展”的方针，为学校的可持续科学发展提供更雄厚的智力、财力和影响力支持，进一步发挥校董会在学校教育事业发展中的重要作用。

各位校董！对外经济贸易大学已经迈上一个新的伟大征程，面对新形势、新挑战，我们要在加快建设和发展的过程中，继续依靠广大教职工，充分发挥校董会、校友会、教育基金会的作用，坚定不移地贯彻民主办学的指导思想。我们坚信，在教育部的正确领导下，在校董们的倾情指导和鼎力支持下，一定能将我校的事业发展不断向前推进！我们的目标一定能达到!!

祝福贸大，六十华诞*

在非同寻常的60年里，伴随着新中国的成长步伐，对外经济贸易大学始终与党和国家同呼吸、共命运，奋进在时代前列。一直沿着推动中国开放型经济发展这条道路进行不懈的探索，一直致力于推动中国经贸融入世界和科学发展。

在这美丽的金秋时节，我们怀着无比喜悦和激动的心情，欢聚惠园，隆重庆祝对外经济贸易大学建校六十周年！在此，我代表学校向出席庆典的各位领导、各位来宾、各位校友表示热烈的欢迎和诚挚的感谢！

对外经济贸易大学已经走过了一甲子的光辉历程。在非同寻常的60年里，伴随着新中国的成长步伐，对外经济贸易大学始终与党和国家同呼吸、共命运，奋进在时代前列。一直沿着推动中国开放型经济发展这条道路进行不懈地探索，一直致力于推动中国经贸融入世界和科学发展。60年来，对外经济贸易

* 2011年9月25日在贸大六十周年校庆大会上的讲话。

大学为中国外经贸事业培养了一大批优秀人才，为中国开放型经济建设提供了一批有影响力的重大科研成果，为中国政府及宏观决策部门提供了高水平的智力服务，为中华文化的传承与创新和提升中国软实力作出了突出的贡献，在中国高等教育的发展史上谱写了隽永华章。

学校诞生之初，国家百废待兴，国家建设急需外贸外语人才。1951年，高级商业干部学校成立，招收在职青年干部入校进行外贸和外语的专业学习，担负起了培养我国第一批涉外经贸工作者的重任。1954年，因全国高校院系调整，全国外贸教育集中设置，以北京对外贸易专科学校为基础，从全国调集一批大多具有国外名校背景的、最优秀的外贸和外语学科骨干教师，成立北京对外贸易学院。同年，学校研究生和来华留学生教育也开始起步。1960年，学校被列为全国重点大学。在“外贸干部是祖国最优秀儿女”口号的感召下，大批经过特殊选拔的优秀学子入校学习，之后他们大多成为了中国外经贸事业的领航人。1972年，在中断三年之后，学校在极为艰难的条件下，率先在全国高校中恢复招生，这在我国高等教育界犹如一声春雷。学校从河南固始迁至现址惠忠庵，继续为国家建设培养急需的外经贸人才。在此期间，学校由双语种发展成为多语种，由以外贸外语专业为主发展成为“外语+外贸”，由培养专门人才发展成为培养多规格人才，由专门性学校发展成为全国重点高校，实现了办学史上的第一次飞跃。

改革开放以后，随着计划经济向市场经济的转轨，从封闭经济进入开放经济，国家急需新型外经贸人才和高级金融人才。为适应改革开放和经济发展的需要，在“教育要面向现代化、面向世界、面向未来”战略方针的指引下，从1978年开始，学校在办学体制方面采取了一系列重大举措：新增了一批与外贸相关的专业，拓宽了专业领域；在国内高校中率先引进国际先进的专业课程体系、教学方法、教学手段等，并与中国高等教育传统相结合、融会贯通，将“外语+外贸”人才培养模式逐渐延伸为“外语+专业”、“法律+经济”、“管理+信息技术”等复合型人才培养新模式。1984年，学校更名为对外经济贸易大学。1986年，中国金融学院成立，邓小平亲笔题写校名，开设了培养新一代金融家的大学。1989年，学校在国内高校中率先成立校董会，党和国家领导人李岚清、吴仪先后担任校董会主席，多方汇集力量，全力支持学校发展。1996年，学校首批跨入国家高等教育“211工程”建设行列。在此期间，学校覆盖经、管、法、文四大门类的学科布局基本形成，复合型人才培养体系和国际化办学特色彰显，在国际化经济开始发展的一段时期内，中国高考文科状元云集贸大，UIBE在国内外声名鹊起，学校实现了办学史上的第二次飞跃。

进入新世纪，伴随着世界多极化、经济全球化深入发展，各国为掌握国际竞争主动权，纷纷把深度开发人力资源、实现创新驱动发展作为战略选择，建设人才强国和创新型国家战略赋予大学更高的使命。在国家高等教育体系调整的大背景下，原对外经济贸易大学与原中国金融学院优势互补、并校融合，成立新的对外经济贸易大学并划归教育部直属，汇入教育发展的主流。学校从全球视角审视高等教育的改革与发展，大力推进学科建设，不断完善精英人才、创新拔尖人才和通用人才“三位一体”的多元人才培养模式，瞄准服务国家战略，持续提升科研实力，深入实施国际化工程并将其明确为“立校之本、特色之源、发展之路”，学校的留学生相对数居于全国高校的前列。积极开展绿色大学建设。学校面貌发生了巨大而深刻的变化：学校特色学科群形成，现在拥有5个一级学科博士点、30个二级学科博士点、7个一级学科硕士点、54个二级学科硕士点、10个专业硕士学位授权点；科学研究跻身同类高校前列；名列中国最难考的十所大学和教育部全国毕业生就业典型经验高校50强；被教育部、财政部评为节约型校园建设示范性高校。学校在建设高水平特色大学道路上迈出了坚实的步伐！2010年底，教育部与商务部携手共建对外经济贸易大学，进一步明确了学校为国家战略目标服务的重大使命。目前，学校正沿着第十一次党代会提出的战略目标奋进，力争早日建成“国际知名的有特色高水平大学”，这是我校办学史上的又一次腾飞。

回顾60年的发展历史，对外经济贸易大学在艰苦岁月中诞生，在时代风雨里成长，在改革开放的春风中蓬勃发展。60年的沧桑，积淀了学校厚重的文化底蕴；60年的风雨，炼就了贸大人坚毅的大学精神。在此，我们要特别向长期以来给予我校亲切关怀的老一辈无产阶级革命家、党和国家领导人，向教育部、商务部、中国人民银行、北京市等相关部门领导以及给予我校鼎力支持的社会各界，致以崇高的敬意和深深的感谢！

重温60年的建设历程，我们深知，正是因为有了一代代贸大人数十年如一日的坚定与坚持，才成就了贸大今日的辉煌。我们永远铭记为对外经济贸易大学创建和发展作出不可磨灭贡献的李秋野、解学恭、刘征、赵长春、王文波、田光涛、刘鸿儒等老一辈校领导，永远铭记为对外经济贸易大学的人才培养和科学研究奠定坚实基础的史道源、李志伟、吴永珣、余绍光、沈达明、张素我、张雄武、张玉珊、陈涛、武堉干、胡敦元、饶毓苏、姚念庆、姚曾荫、袁贤能、曹康伯、康有枢、廖馥君等老一辈著名教授和学者。在这里，我要代表学校向历任校领导和已经离退休的教职工致以崇高的敬意和深深的感谢！同时一并向潜心学术研究、人才培养工作和默默无闻、兢兢业业奉献在管理工作岗位上的全校教职员工们表示亲切的慰问！

找寻60年中的成长记忆，作为人民共和国外经贸人才的摇篮，从东四、前马厂、车道沟、固始到惠忠庵，10万贸大毕业生从这里起步，怀揣经国济世雄心，恪守“博学、诚信、求索、笃行”校训，投身于经贸、外交、金融、法律、文化等领域，他们当中既有共和国的部长、中国WTO谈判首席代表、中国驻外大使、中国各海关关长等党政机关领导干部，又有国有大中型企业集团掌门人、著名跨国公司高管、发钞银行的银行家、纵横资本市场的投资家、外贸企业的董事长等企、事业管理精英人才，还有很多职守于三尺讲台、探索科学新知的知名教授、专家学者，他们在世界经济贸易的大舞台上承担着重要使命，在各自的事业领域作出了突出的贡献，为我国经济与社会发展起到了重要作用，已经成为推动我国经济社会快速发展的中流砥柱。在地球上任何一个和中国有经济往来的地方，都有外经贸大学的毕业生。杰出校友是母校的成功和收获！杰出校友是母校的光荣与骄傲！在这里，我还要代表学校向关心支持学校发展的海内外校友们，表示由衷的祝福和崇高的敬意！

60周年校庆，恰逢国家教育规划纲要颁布实施之际、“十二五”开篇之年，是学校承前启后、继往开来的里程碑，是凝心聚智、再创辉煌的新起点。在对外经济贸易大学新的伟大征程中，我们一定要努力创建国际竞争力、影响力显著增强的，国际知名度显著提升的，有特色高水平的大学。要进一步解放思想，坚持以科学发展观为统领，走内涵发展、特色发展、现代化发展之路，把提高质量贯穿到人才培养、科学研究、社会服务和文化传承创新各项工作中，以重点学科建设为基础，以体制机制改革为重点，以创新能力提高为突破，积极完善中国特色现代大学制度，探索高水平特色大学建设路径。

我们一定要全面提升服务国家开放型经济战略的能力。要抓住新形势下中国全面参与经济全球化的发展契机，以国家建设“内外联动、互利共赢、安全高效的开放型经济”为导向，以两部共建为契机，紧紧围绕对外经贸事业的发展，致力于推动建设开放自由的贸易体系和公正公平、包容有序的国际金融新秩序，增强在对外经济贸易发展战略和解决发展瓶颈问题的创新能力，加强行业精英人才的培养能力和国际合作的竞争力，成为研究与探索中国对外经济贸易重大理论与实际问题的知识创新基地。

我们一定要全面加强为北京和区域社会经济发展服务的能力。在推进“人文北京、科技北京、绿色北京”战略中，打造“国际活动聚集之都、世界高端企业总部聚集之都、世界高端人才聚集之都、中国特色社会主义文化之都、和谐宜居之都”，建设中国特色世界城市的进程中，承担应有的责任，作出积极的贡献，并努力拓展更多校地、校企合作。

我们一定要发挥大学在文化传承创新中的先导作用。进一步继承和弘扬中华民族优秀传统文化，高举旗帜，紧贴时代主题，努力建设中华民族共有的精神家园。要进一步强化跨文化交流窗口的功能，倡导全球视野、开放精神、交流意识和国际氛围，努力提升中国文化的软实力；做中外学术文化交流的使者，与世界同行一道，共同分享发展的机遇，共同应对面临的机遇和挑战，共同推动和谐世界的建设与繁荣。

回顾历史，60 年风雨兼程，我们无愧于祖国和人民；展望未来，一甲子弦歌不辍，我们继续奋进在时代前列。我们坚信在党中央、国务院的亲切关怀和教育部、商务部、北京市的正确领导下，在社会各界和广大校友的鼎力支持下，全体贸大人秉承“特色立校，追求卓越”的办学理念，弘扬“勇于担当，开拓创新”的求是精神，团结拼搏，创优争先，共谋发展，我们相信，对外经济贸易大学的明天必将更加美好，更加辉煌！再次祝福我们共同的贸大，六十华诞庆典圆满成功！

打造校园信息平台，推进高校信息化建设*

信息化可以使高校在管理方式上实现革命性变革，提高管理效率和资源综合利用效率。

进入21世纪以来，经济学上有两个词是影响力最大的，第一个是“全球化”，第二个就是“网络革命”。两者有着非常密切的关系，网络革命推动了全球化，全球化也加速了网络革命。《世界是平的》这本书就是对这一现象的经典概括。所谓世界是平的，实际上是把经济活动的生产、流通、分配和消费统统放在一个平台上，都在网络上运行。原来地球是圆的，我们隔了半球交流有时差，现在通过网络，可以在一个平台上进行证券的交流、商品期货的交流，进行物资的流动，所以网络实际上推动了人类生产和生活方式的革命。网络革命极大地改变了社会，改变了人们的思维方式，改变了人们的生活质量，包括我们的教育事业。网络的成功，首先是推动了人的智力平均化，

* 2012年6月11日在学校信息化建设工作会议上的讲话。

它使人的智力水平提高了，使智商不同的人在电脑面前都变得同样聪明了。通过电脑，人们可以同样解决复杂的计算问题，可以同样运行大量的信息，可以享受网络带给我们无限的便利。其次，网络实现了资源共享和信息无穷复制，这是网络革命的巨大贡献。资源共享，在网络上可以充分体现它的无限价值，资源的无限复制推进了技术的交流和科技成果的扩散。所以，现在整个世界，从信息、管理、效率等方面讲，都得益于网络革命。网络革命是把整个物流、商流、信息流放在一个平台上，进行全社会资源的共享与交流。网络的发展给社会带来了很多保护和便利之处。

在高等教育领域，网络化运行时间并不长。美国的信息高速公路是1993年开始的，到现在才不到20年的发展历史。中国在网络化方面一直在奋起直追发达国家，经过这几年的发展，在网络化、信息化方面的发展和发达国家的差距不像物质水平差距那么远，应该说这个差距还在缩小。但在20世纪90年代初期，我到国外去，看到国外高校信息化的发展，感觉反差还是很大的。我当时就认为，中国的大学和国外的大学最大的差别是在信息化。比如国外大学的校园后勤管理，当时已经开始实行智能电力管理系统，房间的灯，只要有人进入房间，灯就会自动亮起来，它有总控制系统，照明是实时控制的，随时可以调度、关闭、运行，现代信息的管理速度、质量令人非常吃惊。比如，大学的部门信息共享系统，学校的学生名单都在系统的页面上，在相应的授权范围内，可以随时调阅共享，这是学校的共享信息，凡学校公用信息，部门间都可以共享。还有所有的应用软件，像统计上的SPSS，都放在页面上，学校内部的人都可以实现共享。这些信息极大地提升了教学科研的效率，提高了管理水平。比如图书馆，当时图书馆就开始应用红外技术，整个图书馆实行电子编码，师生自借自还，我们现在才刚刚做到自借自还。还有身份识别——校园一卡通系统，凭一张卡在校内刷来刷去，实现许多付费、管理和服务系统，当然今天中国许多高校都实现了这些系统，但是要看到，我们仅仅是后来者，要加快建设步伐，争取后来者居上。

高校信息化工程实实在在应该是一把手工程，要高度重视。为什么说是一把手工程呢？因为信息化是一个平台，通过这个平台，可以纲举目张，把整个学校“统”起来，在管理方式上实现革命性变革，从而提高管理效率和资源综合利用效率。我们传统的管理方式，比如科研数据统计，过去，我们做不到即时性；现在，教授们的科研成果，应该在12月31号截止，即时就能统计出来。高速发达的网络可以做到，通过信息平台，你发表的论文、在哪里发表，都可以搜索出来，马上可以统计，资源是即时的、共享的。现在像SCI、CSCI论文，只要论文付印，论文目录就在网络平台上展示了，马上就可以归档，即时性非常强，速度也非常快！

我记得南京大学有一个古籍文献大信息系统，这是把所有的古装书全部扫描成电子存储方式，这样实现信息的共享将不再困难，只要拷贝或者放在网络平台上就可以了。所以，在现代信息技术下，图书馆纸质图书的藏书量已经不十分重要了，因为成千上万册书，都可以存储成电子资源，都可以在信息平台上共享。大学把所有的书全都扫描成电子资源，一千个、一万个大学都可以共享，这就是信息无限复制、无限输出性的好处。

目前国内高校与国外高校比，高校信息化在教学辅助支撑系统里，差距还很大。国际上发达国家高校信息化在支撑教学系统的探索和建设起步较早，比较成熟。教师在教学过程中，原先教学资料的使用主要通过找图书馆、复印资料；现在搭建了局域网，教师的很多教学过程通过局域网来完成。教学资料电子化、信息化，放到相应的平台上，教师只要轻轻点击鼠标，教学资料便发到了学生的网络群里。学生阅读教学资料的情况也可以通过信息平台体现出来，学生阅读的情况——看没看，看了多长时间——这些都可以显示。教学过程应该是让学生大量阅读的过程，现在我们在教育方法的改革上，和国外有很大差别，我们的老师习惯于满堂灌，课内教学占用了大量的时间。在国外不是这样的，他们倡导“翻转课堂”，就是学生课前在网络上查看学习资料，上课时调动学生思考、思辨、分析、讨论，有大量的案例，要学生讨论，教学灵活度很大。现在学校做不到这一点，就是在于电子资源、信息资源共享能力差。信息资源有无限使用的好处和高效率，可以极大地提高教育教学的质量。推进信息化，有利于促进教育教学方法改革。现在的年轻人是“80后”、“90后”，甚至是“00后”，他们熟悉网络的程度跟我们这一代人相比，应该是越来越进步的，这有利于我们教育教学方法的改革，能更加适应学生的特点，更加适应学生的需求。

信息化在提高高校的管理水平上，也具有非常重要的作用。举个小小的例子，在南京大学工作时，我要求给每个学生公寓都装上门禁系统，我的最大体会就是搞了门禁系统后，小偷数量明显下降。我发现小偷原来都是白天进学生公寓楼去踩点，晚上进去偷学生东西。门禁装上后，白天进宿舍楼的人明显受到了限制，晚上也就不敢进楼偷东西了。所以，门禁系统就把小偷给管理住了，当然借助这个门禁系统，也使我们的管理上了水平。这就是很简单的管理案例。信息化发展空间非常大，在高校管理中有非常重要的作用，现在我们正在研究身份认证系统。如果这些系统充分运行起来，必然会提高我们大学的管理质量、水平以及工作效率。

高校信息化应该有两个概念：一个是网络，一个是信息资源。两个联系起来就是网络信息化，好比高速公路和车，一边要有高速公路，一边应该有车在上面跑。高校信息化首先要铺网，网铺完了之后，网上还要有车。网铺得很好，没有人去走也不行。什么是车，就是资源，这个内容更大，无限个软件需要我们去开发。随着我们的管理水平越来越高、需求越来越大，信息化的程度要求也会越来越高！所以我们要做好基础工作，要加强在网络应用方面的科学研究，加强网络知识的普及和交流，提高网络应用水平。

据我所知，兄弟高校在信息化建设方面都很努力，但在使用层次上，还是有先有后、有差别的，有的学校做得很好，有的学校后来者居上，所以能够有一个平台来交流、相互学习、相互切磋，共同提高信息化建设水平，将会极大地提高大学的管理水平，提高我们创建一流大学的能力。高校信息化，对于建设一流大学、建设高水平的大学，具有十分重要的作用，尤其是对于一些文科类的学校，意义更大。因为我们不大重视科学技术，主动意识比较差，不了解其功能和效用，所以我希望通过会议交流，通过专家推动，来打造信息网络平台，推进全国高校的信息化建设。

以机关作风建设为抓手，努力创建高水平特色大学

机关作风建设对我校创建高水平特色大学的重要性和必要性不言而喻，我们应从以下几个方面来加强大学的机关作风建设：领导者带头建设是根本；组织文化建设是保证；以教职工满意为宗旨。

全面加强大学的机关思想作风建设，建设一支“为民、务实、清廉”，适应创建世界知名的高水平特色大学要求的“学习型、创新型、服务型、节约型、廉洁型”的高水平管理干部队伍，努力塑造“精干高效、求真务实、廉洁从政、纪律严明、管理规范”的服务型学校管理机关的新形象，这是现代化大学机关作风建设的奋斗目标。为实现创建国内外知名的高水平特色大学的奋斗目标，创造一流的机关服务环境，我提出如下思考：

一、为了创建世界一流的大学，我们需要一流的机关——机关作风建设的重要性和必要性

在新一轮高等教育管理体制和布局结构调整完成以后，面

对全球教育和科技发展的趋势，各高校纷纷抢抓机遇，加快发展。百舸争流的竞争态势日趋激烈，大学发展面临着空前的大压力、大挑战、大考验。我们的管理思想、管理手段、管理方法能否适应全球化条件下高等教育快速发展的需要，能否适应学校师生工作、学习、生活和思想状况的深刻变化，能否适应教育外部大环境的巨大变化，能否适应创建世界高水平大学的要求？我们需要提升自己的能力，营造一个和谐的有利于发展的内部环境，这对大学的持续、健康、协调发展起着十分重要的作用。

作风过硬，才能打硬仗。机关作风建设的水平和质量，直接关系到现代化大学的生存与发展的质量。大学的管理机关，在学校实现创建世界高水平大学的过程中，担负着领导、组织、协调和服务的重要职责，机关工作人员的综合素质和工作效能的高低，对全校的工作起着直接或间接的影响。大学的发展已进入关键的时刻，越是到了关键时期，越要以作风建设为抓手，促进学校的全面发展，提升大学的发展水平。

现实条件下，我们既要看到学校发展工作中出现的喜人的成绩，也要看到现行学校工作中存在的差距和问题。在大学日常工作中，机关作风问题依然存在。工作中群众不满意、老师不满意、学生不满意的现象还相当程度地存在，具体表现在：

一些机关部门仍然存在着思想僵化、创新不足的问题，执行学校政策规定满足于照抄照传：看似严格办事，实际成不了事；看似坚持原则，实际因循守旧；看似非常负责，实际推卸责任；看似认真规范，实际效能低下。

机关有些人缺乏激情，工作热情不高，安于现状，不思进取，满足于稳稳当当做官、轻轻松松拿钱，压力不大、动力不足，工作长期打不开局面。

少数干部不熟悉工作流程，无法实施首问负责制，致使服务不规范，许多好的学校政策不能上传下达，出现中梗阻。

有的机关干部严重不负责任，该作为不作为，岗位工作不到位，出现管理的真空，工作失职甚至渎职。

少数机关干部不敢面对工作中的矛盾，为了不出事，宁可不干事。

也有一些干部责任心不强，工作不到位，该提醒的不提醒，该告知的不告知，人为导致基层办事人员办事慢、办事难、办事烦。

还有的少数机关单位为了小单位私利，有利就执行，不利就不执行，有令不行，使学校工作的执行力大大降低。

有的机关干部官本位思想浓厚，重管理、轻服务现象依然存在。少数部门总是乐于把自己看作管理者，很少站在被服务者的角度思考和处理问题。往往就是因为缺少一个告知，就让基层师生多跑不少冤枉路。

有的机关干部重形式、轻实效，抓工作缺实招。一些机关部门降低工作标准，满足于一般化、过得去；对群众意见和上级要求虚于应付，看似很忙，就是见不到实效。

有的机关工作时间没有满负荷，上班迟到，中途溜号，没到下班，人就不见了。明明工作负荷很轻，却增加一点工作都要加人，加条件，工作讨价还价。

有的机关缺乏应付突发事件的准备，突发事件没有应急预案和应急机制，对安全隐患检查敷衍了事，缺乏处理突发事件的能力。

有的机关没有节约意识，图享受，热衷于搞关系，拉拉拍拍，吃吃喝喝。

凡此等等不能一一列举。对以上存在的问题，请不要对号入座，但不同程度地存在，说明大学的机关作风不能适应大学间的竞争，阻碍了学校的改革和发展，必须在机关作风建设工作中采取有力举措，切实加以改进。

二、如何才能加强机关作风建设

（一）机关工作作风建设的旗手——各级领导者

加强机关作风建设，领导者带头建设是根本。我们已经有了一系列保障领导干部树立良好作风的好的制度体系，关键是要如何学习好、执行好、落实好，使之在领导干部作风建设中充分发挥作用。就现代化大学而言，我们要建立健全并严格执行民主集中制的各项制度规定，保证各级领导班子民主议事、科学决策，努力形成用制度管权、按制度办事、靠制度管人的有效机制；要完善领导班子民主生活会制度，将领导干部作风纳入民主生活会的重要内容和议题，在班子内部有针对性地开展思想、作风方面的教育、提醒和批评与自我批评；要健全、完善领导干部廉洁从政的有关制度，抓紧建立结构合理、配置科学、程序严密、制约有效的权力运行机制，规范各级领导干部的从政行为；建立和完善效能建设制度，不断增强机关部处领导干部的服务意识；建立和完善绩效考评机制，注重加强对干部作风的考核；建立健全干部激励机制，真正把那些政治上靠得住、工作上有本事、作风上过得硬、师生员工信得过的优秀干部选拔进各级领导班子，促进广大党员干部作风的根本转变。

大学各级领导班子和领导干部要想有凝聚力、号召力和战斗力，就必须把学习作为锤炼作风、增强本领、成就事业的基本功，带头养成读书学习的良好习惯。当前，我们有些领导干部凭经验办事，靠拍脑袋决策，工作干到哪里算哪里；有的领导干部在学习中摆样子，做表面文章，搞形式主义；有的认为自己有高学历、高职称，学不学无所谓，甚至认为不用学习也能对付；有的表面上看似乎在学习，但实际上从思想到工作什么问题也没有解决，学习成了“走过场”；有的认为工作太忙、没时间学，却整天忙于不必要的应酬；有的学习不刻苦、不钻研，浅尝辄止，满足于一知半解，不掌握理论的科学体系和精神实质；等等。所有这些，都与建设高水平研究型大学的目标要求是不相适应的。因此，各级领导干部必须牢固树立终身学习的思想，挤出时间，真正沉下心来，多读点书、多思考点问题，努力在建设学习型社会中走在前列。要通过学习，不断增强政治敏锐性和政治鉴别力及用科学发展观统领全局的能力，进一步提高工作本领，增强工作的主动性、预见性和创造性，真正成为领导学校事业发展的行家里手。

加强机关作风建设，是不断推进教育创新、管理创新和制度创新，开创学校改革发展新局面的内在要求。高水平的管理直接关系到办学的水平、办学的质量和办学的效益。同样的投入，能不能发挥更大的效益，主要看管理水平；同样的条件，能不能办得比别人好，也主要看管理水平。

建设创新型机关，就要以求真务实的精神，着力在创新观念、创新工作、创新机制、实现管理手段的现代化上下功夫。突破管理的封闭性、保守性、经验主义，用新的思路、新的途径、新的手段来解决学校工作中遇到的新矛盾和新问题，主动围绕中心、服务大局，贴近工作实际，提出创新的课题，付诸创新的实践，作出创新的成果。

（二）机关作风建设的载体——组织文化

机关就是组织。组织的伟大之处在于使平凡的人作出不平凡的业绩，使不可能的事成为可能。组织的设计，就是充分发挥团队的价值和作用。

组织体系使每一位组织成员都成为相互依靠、相互支持、相互服务的系统，每一个组织成员都成为一个角色的担当。组织的价值是通过有效的分工和合作使组织体系的效能最大化。

加强机关作风建设，就是要研究机关组织的效能如何最大化、组织内如何有效分工和合作、组织内激励和分配制度的设计、组织的内外资源如何优化、组织的沟通与协调等问题，这些问题的认识和解决都有利于提高机关组织的凝聚力和战斗力。

机关作风建设的软实力是组织的文化建设，机关文化是机关风气的内在体现，风气是文化的表现形式。良好的机关文化是机关工作长期积累的结果，是好的领导带出来的良好风气，是全体员工共同建设的无形资产，可以加强执行力，提高竞争力。

机关作风建设要抓好机关各项制度建设。无规矩不成方圆，制度规范是作风建设的基础和保证：要对以往的规章制度进行认真地清理审定，不完善的要修订完善，已过时的要废止，并针对新情况，完善新职能，制定新制度；要按照精简、统一、效能的原则和决策、执行、监督相结合的要求，科学规范部门职能，合理设置机构，优化人员结构，切实解决层级过多、职能交叉、管理真空、权责脱节等问题；降低管理重心，强化目标管理，全面加强机关的咨询和服务功能，建立起迅速、灵敏的信息反馈机制，保证政令畅通。

机关作风建设还要大力推进依法治校和校务公开制度。要制定依法办事的规则，使机关的管理行为、管理活动的全过程都有严格的规定和规范的程序。凡涉及学校改革、发展的重大问题、学校建设的重点问题、教职工切身利益的热点问题，都要在一定范围内按照程序予以公开，增加工作透明度，保证公平、公正原则的贯彻，便于师生监督，让师生满意。同时要注意在制定各项规章制度时，遵循教育规律和学术研究的规律，重视各类人力资源的自我发展和价值实现，积极构建充满活力的和谐的大学校园。

三、以师生员工满意不满意来检验机关作风建设的成效

“学习是基础，创新是动力，服务是目的，监督是手段。”机关作风建设是一项牵涉面广、影响深远的长期工作，机关作风建设的目的是要解决机关的工作效率问题、工作作风问题、勤政廉政问题，归根结底，就是解决全心全意为教职工服务的问题。通过机关作风建设，要解决机关中存在的全局观念不强，责任意识淡薄，部门之间协调不力、合力不够，只愿做好办的事，不愿做难办的事，不舍得花时间、下功夫，对应承担的工作算价钱、讲条件、打折扣等问题；要解决摆架子、盛气凌人的虚浮作风；戒虚、戒伪、戒浮、戒空，讲实话、办实事、务实效；要进一步确立服务教学科研、服务院系、服务师生的意识，树立窗口形象，摆正与师生员工的关系，提出“用心服务”的理念，进一步实施便民措施，提高服务的主动性；要切实精简会议、文件、报表；要深入师生员工、深入教学第一线，广泛听取意见，改进工作，努力扩大服务面，提高服务质量；要尽可能减少办事环节，简化办事手续，提高办事效率，做到急事快办、特事特办，为院系和师生办实事、办好事、多办事、快办事。

在其位、谋其政、履其职、负其责，是对领导干部最起码的要求。希望机关的同志花一点时间去了解基层管理对象的情况，看看他们在想什么，在做什么。经常进行换位思考，可以有效地解决主动服务的问题。大家都想一想如何在“谋”字上下功夫，怎么样来谋大事、谋公事、谋

成事，为老百姓谋实事。

要认真抓好工作的落实。每一项工作任务的完成，关键在于落实。如果不抓落实，不去真正落实，那么，任何创新的思路、任何有效的方法、任何重要的会议精神，都只能是画饼充饥。如果不抓落实，不去真正落实，那么，建设高水平特色大学的宏伟蓝图，就只能成为水中月、镜中花。因此，学校各级领导干部要发扬求真务实精神，以强烈的责任感和事业心抓好各项工作的落实，切实解决当前工作中存在的重部署、轻检查与重形式、轻效果的现象，坚决克服得过且过、不思进取与遇事推诿扯皮、敷衍了事的不良作风，定下来的事情就要雷厉风行、抓紧实施、认真干好，努力做到“看不准不动手、看准了不松手、干不成不放手”，一步一个脚印地把工作落到实处。

加强对领导干部坚持立党为公、执政为民、秉公用权、服务师生、服务基层等情况的督促检查，着力解决师生员工反映强烈的突出问题，营造和谐的党群干群关系；加强对领导干部坚持求真务实、真抓实干情况的督促检查，引导各级领导干部真正把心思用在事业发展上、把情感贴近师生员工上、把作风拧在求真务实上；使各级领导干部真正做到台上和台下一个样，工作时间和业余时间一个样，有监督和没有监督一个样。要进一步拓宽监督渠道，扩大监督的视野和范围，逐步形成全方位、多层次的监督网络，切实做到领导干部的权力行使到哪里、活动延伸到哪里，监督就跟踪到哪里。通过加强监督，及时发现和纠正领导干部在作风方面存在的问题。

大学机关各部门都要充分认识机关作风建设的重要性，紧密结合本部门、本单位的思想、工作实际，精心组织实施；要确立长期抓、抓长期的观念，把集中整改和长效措施结合起来，党政齐抓共管，形成合力，使大学的机关作风建设健康顺利地深入开展下去。通过全面加强机关作风建设，在解放思想上有新突破，在转变职能上有新举措，在服务水平上有新提高，让办人民满意的教育宗旨在机关的具体工作中得到体现，使机关各部门以崭新的面貌、务实的作风、高效的形象展现在师生员工面前；使机关工作人员在加强学习、提高素质、解放思想、开拓创新、竭诚服务、争创一流等方面有新的发展和新的进步。

高等教育收费属性分析

虽然高等教育具有公共产品的公共性和外溢性，但不具有公共产品的非排他性和非竞争性，因而高等教育不是纯公共产品，而应属于准公共产品。

高等教育收费是指高等教育的主办者向受教育者收取的学费和杂费的总称。其中，学费占主要部分。1994 年我国开始高教收费制度改革，各高校逐步实施了教育收费制度。在目前的高教研究中，关于收费问题研究集中在对其必要性和可操作性上，而较少对其属性分析。本文主要从经济学角度探讨高等教育的收费属性。

一、高等教育收费制度经济背景分析

20 世纪下半叶，我国经济体制发生重大改革，逐步实现从传统的计划经济向市场经济转变，这一转变对高等教育体制有着巨大影响。在计划经济体制下，我国高等教育一直被视为由政府支出的公益性福利事业。高等学校属于政府办学，政府对高校采取高度集中的管理模式，具体表现在学校由政府统一管理、经费由政府统一提供、招生由政府统一计划、毕业生由政府统一分配的“四统一”方面。高校实际上成为政府机构的附庸和延伸，自身缺乏自主权。随着市场经济体制的建立和高等教育体制改革的不断深化，以往的高校管理模式不再适应新体制下高校发展的需要，必须进行改革。高校管理体制改革的目的就是要使高校成为面向社会、依法自主办学、独立核算、进行自我约束的法人实体。目前，我国高等教育正从原来由政府直接管理的办学模式向由政府宏观管理、学校面向社会自主办学的模式过渡。

我国市场经济体制的建立，经济成分的多元化，必然导致办学主体的多元化。我们仅靠各级财政教育性的投入是远远不能满足教育事业发展需要的。加入 WTO 后，教育资源的国际性共享，将使我国高等教育面临全球化的机遇和挑战。因此，《中国教育改革和发展纲要》和《高等教育法》提出，要改革办学体制，改变政府包揽办学的格局，逐步建立以政府办学为主、社会各界共同参与办学的新体制。高等教育收费制度改革正是这种经济体制改革背景下的产物。

二、高等教育产品的性质

高等教育是非义务教育，它为学生提供教育服务，这种教育服务是一种兼具私人产品性质和公共产品性质的混合产品。私人产品性质体现为排他性和竞争性。个人通过教育获得更多的知识和技能，即人力资本，当这种资本通过劳动力市场进入生产过程时，可以提高劳动生产率，有利于个人获取更高的收入和福利以及提升个人地位。一方面，高等教育作为一种稀缺资源，它的私人收益具有排他性和竞争性。另一方面，高等教育又具有公共产品性和外溢性。高等教育承担培养人才、科学研究、社会服务等多种功能。教育使知识得到普及，科技得到发展，全民素质得到提高，整个社会的劳动生产率因而提高。教育的发展带动整个经济的发展，经济的发展又给国民带来福利，物质水平提高促使精神文明水平也得到提升，因此，教育具有巨大的外溢性。虽然高等教育具有公共产品的公共性和外溢性，但不具有公共产品的非排他性和非竞争性，因而高等教育不是纯公共产品，而应属于准公共产品。

高校本质上属于非营利组织机构，有别于企业，它不以赚取和分配利润为目的，但高校本身作为独立的法人实体，它必须独立核算，自主经营，自我约束。

三、目前国外大学教育收费特征

国外大学分为公立大学和私立大学，其中公立大学归国家或州所有，与我国高校机构具有可比性。本文主要讨论公立大学收费情况。

国外公立大学办学经费来源有财政性资助资金、社会捐助集资经费、学费收入、投资收益等。它体现出经费来源的多元化，具体特征表现为：(1) 学费收入占总收入的比重较大，约占总经费的15%～25%，而且有不断扩大趋势。(2) 学费收入和财政性资助收入分开。(3) 学费收入纳入学校预算管理范围，由各校自主管理，并在决算中详细说明。(4) 教育收费制度在国家法律、法规制度中有所体现，受国家法律明文保护。

四、高等教育收费性质

(一) 教育成本补偿性

从高等教育的产品性质来看，如上文所述，高等教育属于具有外部效应的准公共产品。它的私人收益具有排他性和竞争性。纯公共产品必须由公共部门来提供，而对于准公共产品，则应该采取市场机制和政府机制相结合的融资方式，在个人付费的同时，政府通过财政给予补贴。因此，高等教育经费不应由国家财政独家承担，而应由学生个人及其家庭承担一部分。从教育投资角度看，将高等教育视为一种投资，社会和个人都可以从教育中受益；对于社会来说，通过教育，获得社会大生产所需要的各种人才，提高社会生产力和社会效率；对个人来说，通过教育，个人可以获得较高的收入和地位，满足个人更高层次的需求，取得较大的经济利益和非经济利益。若将高等教育成本作为一项投资投入，教育成本的负担应符合市场经济的资源配置原则，即按照“谁受益谁付费”的成本分摊原则，既然个人从高等教育中获取利益，他应当对教育成本支出作出部分补偿。高等教育成本投入具有及时性和连续性的特点，因而作为教育成本补偿的学费收入也应体现出及时性和连续性。

（二）教育收费助困性

除教育效率优先外，教育公平也是教育发展的主要目标之一。教育公平是指先天条件相等的个体，应获得相等的教育待遇，同时应按个人天赋能力的差别予以相对应的分配，即广泛的教育机会均等。过去，我国的高等教育是精英教育，完全免费的高等教育意味着少数接受高等教育的人占用了大量的公共高等教育经费。这与“任何一笔公共支出必须是多数纳税人受益”的公平原则不符，特别是以牺牲基础教育为代价发展高等教育，更显得不公平。因此，发展高等教育事业，应实现精英教育向大众教育转变。为实现这种转变，需加大对高等教育的投入，实行高等教育收费制度，增加非财政性教育经费的来源。当人们接受高等教育的机会增加了，意味着人人受高等教育的机会趋于均衡，这更能体现教育的公平性。实行收费制度后，高等教育收入增加，高教事业得到发展。为防止教育收费对贫困学生不公平，应对贫困学生采取各种形式资助，如开辟绿色通道、学费减免、银行贷款、生活困难补助、勤工俭学活动和奖学金等措施，因而教育收费制度应体现其助困性，确保教育的公平性。

（三）学费收入应全额用于教育投入

高等教育收费机制是为了补充教育经费不足，是对教育成本的一种补偿。它应当全部用于教育投入，改善学生教育、生活条件，不能挪作他用。

（四）高等教育收费既不同于税收资金也不同于预算外资金

高校是非营利组织，学费收入的目的是对教育经费的补充，不是以赢利为目的，它是非税性的，不同于税收资金。高教收费也不同于行政性收费。行政性收费是指国家机关及其授权单位在行使国家管理职能中依法收取的费用，其实质是国家意志和权威的一种经济体现。行政性收费的主体是国家机关及其授权单位。而事业性收费是指非营利的国家事业单位及其类似机构在社会公共服务中，依照有关政策规定收取的费用，其实质是对服务性劳动的部分补偿。事业性收费主体与收费对象之间通过收费与缴费形式联结起来的关系，是一种服务与被服务的平等关系，事业性收费主体具有公共性和企业性双重属性。从高等教育产品特性来看，高教收费具有事业性特征。

教育经费根据经费来源是否为公共性，分为财政性教育投入和非财政性教育投入。我国公共教育经费是指财政性教育经费，包括：国家财政预算内教育经费，各级政府征收用于教育的税费，企业办学经费，校办产业、勤工俭学和社会服务收入用于教育的经费。非财政性教育经费是非公共教育经费，包括社会团体和公民个人办学经费、社会捐集资办学经费、包含学杂费的事业收入、其他收入。

教育经费按是否来自财政预算，分为预算内教育经费和预算外教育经费。预算内资金是指纳入国家财政预算拨款范围内的资金。预算外资金是指国家机关、事业单位和社会团体为履行或代行政府职能，依据国家法律、法规和具有法律效力的规章而收取、提取和安排使用的未纳入国家预算管理的各种财政性资金。教育体制改革后，由于实行政校分开，学校不再具有政府职能，学费收入作为教育成本补偿形式来源于个人，并非财政性资金。因此，不能简单地将教育收费纳入预算外资金的范畴。如果将学费收入纳入预算外资金统一由财政专户管理，日后作为财政教育支出下拨，这将造成同样作为学费性质来源的收入，在公办和民营两个不同的办学主体下，被纳入不同的支出性质。此外，这将人为造成财政教育支出占 GDP 比重增加，也将导致基础教育与高等教育结构比重差距加大。

综上所述，高等教育收费性质从教育投资角度来说，它具有成本补偿性；从效率与公平角度来看，它具有助困性；从财政学角度来说，它属于非财政性资金性质，应全额用于改善学生教育条件。

关于学校财务监督的思考

我们正处于社会主义市场经济体制建立和完善以及教育大发展的过程之中，教育经费投入增多，特别是随着经济发展，教育经费占 GDP 4% 这一目标的实现，必须加强财务监督。

一、财务监督概述

财务监督是由财务监督主体（单位或个人）依据国家的财经法规及有关规章制度为标准，采用一定的方法，对被监督客体单位的财务活动进行监察、检查、评价和督导的活动总和。财务监督是国家经济监督的重要组成部分，也是财务管理的重要职能之一。财务监督的活动内容很多，但主体是教育经费的监督。教育经费，是指各级各类学校、教育事业单位的国家财政性教育经费、事业收入、社会捐赠经费以及其他用于教育事业的各项经费。对于这一主体的讨论，涉及产权主体的界定。从国家办学主体和资产的国有性质来看，公立学校的一切资产，不论其来源，或是资金性质，本质上都属于国有资产的范畴。

这也就是说，学校的办班收入尽管属于学校自创收入，但仍属于国有性质，在财务监督的范围内。同样道理，学校获取的捐赠经费，尽管在资金性质上，属于个人捐助办学，似乎有非国有性质，可以不受财务监督。而这个观点不对，各类学校所有各种来源的资金都用于学校办学，而学校的国有性质决定了一切资金都是国有性质，属于财务监督的范围。

我们所说的教育经费使用监督管理，是指由各级教育行政部门组织实施的，对各级各类学校、教育事业单位的教育经费使用情况开展监督检查并对违规、违纪行为进行责任追究的活动。教育经费使用监督管理应当坚持事前、事中和事后相结合，进行全过程管理的行为。教育经费监督贯穿各级各类学校、教育事业单位教育经费使用的各个环节。按照一般经济活动发生的规律，财务监督的一般内容包括：学校各项财经制度建设及执行情况；学校各级预算编制、执行、调整及决算执行等管理情况；学校重大经济活动决策及执行情况；学校各类专项资金及重大项目经费的管理与使用情况；学校会计制度建立与内控制度的情况；国有资产管理与核算的情况；学校财会队伍建设及人员管理情况；学校各类经费使用绩效的分析与论证情况；学校财务信息公开情况；国家财政、监察、审计等各级部门财务监督检查时，发现问题的整改情况；其他有关学校经费使用的情况等。

二、学校财务监督的必要性

监督是管理活动的职能之一，各类学校要加强财务管理，必然要加强财务监督。由于我们正处于社会主义市场经济体制建立和完善以及教育大发展的过程之中，教育经费投入增多，特别是随着经济发展，教育经费占 GDP 4% 这一目标的实现，必须加强财务监督。教育经费的增加和学校经费多元化利益主体的形成，加之市场经济条件下人们对于利益的追逐，必然使学校财务管理中出现一些新问题。财务管理中也出现一些不完善和不规范的地方，甚至发生少数人的违法乱纪行为。国家需要将学校财务监督提高到更加重要的地位，认真贯彻落实国家财经法规以及各类财务规章制度，维护学校的财经纪律，保证财务预算计划的实现，纠正违反财经纪律的行为，促进各类教育事业的全面健康的发展。

国有财产是公有制的物质基础。我国现有各类学校绝大部分是由国家各级政府部门主办的非营利性的教育主体，以培养人才和从事科学研究为己任，其资产的形成以国有财产为主体。因此，各类学校财务监督的首要任务就是要保证国有资产的完整无损，揭露和打击任何侵蚀、损害和侵占国有资产的行为，并依法追究直接责任人的经济责任和法律责任，维护国家的利益，保护学校的根本利益。

学校的一切财务活动都必须服从国家统一制定的财经法规、政策、法定制度和预算体系要求等。学校财会人员必须认真稽核学校各项经济活动是否遵守财经纪律、结算纪律、信贷纪律，是否有扩大开支范围、提高开支标准，违反财务规定挪用资金以及私设“小金库”的行为；检查和审核财务中是否存在一定程度的挥霍浪费、公款请客送礼以及多拿私分等违纪现象。财会人员一旦发现上述违纪行为，就应采取措施予以纠正，从而保证学校各项经济活动合理、合法、合规和有效。

随着国家财政教育经费的增加，市场体制改革的逐步深入，学校的经费来源渠道拓宽了，使学校增强了活力。但是，微观活力的增强并不意味着放松宏观管理。通过财务监督及时提供的信息，分析学校在办学效益方面的薄弱环节，促进学校聚财、理财、用财机制的完善，分析全面提高办学效益，检查学校各项财务制度及其实施细则的落实，为学校的事业发展服务。

从学校的事业发展现状分析可知，各类学校在筹集资金、拓展收入渠道方面，都有着较大的潜力，同样在财务支出方面也有着巨大的节约潜力。通过财务监督，可以即时发现财务收支管理中的薄弱环节。例如，对各类经费的监督，可以总结不同来源渠道的资金的合理投向，也可以发现在这一方面仍旧存在的问题，通过对各项资金的动态滚动监督，最大程度地节约开支。通过对财务管理薄弱环节的全面监督，并加以迅速改进，可以堵塞管理上的漏洞，提高资金的使用效益。

科学决策的基础是准确可靠的信息。从事学校的管理，同样需要可靠的信息资源。信息失真，就会导致决策失误，这是一个十分明显的因果关系。财务监督的任务之一，就是要经常检查财务信息系统的信息准确性，使正确的信息得以正确使用，为科学决策服务；同时，错误的信息得以纠正，保证会计财务信息的质量。这就要求学校财会人员提高自身素质，不仅要正确提供信息，而且要善于对信息资料进行加工，对财务信息进行由此及彼、由表及里的分析和研究，提高信息的利用价值。通过财务监督，从主观与客观两方面全面减少财务信息的失真率，从而确保科学决策建立在准确的信息基础之上。

三、学校财务监督的形式

学校的财务监督必须接受国家有关部门的财务监督，并建立严密的内部监督制度。

（一）审计监督

审计监督，即国家各级审计机关或部门及校内的审计处，依照审计法规，代表国家利益对学校各项财务收支活动和业务活动进行审计，审核这些活动的真实性、正确性和合法性。审计监督是对财务监督的再监督，是从外部来检查制约学校的各种财务活动，其监督具有独立性、客观性和权威性。

（二）财政监督

财政监督，即国家（地方）的财政机关有关部门对学校的财务收支及其资源配置进行全面监督，包括财务管理体制监督、预算监督、投资监督、信贷监督、财务监督和会计监督等。财政监督是纲，学校的财务监督要以财政监督为纲，严格服从财政监督的要求，以保证国家利益与学校利益的一致性。

（三）物价监督

物价监督，即国家各级物价管理部门对学校的各种收费项目进行的监督。随着社会主义市场经济体制的确立，学校学生缴费上学已得到全社会的认可。校内各种收费是否规范，是否经过必要的审批程序，各类收费是否亮证收费，是否任意扩大收费范围、提高收费标准，有无乱收费、乱罚款、乱摊派的现象等，这些是物价监督的主要内容。

（四）内部监督

内部监督，在政府及有关主管部门对学校财务活动进行全面监督的基础上，学校内部还要进一步加强对校内二级核算单位的财务监督，从收入、支出、分配等方面全面进行；同时，学校有关部门还应加强对货币资金和实物的监督，加强对银行账号管理的监督，加强对学校后勤、基建等工作的监督。

四、学校财务监督的方法

教育经费使用监督管理可以综合运用网络监控、财务报告、监事督察、巡视检查、专项审计、评估评审、受理举报等多种方法。

（1）网络监控。利用现代网络信息技术及时获取基本财务信息，建立教育经费使用基础信息库，对信息进行动态分析，及时发现问题并进行处理。

（2）财务报告。按照相关制度的规定和工作需要，要求定期或不定期报告教育经费使用的有关情况和重大财务事项。

（3）监事督察。设立监事委员会，对各级各类学校和教育事业单位领导班子、高校总会计师等履行财务管理职责情况进行监督，及时报告违规、违纪行为。

（4）巡视检查。定期或不定期派出经费监管巡视组，到所属各级各类学校、教育事业单位对财务管理制度建设和执行情况、教育经费使用情况进行监督检查。

（5）专项审计。对教育经费使用的合法性、合规性和合理性，以及财务收支信息的真实性和完整性等进行专项审计。

（6）评估评审。根据监管需要委派专门人员对教育专项经费项目预算进行前期论证、中期评估和后期评审，对项目经费进行财务验收和绩效评价。

（7）受理举报。设立举报电话和信箱，并及时向社会公开，充分发挥社会监督的作用，对涉及教育经费使用违规、违法问题的举报及时受理并按规定程序进行处理。

（8）其他方法。根据监管需要可以采取法律、法规规定的其他方法，开展教育经费使用监督管理工作。

五、学校财务监督的要求

学校财务监督工作面广量大，涉及学校工作的方方面面，是一项政策性很强的工作，要注意到原则性和灵活性的有效结合。一要坚决执行国家的财经纪律，维护财务规章制度的严肃性，充分发挥财务监督的作用，与各类违法乱纪行为作斗争，做好“有法必依、执法必严、违法必究”。二要掌握好灵活性，就是在财务制度允许的范围内，从实际情况出发，考虑具体单位的特殊情况予以科学把握，即在财务监督中体现财务服务，在财务服务中实现财务监督。三要对财务管理中的薄弱环节或是财务监督中存在的问题，提出有针对性的改进意见，以建立和健全学校的财务监督制度，最大限度地提高办学效益。

在学校财务监督中，学校的财务人员必须做到：

第一，依法办事，坚持原则：各类学校的财会人员应以国家有关财经纪律和政策法规为准绳，实事求是，以事实为准绳，以法律为依据，查清可能的违纪现象，与一切违反学校财经纪律的现象作斗争。坚决制止一切窃取国家资财、铺张浪费、贪污盗窃等各类违法乱纪行为。

第二，实事求是，具体分析：学校在进行财务监督的过程中，财务人员坚持原则是前提，要把握原则。对于所发现的问题要深入实际、详细分析，要多调查研究，弄清情况，辨明是非，搞清问题的本质和事情的性质，分清发生问题的资金规模和性质，特别是分析产生问题的主、客观原因。由于客观原因、制度规定不够规范或是合理但不合法而导致在财务管理中造成损失与浪费不大的情况，可进行教育和批评。对于严重失职、渎职或者严重故意违法乱纪行为，要根据情节严重程度给予严肃处理，必要时报请司法部门依法惩处。

第三，总结经验，不断提高：在财务监督的过程中，对敢于坚持制度、秉公办事、维护财经纪律，对学校增收节支和提高办学效益的财务人员要予以表彰。他们的经验要及时总结，行之有效的要予以推广。对财务管理中的薄弱环节或是财务监督中存在的问题，要提出有针对性的改进意见，以建立和健全学校的财务监督制度，最大限度地提高办学效益。

篇五

实现贸大梦，就是以科学发展为统领，坚持内涵发展、特色发展、现代化发展之路，将学校建成国际竞争力、影响力显著增强的国际知名的有特色高水平大学。

知是行之始，行是知之成*

□ 记者　张晶

> 施建军教授在知与行之间往返，每一次到达彼岸都使他对管理学的认识上一个台阶，也正是在这样的往返中，他成为中国管理学教师的一代楷模。

知与行是中国传统哲学的一对重要范畴。人们常常提及王阳明的“知是行之始，行是知之成”，说的是人的意识思想及观念要领先行为实践，而行为实践是思想意识及观念的实现和完成，两者是相辅相成的关系。通常我们对高校教师的印象是老学究，有丰富的理论知识而没有实践，可是 EMBA 的出现改变了这个现象。EMBA 的教师不仅具有国际化的视野，良好的理论素养，而且还具有丰富的本土企业的实践经验。

商学院教授施建军无疑是一名出色的知行观的践行者：经济学博士、博士生导师，享受国务院政府特殊津贴；曾作为高级访问学者赴英国里兹大学、香港理工大学、美国堪萨斯大学

---

* 本文于 2009 年 2 月载于《商学名家》第 2 期。

访问，参加过澳大利亚悉尼大学、拉筹伯大学“影子校长”实习项目；曾经给双登集团有限公司、诚泰电子有限公司等大型企业做过战略咨询与管理研究项目。

强调实践的教学方式

EMBA 教育是高级管理者的 MBA，与其他教育方式不同的是，学员已经在管理岗位，他水平的高低直接关系到企业的经营，乃至整个中国的经济发展。EMBA 教育是调整知识结构的教育方式。过去的教育模式比较重视理工，认为只要有最新的技术就能带动企业向前发展，在管理问题上存在一定的盲区，科技进步、管理创新，现代企业的发展需要两个轮子共同前进。为了弥补企业管理人员在管理上的需要，把硬技术和软技术结合起来，把科技和管理结合起来，EMBA 教育应运而生，并且很快就风靡世界。2002 年教育部批准首批 30 所国内知名院校开办 EMBA 教育，其中就包括南京大学。相比于国外的 EMBA 教学，中国的 EMBA 起步晚，很多方面应该向外国学习，但是如果我们不办，就会使得中国大量的生源流入欧美、澳大利亚，我们也会因此有大量的美金、人民币流出。全世界都很重视 EMBA，它是中国特色经济发展必经的教育形式。自从我国设立 EMBA 教育项目以来，施建军教授就亲自带课，把自己的理论实践经验毫无保留地传授给企业家。

如何办出 EMBA 教育的特色

施建军教授介绍说，他目前的教学方式以案例教学为主，这也是 EMBA 教学的重要特点。施建军教授给商学院 EMBA 学生上的《创新与创业管理》这门课，是战略管理的一部分，多个企业的咨询经历，多个国家的访问，让他在课堂上纵横捭阖，游刃有余。

企业管理从来都不是同一个模式的，而是千人千面的。企业管理知识不是直接传播的，只能通过案例做一种借鉴性思考。“外贸企业、化工企业管理得再好，其他行业也不能直接复制，即使是肯德基、麦当劳这些管理可以复制的企业，到了中国还是要中国化。”施建军教授研究了几十年的企业管理模式，他说哪怕同一个店在城南和城北开也要研究城南、城北的消费习惯和食品差异，根据特点来调整经营策略等。EMBA 教育重在培养学生的思考能力和创新精神，使得企业家在案例教学中受到知识的熏陶、经验的传授、能力的培训。

“如果说仅通过上课传授知识的方式是一维结构，那么 EMBA 教学方式是一个三维结构，是全新教育模式。”EMBA 传授的知识都是实用性很强的，比如上市规则、金融行业规则、法律的制度规定、企业注册条件等。另外包括一些分析问题的方法，如无形资产的评估方法、如何判断上市公司质量等，学习的过程也是知识体系重新建立的过程。

施建军教授很重视学生能力的培养，在他的课堂，学生能得到协作沟通、信息搜寻、分析创新等方面能力的提高，但更重要的还是团队协作能力的培养。“怎样当好一把手，怎样当好团队的配角，怎样有效做好团队的协作，这些都是 EMBA 教育培养的。”“通过案例教学传授经验，看别人走过的路，有些地方水深不能走，大家就会研究，悟出一些问题。不是明确教大家做什么，仅仅是启发。”

我们 EMBA 教育发展方向是培养一个高素质的，强竞争性的，具有创新精神的未来国际性精英人才，尤其是领军人才。这些学员不是普通管理层，不是搞一个数量模型分析，也不是搞一个价格报价系统，这个人才要驾驭一个企业，使这个企业朝着高素质、强竞争、创新性的方向发展。“能付得起20多万学费的人一定不是个普通的打工者，他们已经迈过了一个门槛。对于企业高管来说，读EMBA是非常必要的，他们在班级中就有很多合作的机会，赚的钱早已超过学费。”

课程结构设置上要更加务实

对于EMBA课程设置，施建军教授也做过认真的思考。“从我们的管理思想上看，我认为课程结构设置上要更加务实，要领先和超前。”现在工作、生活的节奏很快，知识的更新速度也在加快，资本市场和IT行业的知识更新周期甚至只有五年。“如果我们现在的EMBA课程不去谈金融风暴和金融创新是不对的。我们首先要谈的是什么叫金融海啸，金融创新和金融监管的关系，另外还有创新会不会导致危机，创新有没有过度等一些新的东西。”EMBA的课程紧跟动态形势，要在不断变化的现实中截取最新的案例，结合现实来教育学生。

EMBA教育的课程特别要强调培养创新精神，“EMBA要办出特色，一定要坚持国际标准，不能从头讲到尾。”施建军坚持一天课只讲半天，剩余的时间组织讨论，让学生进行思想的激荡和碰撞。创新是在相互交流、思想碰撞的条件下产生的火花，你一言我一语，思想高度集中，在这样的交流中学生不再是被动的接受者。施建军教授把自己做的管理咨询的案例拿来讨论，比如现金流断流的时候，企业如何应对？一个人很难回答，施建军就循序渐进，先讨论企业现金流断流有哪几种情况，有哪些策略，分别有几个答复，然后有没有企业能够起死回生的招法，这些都是应对的经验，现实性非常强。有的企业家回答问题非常准确，能直接把答案说出来，因为他亲身经历过，有丰富的经验。

增加教学经验的实践

作为EMBA的教师，只是照本宣科是不行的，一定要有丰富的实践经验支撑。解剖和分析过企业，给企业做过案例咨询的教师更受学生的欢迎，他的实践经历本身就是很好的教材，“这就是我经常说的创新的实践性，在外面看和在里面亲身实践做完全不是一个概念，实践性是强调亲身经历性。”从校门到校门，从没到过企业就出来教管理，这样的情况是很危险的。

1997年中国的企业才开始有做管理咨询的意识，施建军是第一批从事管理咨询的大学教师之一。现在他每年都会给一两个大型企业做管理咨询，或者参观日本、美国的一些大型企业。企业咨询主要针对的是企业战略，包括产品战略、市场战略、营销战略，还包括企业形象策划、人力资源状况等。“我们有些教授确实没有直接管理经验，一个企业家通常管理一到两个点，一个管理教授要知道一个面，当然管理学的教师要做更多的管理咨询活动。”

服务外包现在正朝两极化发展。一个极端是自己做不出来的复杂东西外包，另一个是太简单的东西不需要自己去劳动。做适合自己做的事情，这就是我们现在很多产品和产业的思想。管理咨询也是服务外包的一种，对企业不仅有宣传作用、激励作用和规范作用，还有创新作用和价值指导作用。现在的企业都成熟了，他们有好多专业化的东西，做一次就对企业有效益。

咨询就是战略整合，远非动动嘴皮子那么简单，这个过程是个系统的分析过程。首先要设计一二十套调查问卷，从高层到普通员工填写调查问卷；其次是分别座谈，这个过程耗费了大量的时间和精力；最后分成财务组、营销组、人力资源组、战略组、制度设计组、上市策划组等细化工作流程，每个组都有自己担任的目标。有时候为了得出一两个关键的数据，需要大量的调查总结，是个劳心费神的事情，但是施建军教授每次都一丝不苟地完成。“我每到一处，就像喇嘛摸人头，见人就开光。”每次给企业做过管理咨询后，企业年利润马上就上升，甚至从原来的二三十万上升到上千万。

哈佛著名经济学家约瑟夫·熊彼特说：“我知道，仅仅靠著作和理论被人记住是不够的。一个人是改变不了任何东西的，除非他能够使人们的生活发生变化。”这一观念正是施建军教授思考其生活和工作的重要部分。

管理咨询的过程中也会遇到一些障碍，“财务是我们做咨询中难度最大的问题，一般企业的财务秘密是不会轻易让你了解的，而这个会影响我们的分析判断。”还有一个影响咨询效果的是企业家无法判断咨询结果是否正确，他们是不是应该照做。“我们做的管理咨询听听都有道理，有些人也未必能听得懂。企业家他们都有独立的思想，不是言听计从。我们只是一个咨询建议。”企业家对咨询结果的风险性不能把握，也就是能不能赚到钱。不过根据统计，大多数企业还是从这个过程中收到了成效，明显改善了企业的管理，提高了管理的标准化、规范化，制度进一步增强等，还是有一些好处的。

施建军教授参加过“点评苏商”节目的摄制，“我有时间尽量参加，就像他们把菜都做好了，就等你去享用点评。”每一个苏商都是一本书，他的创业史和企业创新案例都很值得去思考和研究分析。平时教学和教务繁忙，施建军教授没有那么多时间跟各行各业的人打交道，不能仔细了解企业家的苦乐甘甜，但是通过做这个点评可以看到每个创业者的故事，了解他们成功的原因、企业经济效益和社会效益。从横向看，每个苏商都是一个可以借鉴的案例，从纵向看，它是一个横截面的数据库，它给我们的是一个时代的群像。“不通过大型的访谈节目是不会讲到一些痛苦的创业过程的，所以我觉得这个对做大型管理案例的教师是很有帮助的。”

大学里的管理学教授，受到正规训练的越来越多，关注管理实践前沿的亦不在少数，学术研究和知识创新的风气更是日益浓厚，大学里依然有原创理论的土壤。随着中国企业的不断崛起和发展，管理学理论也会在中国有长足的发展。“生活即教育，社会即学校，教、学、做合一。”施建军教授正在努力地践行着陶行知的名言，在知与行之间往返，每一次到达彼岸都使他对管理学的认识上一个台阶，也正是在这样的往返中，他成为中国管理学教师的一代楷模。

访谈：对外经贸大学校长施建军谈高校人才培养*

□ 记者　史雅乔　熊旭

一个大学校长要有非常清醒的认识，就是正确区分党政权力、行政权力、学术权力、民主权力这四个权力之间的关系，科学配置在大学里面的位置，保证和弘扬学术权力成为大学的主导精神。

2012 年 3 月 30 日，对外经济贸易大学校长施建军做客人民网，以人才培养和高校发展为题与网友进行在线交流。以下为本次访谈实录：

主持人：各位网友大家好，欢迎收看本期人民网教育频道高校校长系列访谈。今天我们很荣幸邀请到了对外经济贸易大学施建军校长。施校长您好，首先请您和广大网友打个招呼。

---

* 本文于 2012 年 3 月 30 日载于人民网，http://edu.people.com.cn/n/2014/0821/c387948 - 25513825.html。

施建军：各位网友大家好，我是对外经济贸易大学校长施建军。

主持人：首先特别高兴施校长来人民网接受访谈。我们注意到您任对外经济贸易大学的校长已经有两年多的时间了。您能不能简单跟我们谈一谈您眼中的对外经济贸易大学是一个什么样的学校？它有什么特别吸引您的地方呢？

施建军：对外经济贸易大学应该说是为中国对外开放事业而诞生的一所大学，创立于1951年。在1951年的时候，当时新中国刚解放不久，百废待兴，尤其是外贸事业奇缺人才，国家就考虑成立对外贸易部，但还缺少一所大学，立即就组建一所以北京为首的培养外经贸事业人才的这样一个摇篮。所以，60多年来，在这样一个指导思想下，我们培养了大批涉外型人才，为中国经贸事业的发展作出了贡献，特别是为国家开放型经济战略提供了智力支撑，打下了人力资源基础，也服务于外经贸部。我们当时是外经贸部下属的大学，2000年教育机构调整时，从外经贸部划转教育部直属，是全国“211”直属重点大学。

我们学校培养的是走向国际的经贸人才。我们学校有一句话，只要人类有经济活动的地方，只要有中国人的经济活动，就有对外经济贸易大学的身影。我出国有好多次了，每一次都没有让我失望，都会碰到对外经济贸易大学校友活跃于全世界、中国经济的各个领域和各条战线。我们有很多具体的例子，比如说在苏丹发生28个人被劫持事件当中，其中翻译就是对外经济贸易大学毕业的，他叫孙世伟，网上称为“淡定哥”，他在这次活动中起到非常大的作用，把整个团队安全地带回国。这样一个事情，一是反映只要有经济活动的地方，就有对外经济贸易大学的学生；二是我们在国际经贸前沿，作出了自己应有的贡献。这使我非常感兴趣，这样一所大学，培养的人，能够走向世界，参与国际竞争，他们有国际视野，有国际竞争能力，这是为中国在整个经济全球化背景下参与国际竞争所做的一个人才队伍的支撑，所以我特别欣赏我们学校的学生培养目标。也就是说，我们立志于要让中华民族自立于世界民族之林，我小时候就觉得这是一个很崇高的目标。中国人能够为国争光，能够在世界上给中华民族或者给中国人做一点自己应该做的事情。我们培养的学生主要是走向国际，大概有 50%~60% 的毕业生活跃在国际舞台上，所以经贸大学是中国非常有特色的一所大学，它是培养中国国际经贸事业的人才摇篮，也是国家外经贸事业的思想库和智囊库，为中国开放事业作出了贡献。

主持人：看来国家的经济发展必定是离不开贸易的。那么，从对外经济贸易大学培养人才来看，也是对国家的经济发展作出了巨大的贡献。我们知道对外经济贸易大学有一个特别有意思的称号，叫做“高校中的瑞士”，您能否给我们谈一谈这个称号的意义？或者说它的起源典故是什么呢？

施建军：“高校中的瑞士”是对我们的一个戏称或者是一个说法，这个说法反映出当时办学的一个指导思想。应该说，整个六十多年办学历史中，我们始终坚持办精品大学、特色大学，控制规模，走内涵发展、特色发展和现代化发展之路。这就相当于瑞士，瑞士的特点是国家很小，人比较富裕，有特色，不张扬，有一个很和平、和谐的社会状态。

我们很希望变成“高校中的瑞士”，主要强调：

第一，我们不追求规模。对外经济贸易大学现在共有约 15 000 名学生，8 000 名左右中国本科生，2 000 名左右外国本科生。本科生一共有 10 000 名左右，硕士、博士加起来是五千多名，一共是 15 000 名左右住校学生，当然再加上继续教育和其他的学生，我们可能人数会达到四万多。学校基本维持着这种办学规模，没有大扩张。我们在北京的三环边上，五百多亩土地，容纳率也有限，这个容纳率也是土地集约率产出效益，学校位于这么好的地段，一定要培养精英人才。

第二，办精品大学。我们虽然不追求规模，但是我们追求高质量。这个高质量就是精品，精品就是精英，我们培养的是精英人才。所以我们生源的素质要求高，班级的规模不大，注重外语，培养的质量要求高，培养的人才要到国际上去竞争，这是培养一流人才。所以我们讲有一流的人才，给予一流的培养，造就一流的国际经贸人才的目标，就是办精品。

第三，办特色大学。我们的办学特色就是与国际化对接。我们不是办一般性的大学，我们与一般性的大学是有区别性的，有差异性的，我们认为办一所大学一定要有特色。对外经济贸易大学的特色是什么呢？就是国际化。国际化是我校的立校之本、特色之源、发展之路。

以上是对我校作为“高校中的瑞士”的解释。我们学校是为中国的开放事业，为中国走向国际而诞生的一所大学，所以我们的立校之本就是国际化，我们坚持国际化的方向。我们的特色区别于一般的其他学校，比如财经类高校、政法类高校、外语类高校，我们把这些学科交叉起来，学生外语好、外贸好、法律好，把这三个工具复合起来，我们培养的学生到国际上懂经贸、懂法律、懂外语，这三个工具做国际经贸显然具有较强的竞争力。所以，我们是一所有特色的大学。办特色大学，走特色之路，使大学的定位更加清晰，在百花园中它是一朵奇葩，虽然它不一定那么闪亮，荣华富贵，特别位高权重，它默默无闻，但它是有特色的、高水平的。

主持人：大家一眼就能从百花丛中认出它来。

施建军：对，一般一看这个大学就知道非常有特色，所以现在我们的报考人数还是非常多的，高考录取分数去年我们是北京第四，文、理科都是第四，仅次于北大、清华、人大。所以，我们这样一所学校，由于特色定位得到了社会广泛认可，读经贸、国际性法律、国际保险、国际商学院，就上对外经济贸易大学，考生和家长已形成这样的概念。

主持人：国际化的特点也是间接地呼应了学校的名字——对外经济贸易大学。现在就业率是大家特别关注的事情，我也注意到，对外经济贸易大学毕业生的就业率一直是很高的，您能跟我们谈一谈这方面的情况吗？

施建军：对外经济贸易大学应该说有两个特征非常明显，刚才讲到，我们特色办学的定位确定以后，高考招生分数非常高，刚才也讲了我们在全国的招生，基本上处于各省市的前十位，我们综合排名大概在六七名，这是全国大学的排名，我们招收一流的生源，再加上我们有针对性的或者创新性的人才培养模式，使学生的竞争力非常强，深受市场欢迎。经贸大学的学生动手能力比较强，上手能力比较快，思维比较敏捷，专业知识比较扎实，用人单位很喜欢。所以，我们的就业率一直处在中国高校的前列，应该说是名列前茅。

我们当时提出了两个口号：一个是高水平就业，一个是高质量就业。所谓高水平，就是就业的水平要高，我们本科生和研究生的就业率都超过了98%，我们剩下少数人是要出国或者自谋职业的，大部分毕业生到涉外企业、涉外金融机构就业。一些涉外单位，以及一些中国企业走出去，他们需要特殊的人才，所以我们的就业形势非常好。我们有一句话，家长告诉我的，“我们的小孩不是自己找工作的，是工作找他的。”

我们还成立了就业指导中心，对学生的职业生涯设计、就业导向、就业观念进行指导，包括实践基础、创业训练，这些基础知识能够使学生更加深入市场，因为现在大学生培养过程中会出现一些学生好高骛远，不符合实际，总是想有更好的大门。有时候有八个、十个单位让他挑，他说不行，我要挑更好的。他们的就业观念有问题。像我们学校只要不拣不挑，百分之百就业是没有问题的。现在存在就业观念、就业指导的问题。总之，我们学校的就业状况是非常好的。前不久有一个调查，大家在网上也会看到，一是不同高校毕业一年的职场新人的薪水水平在各大学之间的排序，我们学校是名列前茅的。二是通过网上调查，高校毕业生就业以后，个人的满意率（个人觉得很满意，这个满意率也是很重要的评价，是学生对自我工作状态的一个评价），也是名列前茅的。三是用人单位对毕业生进入本单位的满意状态，网上调查显示我校也是很高的。所以从这三个指标来看，我们就业的学生，他的就业具有竞争力，社会是满意的，个人是满意的，然后薪水也是比较高的。

所以，在这样一个状况下，我们的就业状况应该说还是很好的。这充分反映我们的生源好，培养质量高，培养模式合适，专业方向合适，我们有很多措施来提高学生的就业竞争力。比如最近发生的在苏丹遭劫持的孙世伟同学，他是刚刚毕业一年，他有两个学位，是双学位学生，或者叫主修学位和辅修学位学生，他的主修学位是阿拉伯语，辅修学位是会计学。凭借这两个学位，他到公司主要工作是做会计、做财务，外语只是手段。这样两个职业资格和专业学位，就为他参与市场竞争提供了更好的条件。这就是我们对学生强调的要复合知识，多一种手段来参与市场竞争，提高竞争能力。

主持人：可以看到我们对外经济贸易大学的毕业生是走在了咱们国家对外经贸的第一线，包括像您刚才说的“淡定哥”也是这样的。近些年来研究生扩招得很厉害，我想请问您，对外经济贸易大学的研究生培养，会不会根据社会的需要做一些类似定向培养的高等人才研究生培养呢？

施建军：研究生的培养模式，我们也有一部分定制。现在研究生培养从两个方向在分化，根据教育部的研究，全世界的硕士学位和博士学位，当然博士学位少一些，分化为科学学位和专业学位这两个方向。我们在研究生大扩招的过程中也发现科学学位的学生是一个定量，不需要那么多，达到一定比例，稳定就够了。社会上做科学研究的毕竟是少数人，大部分人应该走另外一条路，这就是具有动手能力、应用能力、技能型、操作型专业人才的培养。我们过去很忽视后者的培养，把科学当作唯一途径，所有的硕士、博士都是科学学位，现在教育部已经开始调整，我们也计划调整到50%以上的硕士生是专业学位的学生。我们根据教育部的安排，也根据我们学校应用型人才的特点，正在走人才模式的分类和改革模式的探索之路。这两类完全不一样，一类是科学硕士，我们按照科学的学术素养、学术精神以及学术创造力，去培养一些在学术领域有所创建的科学硕士。另外一部分人，目前超过50%的学生，将来会增大这一部分，他们可能是会计师、工商管理硕士、高级工商管理硕士、保险、审计、金融、国际商务甚至翻译这样一些专业人才，他们都有社会应用方向，有特定的岗位需求，经专业训练以后，直接就可以担任高层次的管理和应用人才。所以，对这部分学生，我们现在正在给他们设定新的培养模式和培养标准，区别于科学硕士。虽然都是硕士毕业，但是专业硕士可能会增加很多应用型的课程。

举个例子，读金融的话，可能搞资本市场，要去炒股，炒期货。在炒股票、购买基金、炒期货的过程中，一炒就输，你肯定不是一流的动手人才，你背了很多书，有很多专业知识，但上场就不行。我们现在要培养一批人上场要行，也有专业知识，但是专业知识不是专业研究知识，是专业应用知识，更多的是他们的动手操作能力，上去之后要能够担任基金经理，要科学选股，在市场搏击中获得较好的业绩，这是动手能力的培养，这是金融专业硕士的培养，使他们在资本市场有操作能力，并且有竞争能力。如果我们培养的科学硕士，书很会读，文章也能写，也有思想，结果一上场炒股就输，一上场就亏本，那肯定不是我们的培养方向。我们要培养一批能够动手，有操作能力，有实战能力的应用型人才，商界如此，法律界亦如此。法律专业硕士要去做律师，而不是写文章，讨论法理，更多的要去实战。目前我们有 10 个专业硕士学科方向，我来的时候有 3 个，现在增加到 10 个，目的是扩大这个领域。我想这是符合社会需要的。我们有一大批应用型、专业型、技能型人才是高层次的，能够服务社会的应用型方向，极大提高我们未来人才的竞争力，这是人才结构的调整，也是人才模式的变化，还有很多内容需要变化。比如，我们的教师可能不够，因为应用型人才需要“双师”型教师，从社会上聘请一大批有丰富实践经验的管理专家，来充实到我们教师队伍中来，任理论教师和实践教师。一个学生可能有两个导师，一个是学校里的导师，一个是外面实践的导师，他们共同来指导一个硕士生，使他有丰富的实践经验。这也是我们目前正在尝试的人才培养模式的改革。

主持人：我能不能这样理解，科学方面的硕士也好、博士也好，或者更高级别的学位也好，他们可能更注重于理论方面的研究。您刚才提到应用型的人才，可能更注重于实践方面的培养，也是咱们对外经贸大学理论和实践结合的一种特别好的体现。

施建军：对。我们过去科学硕士也讲应用，但少。我们现在等于这个应用的面扩大了，就是仅仅把科学作为基础，打好基础的前提下，大量的实践用于应用型知识的培训，这个过去比较忽视，将来对我们培养的学生参与竞争会更有好处。

主持人：所以说您培养方式的调整间接促进了对外经济贸易大学毕业生的高就业率。刚才我听您提到“双师”，从社会上邀请已经就业的高级管理人才或者是商业方面的高管，请他们过来，然后对研究生做一些培养。那么，这就涉及对外经济贸易大学教师队伍的建设，我发现这也是一个亮点，您能跟我们谈一下关于我们学校教师队伍的建设吗？

施建军：教师队伍是大学的根本，因为培养学生主要是靠教师，所以教师是大学的基础和根本。一所好的大学，最重要的是要有好的师资。有一流的师资，就有一流的大学，这是毫无疑问的。所以师资的水平就决定了大学的水平。我们全校在人力资源开发上，提出了人才强校的理念，强调人力资源是第一资源，大学的发展主要靠人力资源。所以，我们的指导思想是，建立师德高尚、业务精湛、结构合理、精干高效的高校师资队伍。

我们的师资队伍，首先，要讲品德，一个合格的师资队伍，品德要好。师德师风的建设对一所学校很重要，必须要有良好的职业道德，必须有良好的师者。我们要教育学生，不造假，不抄袭，不做学风不正的行为。对师德我们要有一个正确的要求，我们在学校实行“师德一票否决制”。如果教师学术不端或者有学术造假，我们在职称评审等很多方面一票否决，并且日常发现一起，就查处一起，要净化学校的师风，这对高等教育非常重要。

其次，培养一支素质优良、专业技术知识精湛的高素质队伍，我们把他叫学科带头人或者学术领头人。这些学术带头人或者团队精英是师资里面非常重要的力量。一个大学，实际上是大师加团队的合作：大师就是领航的，他把握了学术方向、学术前沿；团队，就是在大师的引导下，能够围绕这个学科方向技术攻关。所以，我们建立这样一支队伍，树立大师加团队的指导思想，形成一个有效的合力来提升学科建设和整体建设水平。一所大学光靠少数人是不行的，要靠团队，只有在团队合作的基础上，我们才可能体现出大学办学的思想。我们不仅注重教师业务水平提高，同时还提倡教师要有创新性的思想。大学教师需要有批判性思维，有激发学习兴趣，有探索性、启发性的教育教学方法，不断地激励学生，共同探索社会规律和自然规律。所以，整体上讲，师资队伍对我们来说非常重要。刚才谈到我们的师资队伍以学校教师为主，大部分都具有博士学位，有硕士学位的教师占 70%，基本达到了教师的科学素养的要求。一般经过博士学位的培养，就具备了一个完整的科学研究全过程的训练，这对于一个大学教师是非常重要的，只有这样他才成为一名合格的大学教师，才具有科学的研究的基础。那种认为博士毕业就是写一篇论文的观点是不对的。现在大学教师，应该说基本具备了科学研究素质，但缺少实践。我们讲知识、能力、经验是一个大学教师必备的三大基本素质。首先，要有宽厚的基础；其次，要有分析问题、解决问题的能力，以及动手和应用能力；最后，在某个专业领域，还需要长期积累，形成一定的经验。社会科学，特别是在对外经贸以及商战当中，经验非常重要，需要积累。比如无论投资、创业，或是咨询、诊断一个企业，都需要拥有丰富的经验为背景。所以，这些是一个大学教师必备的素质。

另外一部分教师就必须从社会上来，因为学校里的教师往往不具备经验。有人经常提一个很有挑战的问题，就是教企业管理、教企业家的教师，并没有管理过企业，凭什么教企业家，企业家天天在管企业，还要这种教师来教吗？这个问题很具有挑战性。为什么大学教师教高级工商管理人才，教MBA学生，就是因为他们有科学知识，他们有理论知识储备，但是他们的经验不一定比学生强，我们要引进社会上的管理精英，这些人有实战经验，比如我们请著名的企业家给工商管理专业学生来上课，他们有丰富的实战经验和学生交流，这个“双师”就是这样形成的，互帮互补。有一部分人是高管，或者是社会精英，他们是资本市场的炒手，他们在管理上有丰富的经验，他们在某个行业积累了丰富的经验，他们和学生进行互动，然后学生之间再互动。因为他们都是管理人员、企业家，这样就提高了学生三个方面的能力，我们打好学生的基础，增加学生的能力，然后提供给他们经验，这样培养的学生，将来会有竞争力。

所以我们特别提倡教师的转型。教师有两个能力，第一是自学知识的能力。一个好的教师，他不是老师教的，大学毕业十年以后，他的专业知识、理论知识，随着社会的进步被逐步淘汰。知识淘汰以后，他怎么去教学生呢？他就要有自学能力，不断更新知识的能力，不断创新知识的能力。一个大学教师，严格说来，他离开学校越久，自学知识越多，都是不断更新的，而不是原来大学学到的。拿着一个发黄的教材教一辈子肯定不行的。每隔十年，知识都在更新，有没有自学能力很重要。

第二是实践能力，这也是非常重要的。为什么讲转型呢？因为教师需要到实践中去。对外经贸大学过去的教师50%有海外工作或者学习的经历，有海外经商的经历，他们在经商处、海关等一线做两到三年，积累了丰富的知识和经验，然后再回来上课。这样的教师，他的阅历就广了。比如教语言的，一定要在国外呆很长时间，他的故事、数字、资料信手拈来，如果没有国外生活的经历，没有知识背景，光是靠书本去教学生，肯定教不出一流的。我们现在强调教师的两个能力，就是自学知识能力、实践动手能力。所以，我们主张教师一定要到实践岗位上锻炼一段时间。培养复合型人才，教师首先要转型，不要认为博士生满腹知识就能教好学生，未必，有些博士生还要在实践中磨练。在实践中学习，在书本中学习，不断更新，这才是好的教师。我们在这方面花了很大的精力，培养能够为外经贸事业的知识创新和科学研究提供智囊库、思想库的实践型人才。

主持人：有实战经验的教师在讲起课的时候，理论和实例结合，课讲得非常生动，学生也爱听。现在中国大学有一个特别显著的问题，就是行政治校，高校“去行政化”也是最近比较热门的一个话题，我想请问咱们对外经济贸易大学关于“去行政化”有什么特殊的举措？或者说施校长怎样看待学术和行政之间的关系呢？

施建军：这个题目非常复杂，也是大家热议的一个重要话题。因为在中国的整个大体制下，“去行政化”的问题一直是高等学校面临的一个非常痛苦却又是前进方向中的一个期盼。大学本身是学术的殿堂，是学术精英创造学术知识、传播学术知识、继承学术知识、推广学术知识的一个殿堂；它是培养人才、科学研究、服务社会、文化传承与创新这样一些综合功能体现的地方，因此，大学应该学术至上。只有学术至上，才能百花齐放、百家争鸣。所以要坚定不移地弘扬大学的学术精神，它是大学的脊梁骨，是主干精神。科学精神、民族精神、自由探索的精神，是大学的灵魂和文化。但是，在中国官本位的体制结构下，导致大学分成不同级别，如厅局级大学、副部级大学，这就形成大学管理上也按照相应的级别进行行政管理，包括人员的配置，等等。我认为，大学校长作为大学管理者，本身应该都是一样的。但是这些行政级别延伸到学校，学校里面就会有各种“长”，这种“长”又形成了大学里面行政的一套体系，形成了大学里面的行政权力和学术权力的冲突，这是现在大学“去行政化”的一个比较棘手的问题，而不是简单的大学取消级别的问题。有的人讲“去行政化”就是大学取消级别，不是这么简单，它实际上是行政权力和学术权力的冲突，以及行政权力对学术权力的干扰问题。

什么叫学术权力呢？学术权力崇尚学术精神，由学术带头人或者是教授们来评分，他们能够有效分配学术资源，能够进行科学的学术评价，能够把握学术方向，坚持学术导向，最后对学术的成果给予鉴定，对不端学术行为给予批评和抨击，甚至给予惩处，这些都属于学术权力。学术权力如果被行政权力侵蚀了，就导致大学不像大学，导致大学的创新精神下降，导致大学很多东西不按规律办事。大学的规律是什么规律？就是学术规律，崇尚学术、遵从学术的规律。行政权力冲击它以后，它变成一个不像做学术的地方，这样就影响创新能力，影响大学出学术成果，影响培养创新型大师，因为不是学术至上。

我们前面讲过，中国在“去行政化”上步履艰难，因为我观察到中国一些大学教授，他们不在学术上谋求发展，成为一个让世人景仰的教授，而是热衷于当处长，甚至争着去当，我认为这是中国大学的悲哀。我也在报纸上呼吁，希望我们的教师，要有学术上的人格魅力，要崇尚学术，要为自己的学术自由、学术成果感到骄傲和自豪，不一定去追求行政职务。当然组织如果需要，确实没有办法，你可以去履行行政职务，总的来讲还是要把学术做好。我在学校里面讲，我们要取消行政级别，目前还步履艰难，因为受制于整个社会体制，不可能马上做到，但是我们要尽可能减少行政权力对学术权力的影响甚至干扰，让学术权力充分发挥作用。不该建的委员会应该减少，让更多的教授（我一来就逐步增加）进入学术委员会，更多的教授进入教授委员会，减少行政人员比例，逐步减少。当然，这个事情不能做得太过激，因为太过激以后，可能体制一时适应不了。我们要考虑渐进式的模式，但是大方向要让学术权力主导学校，这是大学未来的一个方向，尤其是高水平大学。要想办世界一流大学，如果没有这种学术至上精神，没有这种学术氛围，不可能成为世界一流大学，只能办二流、三流学校。因为太多的学术权力、学术自由没有得到充分的张扬和发挥，科学精神没有得到发挥，而用很多行政权力分配学术资源，冲击学术评价，导致学术评价的不端行为比比皆是。所以，我觉得一个大学校长要有非常清醒的认识，就是正确区分党政权力、行政权力、学术权力、民主权力这四个权力之间的关系，科学配置在大学里面的位置，保证和弘扬学术权力成为大学的主导精神，我想这是一个高水平大学必须要具备的。

主持人：大学作为高等教育的场所，学术是它的根本。那么“去行政化”也是像您刚才说的，受大环境的影响，肯定不可能激进地说是“一刀切”也好，或者是怎么样也好，就把它“去行政化”了，有一个循序渐进的过程。最近澳大利亚的悉尼大学宣布说他们开始接受认可国内的高考成绩来录取留学生，那么您认为这个政策会不会对对外经贸大学招生有一个冲击影响呢？咱们又是怎样应对的呢？

施建军：这个问题，实际上一直是有的，只不过现在公开一点了。我认为不会对我们产生很大的冲击，它只是一个间接影响。其实中国的一部分优秀学生，尤其像我们这样生源的学校，本身他们的外语很好，很多人也自己出国学习。出国学习或者国内学习，我觉得都是人才成才的不同途径，都是提高人才培养质量的途径和手段。所以，不一定出国学习就好，也不一定在国内学习就差。所以，跟国外大学相比，我们是敢于竞争的，我有充分的信心。在对外经济贸易大学的学科领域里，我们敢于说，我们是力争世界高水平大学的目标。我们在培养学生的质量、培养学生的规格、培养学生的水平上，我们是高水平要求的。换句话来讲，我们的毕业生，比如本科毕业生，到世界一流大学，如哈佛、耶鲁、牛津去学习，都不输于它们培养的学生。所以，一些中国的大学，虽然不是中国所有的大学，但至少是中国名列前茅的一批大学，他们的毕业生到世界上是敢于参与竞争的。从这个意义上讲，中国培养的大学生不比国外差，不一定到国外学习就好于在国内学习。但是有些学科，比如说自然科学的有些学科，它的设备条件比我们好，这时候去学习可能要好得多。但是对于人文社会科学来说，未必比在国内学习更好。如果一个人衔接得好，在中国学一段时间，到国外学一段时间，衔接起来，既有国际眼光，又能立足国内，这样的人才更具有竞争性。倒不是说在国外的人不了解国内，国内的人不了解国外，这两者之间互不沟通的话，这个人才不是真正有竞争力的人才。所以，我们不惧怕国外大学跟我们竞争，我相信我们的生源质量不会下降。当然，我也欢迎一部分优秀的学生去国外大学学习，我们也欢送，这不会造成重大的影响，只是有一点点小的影响，总体不影响生源质量的。

主持人：现在大部分在校大学生都是“90后”，他们有些对于咱们国家一直提倡、宣讲的雷锋精神，理解并不是特别透彻，或者对这个没有概念。那么，您认为对于现在的大学生来讲，怎么让他们了解、让他们去实施并且发扬这种时代的雷锋精神呢？

施建军：雷锋精神对于“90后”的大学生是陌生了一点，这种陌生感应该说跟我们的宣传有关系。像我们这一代人都是在雷锋精神的宣传教育下长大的，因此对雷锋的故事、雷锋的精神应该说是脑子里印象非常深刻的。随着社会的发展，改革开放的深化，现在雷锋精神在“90后”的大学生看来确实很淡漠。

雷锋精神有一些基本的价值体系，比如说爱国、爱党、敬业、助人为乐、无私奉献、毫不利己、专门利人；有强烈的学习愿望和钉子精神，挤出时间来学习，如饥似渴地去学习专业知识；艰苦朴素，帮助他人。当时这些优良品质集中的一个典范就是雷锋精神，所以雷锋的故事、雷锋的精神宣扬了当时提倡的一种价值体系。这种价值体系就是做人、做事认真，以及做先进、做典型、做优秀人物应该具备的综合素质。应该说雷锋精神弘扬了一个时代精神，这个时代精神就是把我们过去很多价值体系的东西，通过雷锋这个典型人物发扬出来，老百姓通过栩栩如生的人物来了解到什么是对的，什么是错的，什么是光荣的，什么是可耻的，以及应该弘扬什么。

最近我们也在宣传社会主义核心价值体系。我们讲雷锋精神要与时俱进，这个与时俱进就是把现在的社会主义核心价值体系和雷锋精神相结合，体现在当代大学生的价值体系当中。实事求是地讲，我作为大学校长，一直担心在大学教育里失去德育教育，失去育人的教育。把大学教育认为仅仅是传授知识，这是一个绝对错误的观点。大学生在大学里不是仅仅读书的，更重要的是育人的教育，因为育人比传授知识更重要。在这方面我们要弘扬社会主义核心价值体系在整个教育中的作用。因为社会主义核心价值体系，第一是马克思主义指导思想。第二是中国特色社会主义发展之路。中国特色社会主义体系的理论和实践是一个博大精深的体系，它反映出国家的改革开放、国家综合实力的提高、生产结构的变化以及人民生活改善等。第三是改革开放的时代精神。改革开放提高了综合国力，我们的人均GDP由起步时的几百美元提高到去年的4 700美元，中国现在是世界第二大经济体，进出口总额居世界第二位，这些都是非常了不起的成就，改革开放给中国带来了巨大的生产力，同时也加快了社会进步，这些应该让年轻学子有所了解。

第四是民族精神。民族精神就是一个人要爱国，民族精神是走向世界的前提，这也是我们当代大学生亟需加强的爱国主义教育。每一个大学生都应该把国家利益和个人利益结合起来，把民族利益和自身的发展结合起来，这样才能在国家和民族的发展中找到自己的定位，找到自己为国争光的价值形态。

第五是社会主义荣辱观。荣辱观也是社会主义核心价值体系的一部分，它包括什么是对的，什么是错的，这都是当代大学生应有的基本的价值判断。把社会主义价值体系和雷锋精神相结合，融合为一体，提高大学生的道德观念，加强对他们的道德教育。

其实大学最缺乏的、目前做得最不够的，应该是道德教育。在社会主义市场经济冲击下，人与人的关系，日益变成金钱关系，人与人之间的关系越来越冷漠，助人为乐越来越少。如报道中一辆汽车轧着小女孩悦悦，那么多人看着却无动于衷，这种现象让人很气愤，不知里面有没有大学生。为什么助人的事迹没有了呢？助人为乐精神去哪儿了？这让我们意识到我们培养的大学生一定要有爱国主义，要有时代感，要有助人为乐精神，要有荣辱观，要有正确的价值判断，这样才能把雷锋精神融合起来。

最近我们学校也在进行“学习和弘扬雷锋精神，做新时代的大学生”的大讨论，做了很多实践。比如我们给留学生讲雷锋的故事，因为我校留学生很多，有三千多名留学生，我们把雷锋的精神讲给他们，在交流中也提升自己的素质。跟他们讲讲什么叫雷锋，中国人为什么学雷锋，跟留学生进行交流，也让他们做了一些义务劳动，帮助孤残老人等活动。我觉得大学生参加一次，就会对他们的思想有升华，做一天志愿者，做一天义务劳动，到孤儿院、小学去做一次助人为乐的活动，思想一定会受到一次洗涤。我觉得这种道德教育是潜移默化的，要慢慢逐步形成，知道什么是对，什么是错。所以我想当代的雷锋精神宣讲教育，对于"90后"的大学生来讲非常重要，还要加强。虽然我们做了一些工作，如学校网站做了一些宣传，但还不够，还要继续升华。

主持人：非常感谢施校长在百忙之中来参加我们的访谈，也欢迎施校长下次再来人民网。各位网友，今天的访谈到这里就结束了，感谢大家的收看与关注。我们下期再见。

我加1度，让你烧开*

□ 记者　王年华

施建军把“培养国际化、创新型的未来工商管理精英人才”的对外经贸大学EMBA教育比作水壶——“倒进来的水已经烧到99度，我们就再加1度。”

2010年7月12日，在北京进行国事访问的阿根廷总统克里斯蒂娜·费尔南德斯·德基什内尔来到对外经济贸易大学。进入校园，她对校长施建军说的第一句话是：你的学校很国际化啊。

60周年校庆，施建军在这个国际化的校园礼堂里，身着唐装，一首《中国人》唱得体育场的人群疯狂了——平日西装革履，除了讲话、授课的校长，还会唱歌，虽然是“忽忽悠悠”唱完的，这也让学校近3 000名外国师生体会到了这所大学自上而下的开放理念。

一个校长的办学理念是引领学校发展的核心价值观。对施

---

* 本文于2013年5月10日载于《南方人物周刊》第14期。

建军校长而言，他所认同的大学文化是“独立的大学精神，自由的学术思想”。在他看来，大学文化包括民主、自由、诚信、创新和宽容。

自2009年来到对外经济贸易大学，施建军的办公室外就只设一名秘书，校内人员可以随便进出，谈办学，要政策，拉家常。他的那张沙发上，坐过被授予名誉博士的政治人物，也躺过因历史疑难问题前来要求解决待遇问题的上访者。

这位做过悉尼大学、拉筹伯大学“影子校长”的中国新一代大学校长，认为自己从事的是一份“苦差事”：一位优秀的大学校长“首先得是一个科学家，要有一流的科研成果，然后是教育家，懂得教育规律，当然还必须是政治家，要保证国家意志在高等学校的有效实施，要确保大学的稳定发展，要坚持大学正确的办学方向。最重要的还得是个社会活动家，做个手捧金饭碗要饭的人。”施建军担任了14年南京大学副校长，领导南京大学基金会筹得数亿社会捐助资金。来对外经贸大学三年，通过学校基金会为学校募得捐款超过亿元。他说：“一个校长搞不到发展资源，就是对大学的失职。”

作为首批获得EMBA办学资质的大学之一，施建军来到对外经贸大学后，鼓励探索教育教学改革，主张加大案例式、实践型教学。课堂上，要允许学生独立思考，独立表达自己的学术见解，让创新性思想能飞翔起来。“敢于和权威叫板，敢于不信书，不唯书，不唯上，只唯实。”

作为中国管理教育特殊而不可分割的一部分，EMBA教育自进入中国十年以来，一直都是在成就和问题中“摸着石头过河”。在获得国际认可的同时，中国EMBA应该保持理性的态度，在本土化和国际化交替发展的过程中找到自己的定位，“我们不能规模性急剧扩张，应该科学发展，内涵发展，质量性发展。”施建军把“培养国际化、创新型的未来工商管理精英人才”的对外经贸大学 EMBA 教育比作水壶——“倒进来的水已经烧到 99 度，我们就再加 1 度。”

人物周刊： EMBA 教育在中国已开展十年，发展如何，现在更多人将 EMBA 教育理解成为学员搭建沟通和交流的平台，扩大其社交人脉的范围，比学习和传授理论知识更重要，这种理解是否偏颇？

施建军： 实际上，EMBA 教育两个目的都有。我们知道，对于一位优秀的企业家，EQ 和 IQ 同等重要。有一些人，习惯把看似重要的某一部分夸大，实际上，两手都要抓。实事求是地讲，EMBA 学生 70% 还是坚持把读 EMBA 当成一个求知的机会，坚持来上课，在知识和能力训练中获取快乐。因为大部分 EMBA 知识不是纯粹讲理论，而是讲实战，讲案例。

有的 EMBA 学生没有足够的时间学习，经常旷课，导致最后自动流失，说明他没有能力完成学业。管好一个企业，当好一个优秀的企业管理者，要学会做例外管理，日常工作不用你具体管，你就踏踏实实地学习、思考、为企业发展出点子。一次上课出去接 N 次手机的人，说明他没有管好企业，也难以完成学业，慢慢都会被淘汰。

人物周刊： 社会上有一种看法是：EMBA 校友会和同学会已经沦为名利场和官商关系网。

施建军： 现在社会注重的是企业家社会资本，企业家网络。读 EMBA 可以让他们构成一个社交网络、相互交流的平台，找到一个产业合作的机遇。单个企业家只是打拼个人企业，他是有限的“点空间”，通过 EMBA 就变成一个“面空间”，形成一个企业家群体，这个群体或多或少有交叉，有各种平台的机会交流。对他们社会资源的整合，社会网络的形成，社会资本的积累都有利。我们反对将同学会变味。我们希望企业家在利用社会网络为企业逐利的过程中，更多地要兼顾社会责任。在实际教学过程中，EMBA 教育也需要更多地把社会价值、社会责任感灌输给学生，最终实现企业与社会共赢的结果。

现在有人将 EMBA 理解为富人俱乐部。一个“王石事件”就把 EMBA 搞崩溃了。其实像这样的事情，仅仅是小概率事件，不占主流。好的 EMBA 教育一定是使企业家终身受益的教育。

人物周刊：你在谈话中经常提到国际化。请解释一下现在的国际商学院和商学院国际化的区别。

施建军：一开始，大家比较注重外表“国际化”：将各类专业和课程冠以国际会计、国际统计、国际经济学、国际贸易、国际金融，以为什么课程都加“国际”两字，就是国际化商学院了，这是浅层次的国际化。哈佛大学的商学院不叫国际商学院，就叫商学院，但它是典型的国际化商学院。而我们整天为了国际化而国际化，说明我们太内向。等有一天我们完全国际化后，还会提国际化吗？当你发现打开企业大门，门外的竞争对手全是海外公司时，人们还把国际化当口号吗？表层的、外在的国际化已远远不够了，需要从骨子里面国际化——教材的国际化、师资的国际化、国际合作科研、国际发表、国际专业认证，等等。商学院的国际化需要做的内容太多了，就是从里到外，彻头彻尾的国际化的办学理念。

人物周刊：在国内众多商学院中，对外经贸大学如何做出国际化的特色？

施建军：对外经济贸易大学首先是对外、涉外、开放的。就像我校 EMBA 教育的广告语：对外，对未来。我常跟学生说：在国内竞争不算本事，有本领，你们到国际上竞争，挣老外的钱。我校 EMBA 的成功，就是培养能够在国际市场上具有国际视野，能够通晓国际规则，能够参与国际竞争，并且在竞争中获胜的人。未来在世界上，最具有挑战力的是创新和创业人才，他们是和平时期的英雄。有人说，商学院是企业家摇篮，我不太同意。但 EMBA 学员本身就是企业管理者，我们一定会把他们打造成更有竞争力的创新型企业家，这是我们的办学目标。

人物周刊：我们注意到，在一档访谈节目中，你用钱来衡量学生的成功，引起很大争议。当时的出发点是什么？

施建军：我当时针对的特定对象是 EMBA 学生，不是对所有大学生。读 EMBA 的学生基本都是做企业的，做企业就是要赚钱，企业家不逐利，我真不知道他们要做什么。从这个意义上讲，我说赚钱多少是衡量 EMBA 学生的成功标志。同时，我还说，钱只是衡量企业家价值实现的一个尺度，重要的是做人的成功，大成在德，小成在智。而企业家德行修炼的内容就多了：诚信、坚韧、谦卑、包容、宽厚、良好的人际关系等，这些都是企业家德行修炼的结果。因为德行不容易衡量，企业家的赚钱能力就成为一个表现形式。真正有本事的企业家，不是靠坑蒙拐骗，不是靠假冒伪劣，更多的是靠产品和服务为消费者服务，在为消费者服务过程中实现自己的价值，就是为顾客创造价值。显然，经济价值与社会价值的实现是辩证统一的。把企业办得天天亏本，谈什么回报社会责任？所以钱只是衡量的工具之一。现在有人把它割裂开来，断章取义，谈钱就觉得不怀好意，谈钱就觉得道德败坏，将一些很左的帽子扣过来，你谈钱就是坏人。

高校国际化人才培养*

> 国际化是世界趋同的一个教育规律，因为经济全球化，科技全球化，生产、流通、消费全球化，它必然导致培养人才的国际化。

2013 年 5 月 16 日对外经济贸易大学校长施建军做客人民网教育频道，就高校国际化人才培养等话题和网友进行交流。

主持人：各位网友，大家好，您现在收看的是人民网视频访谈节目。本期我们非常荣幸邀请到了对外经济贸易大学校长施建军。施校长您好！

施建军：您好！

主持人：今天施校长将就国际化人才培养话题与我们展开探讨。施校长，自建校以来，对外经济贸易大学为国家输送了大量人才，您认为什么样的培养模式才能培养出符合国家建设需要的人才呢？

施建军：对外经济贸易大学成立于 1951 年，成立之初就是

---

* 本文于 2013 年 5 月 16 日载于人民网，http://edu.people.com.cn/GB/8216152456/52457/364011/index.html。

为中国培养外向型经济的特别人才而专门成立的一所高校。建校60多年来，学校为祖国的开放事业培养了大量的人才，毕业的各类学生近17万，他们绝大部分活跃在世界经济贸易的学术舞台和经贸活动当中。所以，从我们学校看，应该全面提升人才培养的规格、模式和标准。这个规格、模式和标准，我想有三个方面的要求：第一，注重学生的个性发展，培养学生的科学素养，提高他们的创新能力；第二，适应市场的变化，围绕市场的需求和特色培养国际经贸的精英人才；第三，以就业为导向，根据就业市场的需要，培养动手能力强、具有国际竞争力的人才。

有了这样一个培养模式，我们的培养目标就是以国际化为特色，我们在人才培养模式上有四个方面的创新，以达到上述三个目标。第一，就是通过主修加辅修、外语加财经的双学位制度，扩展学生的知识面，加强学生的适应性，不是选定一个专业，往往可能选择两个专业甚至三个专业来适应市场的变化和需求。

第二，国内培养和出国学习相结合。我们希望在校的大学生，有半年甚至一年以上的出国学习经历，这样通过国际、国内的联合培养，使他们能够通晓国际规则，了解国际事务，具有国际眼光，能够参与未来的国际竞争。

第三，我们施行学术教育加上职业资格认证的人才培养模式。就是说，我们的学生，他一方面通过上课增加自己的专业知识和专业经验；另外一方面，他们在校期间，可以参加一些国内外的职业资格考试，比如会计资格证书、保险资格证书、证券从业人员资格证书等。通过这样的培养，将来这些学生直接持有这些资格证书，对他们下一步走入职场是非常好的一个基础。

第四，理论学习和社会实践相结合。一方面，通过学生的暑期社会实践，扩大学生参与实践的能力；另一方面，也通过学生的科研课题让学生走入世界，走入社会，调查研究。这种人才培养模式，拉近学校和社会的距离，解决社会需要的人才与大学培养脱节的问题，使两者能够很好地结合。这样我们的人才培养才能更符合就业市场的需要，为国家经济发展培养更多的适合经济发展的人才。所以，我们在人才培养模式上不断进行探索，并专门设计一个制度体系，目的就是为实现上述三个目标。

主持人：总结施校长的谈话，我们可以得出，首先学校注重学生多方向的发展，其次是国际化的发展，最后还有专业性以及实践能力的发展，学校的一切要求实际上是为了培养学生能够更加适应社会的前进方向。您在建校60周年的讲话中曾经提到过，学校要全面提升服务国家开放型经济战略的能力。您认为这么做有什么必要性？在实践过程中，学校在这方面又做出了哪些努力？

施建军：对外经济贸易大学是国家早期成立的为外向型、开放型经济战略服务，培养人才、科学研究的一个摇篮和基地。从这个意义上说，全面提升服务国家开放型经济战略的能力是对外经济贸易大学理所当然的责任和应该具备的能力。所以，我们一定要努力做好为国家开放型战略服务的工作。

对外经济贸易大学原来隶属于商务部，由于体制改革的原因，2000年，原对外经济贸易大学和原中国金融学院两校合并后成立新的对外经济贸易大学，就直接划归教育部领导。在教育部领导下，有一个阶段我们没有或者比较少地服务于国家外向型战略，这样就出现了一部分教师的研究没有方向，没有目的，出现一种自由的科学研究状态，当然对于自由探索也是需要的。但是从服务国家战略需要的角度看，我觉得我们应该全面加强为国家外向型战略服务的能力，所以，2010年由教育部和商务部两个部长共同签署了联合共建的战略协议，共建对外经济贸易大学。这使我们的整个培养工作能和国家的外向型战略紧密结合起来。比如说我们现在培养大批的国外商务高层次官员，发展中国家、新兴工业国家等和我们一起合作国家的援外官员，他们的学历教育、非学历教育，我们都在承担一部分培训。我们不仅承担国家公务员外向型经济发展的培训工作，我们还参加各种应急课题，为国家战略服务。在开放型经济条件下，我们的实体经济、虚拟经济、网络经济都在高速地变化和发展，有大量的新生事物需要我们去研究，所以我们学校要从整个经济全球化、全面国际化这样一个背景来深入探讨各种经济难题。可以讲，这个领域的内容非常多，比如国别经济、区域经济、国家经济体，特别是金砖国家的研究、上海合作组织的研究、中欧关系的研究，这些大量的经济应急课题，大量的国家战略导向的长期追踪研究需要有一部分专业人员去跟踪。所以我们在这个领域里面应该做出很多的努力，来促进我们学校服务国家外向型战略，我们也出了一批重要的学术成果。

国家有个社科通报，每年大概一百篇左右，对外经济贸易大学2011年和2012年成果分别占全国总量的10%，这些反映出我们在为国家战略服务方面贡献了自己应该贡献的力量。我们在很多国家外向型战略的研究中提出了重要的决策建议，这些建议对国家外向型发展战略起到很好的帮助和支持作用。比如我们的WTO研究基地，中国入世十多年了，我们紧密围绕着WTO，专门设立中国唯一的高校WTO研究基地，组织专门人才长期追踪世界贸易组织的经济贸易纠纷、法律问题的研究，这样我们就奠定了学校的一个学科特色。我想中国WTO的研究、开放型战略的研究、教育与开放经济的研究，这些研究基地的形成，就是我们学校为开放型经济服务的一个基点。

通过这些服务可以看出，我们能够为国家开放型经济战略服务的制度设计内容和要求，使整个外向型战略工作提高到一个新的水平。

主持人：从学校积极的建设以及教学培养模式方面，我们能够感觉到学校非常注重外向型战略前沿发展趋势。因为从学校的名称——对外经济贸易大学，也能够看出来我们学校非常重视对外交流的前瞻发展。对外经济贸易大学是最早进行对外交流，走国际化道路的高校之一，请问施校长，在多年来的发展道路上，我们学校总结了哪些经验？

施建军：对外经济贸易大学是国际化的一所大学，现在世界上的大学大部分都把国际化作为自己办学的一个愿景、一个目标，但是对外经济贸易大学有特别的理解和内涵。因为首先，全球化、国际化，是对外经济贸易大学的立校之本。所谓立校之本就是从学校成立那天起就是以国际化为根本，叫对外经济贸易大学。“对外”两个字就是我们学校当时的立校之本，所有的办学理念、办学思想、办学指导方针都是对外的，所以它是立校之本。

其次，国际化是我们的特色之源。对外经济贸易大学和其他高校比，你有什么办学特色呢？唯一的办学特色或者最重要的办学特色就是国际化，所以，它是特色之源泉。从这里可以看出，我们特色的彰显也需要国际化。

最后，我们未来发展之路必须坚持不懈地走国际化的发展道路。我们在这样一个办学理念下，经过60多年的奋斗，培养了这么多人才，积累了这么丰富的外向型的资料和数据，开拓了大量的研究成果，我们现在每年产出的服务国际化的成果有上千项，这些论文著作，大部分都服务于中国的外向型经济发展战略，它是我们未来的发展战略之路。

对外经济贸易大学在国际化方面应该说取得了一些成就。这些成就主要有：第一，我们经常组织重大的国际文化活动，比如说我们邀请外国的总统、总理、部长等政要，以及诺贝尔经济学奖获得者，还有学术的、政治的人物来学校。这充分体现了学校非常活跃的国际化的背景。我们每年有数十场这样的活动，极大地活跃了校园的文化。

第二，我们加强国际化师资。国际化的师资，我们要求并且现在已经达到，有二分之一的教师有海外学习的背景，要么在国外拿到硕士，要么在国外拿到博士，或者有海外工作的经历。目前这个比例已经超过二分之一。我希望一个国际化的大学的标准，其中有一个就是国际师资标准。这个师资标准是国际一流的，二分之一以上的人有海外学习的经历，这样保证能在国际前沿进行学术思考，这样我们国际化的层次就提高了，应该说主要或者一半以上都是从海归博士中挑选师资。

第三，我们从国际化的师资要求出发，从 2011 年开始，尝试开办暑期学校。所谓暑期学校就是暑假期间请外国人来上课。我们今年计划开出 96 门课程，全是由外国人用英文来开课，请国外最优秀的师资来给我们本科生、研究生直接开课。这样一种不出国的留学，实际上就是我们国际化师资的一个重要组成部分。

第四，就是国际化的教材。我们的国际化经验就是大量地采用原版教材，进行中英文双语教学，使学生的思维在两种语言之间转换，这样学生将来能够直接阅读国外的文件，特别是与国外对接，没有距离，没有空隙。

第五，我们接收国际学生。我们每年接收的留学生是 3 000 多名，今年达到了 3 100 多名，来自世界上 127 个国家。我们对外经济贸易大学的学生总数不是很多，加留学生全校一共 15 000 多名学生，有 12 000 多名中国学生，3 000 多名留学生，合在一起，我们每五个 UIBE 的学生当中就有一个留学生。这个比例也是一个标准，是国际化的第二个标准。如果一个大学，它有 20% 以上的学生来自国外，它的国际化程度很高，校园的国际化氛围就非常完整、全面。这样能给学生在中外文化、跨文化交流当中，提供很好的学习背景和环境。同时，我们也鼓励中国学生走出去，我希望对外经济贸易大学有 5% 的学生有出国学习的经历，这是我们的一个奋斗目标。目前我们已经达到 4.3%～4.4%，每年有 600 多个学生出国学习。我认为这个比例还不够，还要继续提高到至少有 5% 的学生出国学习。国际上现在好多研究型的一流大学，都把这个指标放到 10% 甚至 15%，就是 10% 到 15% 的学生有出国学习的经历。因为目前高校人才的培养都不是封闭性的，都必须是开放的，必须吸收世界各国的科学知识，必须在世界文化的氛围里汲取营养。所以，在这样一个状况下，我们就不可能是封闭性的，我们要走出去、引进来，提高在学生方面的国际化的要求。

第六，我们进行整个校园文化的交流。校园文化就是我们更多地推动中外学生的融合，比如说英语知识大赛等各种竞赛，让中外学生同场比赛，同台竞技，形成一种互动的校园文化，特别是我们现在每年举办一次的校园国际文化节。这个校园国际文化节会搭一个大的舞台，是中外学生的狂欢节，是中外学生文化交流的节日。我们每年都会有 40 多个国家的使节、大使、参赞、一级秘书、二级秘书来参加。整个活动精彩纷呈，各个国家都把自己的文化展现出来，所以是一个学生国际交流的很好的平台。类似这方面的活动还很多，包括召开国际会议、国际合作课题、合作科研，还会越来越多，不断深化。我们的研究不仅是我们自己独立的研究，还有更多的国际参与，从不同角度来理解同一个国际问题。所以，在国际化这个问题上，对外经济贸易大学应该是经验比较丰富，也是中国国际化程度最高的大学之一。

当然，我们也面临着很多的挑战。这些挑战，我想应该是多方面的，包括怎样进一步提高国际化的规模和质量的挑战。就是我们的规模还不够大，比如国际合作的层次还不够多，国际合作的国家还不够多，国际合作的区域还要拓展。所以，我们在规模上，比如学生出国的规模、国际学术论文发表的规模、国际会议的档次和规模等方面，总之我们在国际化的规模和质量方面要迎接新的挑战，使我们的国际化工作做得更好。我们最近也搞了一个国际化工程纪要，在未来十年内能整体提高我们的国际化水平。

主持人：您觉得这些挑战学校该如何克服和实现它呢？

施建军：我们现在面临着国家新一轮的开放，我最近正在思考这么一个问题，就是新一轮开放型经济的发展问题。大家知道，中国 20 世纪 90 年代初搞了一个国际大循环，经济开放程度日益提高，现在开放的红利逐步消失的时候，我们要进一步扩大中国的开放，要解决国际化过程中的误区。我们原来是单边的，是少数国家的国际化，我们将来可能是全面的、系统的，把区域、国别，把整个地球和世界经济放在一个整体中，综合来考虑我们的国际化。我们要加强同非洲国家、阿拉伯国家、上合组织、东盟国家，以及周边国家、新兴工业体国家、金砖国家之间各种各样的外交和国际化的研究，研究他们的经贸关系，研究他们的金融规律，研究他们的投资取向，来为中国的外向型经济提供智力支持。从这个角度看，我们面临的挑战和问题也比较多。

主持人：现在学生可能更多的是面向欧美国家，在我们周边的中东国家，大家不太关注，实际上这些国家现在的发展也是非常快速的。您觉得在这方面，学生都应该转变哪些思想？我们在这方面都做了哪些努力？

施建军：整个地球和外向型经济的发展需要我们全面拓展多边的经贸、经济和金融关系，世界经济一体化的过程正在加速。由于语言的限制，我们在国际化方面偏重于欧美，主要是因为英语的关系。但是现在我们加大发展小语种，如俄语、德语、法语、西班牙语、阿拉伯语、日语等。我们正在把它们复合起来，和经贸、金融衔接，用外语加经贸、外语加金融、商务加英语、商务加外语的培养模式，这样使我们的学生将来可以应对更多的挑战。像中东国家，如果阿拉伯语不行，肯定经贸关系不能很好地发展，所以我们将来更多地在语言方面培养人才，当然我们现在师资力量还相当缺乏，我们也积极地做国际师资的准备和储备，希望将来在这方面有所突破。

主持人：学校在国际化师资、教材以及国际学生的标准和校园文化上都能够体现出学校国际化的特色。实际上现在很多其他的学校也非常注重对外交流，您觉得这种国际化究竟以一个什么标准来定义它才算得上真正的国际化呢？

施建军：我刚才讲了一些标准，我个人认为，将来大学国际化标准应该包括一些具体内容。比如国际化的师资，可以规定达到二分之一，就是一半老师有海外学习经历，达不到的话就说明国际化不够；比如出国学生的比例要有10%，或者留学生要达到一定的比例和要求；双语课程、原版教材的比例等。这些都有一些约定的或者确定的数字标准，确定这样一个标准，就可能使国际化有一个奋斗目标，根据这个标准去奋斗。当然有的程度高一点，有的程度低一点，各个学校可以设立不同的标准。总之，国际化是世界趋同的一个教育规律，因为经济全球化，科技全球化，生产、流通、消费全球化，它必然导致培养人才的国际化。所以，这两者是相辅相成的。

主持人：我们知道对外经济贸易大学的校训是博学、诚信、求索、笃行，您觉得在四个词当中您最看重哪一个，又是为什么呢？

施建军：这个题目讲的是校训。我来对外经济贸易大学任校长四年时间，四年前这个校训已经确立了，当时也是经过广大教师认真讨论，全校征集意见，通过民主，最后确定了这八个字。我来学校的时候还有这么一个插曲，有老师提出来，对外经济贸易大学的校训应该是“诚信、博学、求索、笃行”，应该把“诚信”放在第一，因为博学、求索、笃行是一个逻辑关系，它是有丰富的知识，博学，学术渊博，然后去探索创新，叫做求索，最后笃行，变成虚实结合、理论和实践相结合，这三个是辩证统一的逻辑过程。我个人认为，诚信是最重要的，为什么？诚实守信，这里讲的两个概念，一个是诚，心诚，就是实事求是，就是能够根据事物的客观规律，真实的而不是虚假的。这个就是教育的本质内容，就是求真。陶行知说过“千教万教教人求真、千学万学学做真人”，这句话体现出一个“诚”字。“诚”字还有我们讲的诚朴、低调、原生态，希望自己做事做人要本色。信是经商之道，守信用，讲信誉，言必信，行必果，一言九鼎，一诺千金。诚实和守信是统一的，一般来讲，诚信是人格的魅力，是高尚的人格力量。就一个组织来讲，诚信是一个组织的宝贵的无形资产，从一个社会来讲，诚信是一个社会正常秩序的基本保证，也是一个国家良好的国际形象，所以，诚信是中华民族的传统美德，应该被看成立身之本、执政之道、求业之本或者修业之本。所以我认为四个词里“诚信”最重要。因为它是人的基本素质，我们培养的人，应该是符合社会的需要，符合外经贸学科的需要的诚信的人。从事经商、国际经贸交流、国际金融、国际法律，如果我们有诚信这个基础，不做假，不虚伪，真实可行，我想一定可以促进国际的和谐，促进国际经济秩序的友好建立。如果一个人是虚假的，说话不算数的骗子，国际经贸关系就很难去维持，所以我们应该更多地把这样一个校训，作为培养学生学术研究的一个基础。我在学校里面特别讲到校风、学风和教风的建设，就是以“诚信”为标准，不做假，不做抄袭等学术不端行为，这对搞学术来讲是应当摒弃的或者应该坚决制止的。我们在很多情况下，都搞学术道德的一票否决制，比如抄袭，比如论文搞两头，比如学术上有不端行为，我们在学校里面严格对这个实行一票否决制，很多评奖等活动，包括平时只要出现这种情况，都一票否决。我们特别强调学术诚信，只有构建一个学术诚信氛围，才能真正探索科学规律。这方面我们也在做，这两个字是我们治学的理念和本质要求。

主持人：学校不仅仅是培养学生外在的专业性方向的高素质，更注重的还是内在学风的建设。近几年来，考大学已经不是一件难事了，不再像原来大家都觉得上大学是一个非常了不起的事情，也导致很多学生以及家长对大学的要求越来越高。您觉得作为一所好大学，该如何面对家长和学生的这种高要求的考验和挑战呢？作为对外经济贸易大学来说，又是如何面对的？

施建军：现在确实考大学越来越容易了，因为我们的考生人数在下降，我们的大学的供应量保持不变，甚至上升，所以，学生考大学的比例越来越高。但是，因为大学参差不齐，优质资源和一般资源混合，所以，优质教育资源是很多家长和学生的期望，能上一所好大学，实际上是选择优质教育资源，它也是教育的一个自然规律。把大学放在不同的层次上，使学生有一个很好的选择，其实这也是社会正常的一个规律。

我们现在讲一所好的大学如何能够应对家长和学生的挑战，首先要了解家长和学生的期望值是什么。一所好的大学，它一定是培养有用人才的。我们说一个满意的教育，它首先是培养一个合格有用人才的教育，其次是能找到工作的教育。培养人的全面才能，然后他能找到工作，有一个好的就业质量。现在的家长和学生，实际上是根据就业质量来寻求一个好的大学，所以，我们对外经济贸易大学一直以高的就业质量来作为一个好的生源基地。所以，这个方面，我们想，应更多地注重抓人才的培养质量，这是大学的一个重要的使命。通过人才质量培养，提高学校的特色，所以，正如我们刚才讲的，在人才培养模式、人才培养规格、校园文化活动、国际联合培养等方面，寻求一些优质的、有特色的对外经济贸易大学的办学模式和标准，它区别于其他学校。在这样一个基础上，我们就可能使家长觉得比较满意，能够达到高素质精英人才的培养目标。我特别讲，我们现在不放弃精英人才的培养目标，就是我们培养的不是普通人才，我们招生人数并不多，每年招两千多学生，我们本科生规模近十年都维持在八千人左右。所以，我们的规模不大，留学生规模逐步增长，研究生的规模逐步增长，本科生规模相对稳定，目的是办一所精品大学。精品大学区别于大众化教育里面的大众人才培养的模式，这种培养模式可能会使我们的特色、质量、效益不断彰显。我们处在北京，又在三环和四环之间，我们的地皮是特别金贵的，我们校园占地面积 520 亩不到，在这样一个土地面积上，我们要提高它的产出效率，必须实行精英人才培养模式，就是用优质的土地资源培养精英人才。这样我们根据学校的占地，来保持这样一个适度规模，然后提高质量，强化特色的培养模式，我们学校从这方面来满足家长和社会对我们的要求，达到学生培养的目标。

主持人：也正是因为学校的这种精英式培养模式，使我们的就业质量非常高。我想问一下施校长，学校是如何保持高就业质量的活力的？对于毕业生的就业要求以及大家的工作能力，学校又是怎么来鉴定的，以及我们学生都有哪些优势？

施建军：首先是招一流的生源，其次是给予一流的培养，最后是造就一流的人才。有这三个“一流”，我们就可以在市场上永远保持一种高竞争力的活力状态。首先，什么叫一流生源呢？对我们对外经济贸易大学来讲，我们这几年维持一个比较高的高考录取线。我们通过学生的培养规格、培养模式，使大家都知道，对外经济贸易大学是精英教育，是高素质人才教育，是外向型经济的人才教育。所以，许多人怀着报国之志，围绕着国际化，围绕着世界经贸关系舞台上将来能够一展自己的身手，能施展自己的才智，无怨无悔地选择了对外经济贸易大学这样一个学校来就读。所以我们的高考分数越来越高，连续三年每年都在攀升，这个给我们的生源质量提供了保证。

其次，我们通过自主招生，选拔了一些包括艺术特长、体育特长，以及科研创新特长的优秀学生。这样我们通过一流生源，通过我刚才所讲的各种教育理念的创新，全方位、立体化、全过程的精英育人模式来培养一流的人才，给予一流的培养。比如一流的生源，培养过程要是一流的，这个一流是我们讲的国际化的一系列的过程，打造学生的外语能力，我们的学生外语素质非常好。外国的政要、部长、总统来贸大作报告，基本上是没有翻译的，我们没有那么多同传翻译，他们就是直接原生态的英语演讲，上千人的礼堂，大家都能听得津津有味，都能回答问题，都能互动，这样的情况就说明他们都听得懂，这就对他们未来很有帮助，未来参与国际竞争时很有竞争力。就是说我们学的英语不是哑巴外语，我们学的是能用的，这是我们给予一流的培养的一部分。我们还有很多创新教育理念，培养他们能操作、能用。所以，我们造就一流的人才。

最后一个一流，就是就业率。对外经济贸易大学一直保持 98%、99% 左右的就业率。我们的三大指标在全国是领先的，一个是学生的就业满意率，一个是就业单位对就业人员的满意率，一个是学生的毕业薪水，就是毕业以后他挣多少钱。这三个指标，我们在全国保持前几位的竞争优势，这是很不容易的，说明我们的培养方式、培养的规格、培养的人才，是适应中国国际市场开拓需求的。所以我们一直在就业市场上保持这样一个活力，我想，我们要继续努力。就业指导中心在学生早期进校就在职业生涯设计方面给予指导，让学生设计自己的未来之路。按照科学培养和就业这两个方向，二分之一的学生选择了出国深造和读研深造，二分之一的学生选择就业。所以我们根据这样的方向，应该区别学生的科学素质和专业技能素质，实现不同方向的培养，这两个方向的培养，使学生在二三年级进行分流，一部分学生应该增加他的科学素养，增加他的科研能力的知识，为他继续深造提供基础；另一部分学生增加动手型、技能型、实践型培养，从而走向就业市场，和就业市场接轨，我想我们要继续加强这两个方面人才培养模式的创新和改革，以更加适应人才市场的需求。

主持人：学校对于早期方向指导的培养模式，您觉得给学生带来什么好处？

施建军：这个好处很大，因为这就是教育的本质。教育的本质就是因材施教，什么样的人才用什么样的教育，我们不拔苗助长，但是我们也不浪费人才。现在有的家长期望值很高，有一些学生不具备创新性的读研的素质，但是家长总是觉得一定要读，所以逼着小孩子走这条路。其实我们一定要看清，这个学生适合做什么，教育的本质就是因材施教，个性化培养，使每个人人尽其才。不一定说当科学家就一定是人才，当普通的工作人员就不是人才，这是错误的。人各尽其才，就是把自己的才能发挥出来，所以我们讲学生培养就是个性化培养，使每个人的才能能够得到充分发挥，这就是好的大学。

主持人：学生家长以及学生自身如何发现自己身上的才华呢？请您给大家一些建议。

施建军：这确实是一个很难的事情。一般的学生进校以后经常很迷茫，他在选择考不考研，要不要出国时经常很痛苦。这个选择用现在很流行的话叫很纠结，纠结在我出国吗？我读研吗？这就是每个人面临着道路的选择。应该说，这两条道路，都是根据自己的才能，特别是自己的兴趣选择的。现在很多学生不明白我是谁，我将来能做什么，这是我经常给学生提出来的，你进大学第一天你就想我是谁，我能做什么，我将来想做什么，我的兴趣是做什么。制定一个人才的发展规划特别重要，因为如果没有兴趣，没有那种强烈的动力，不可能成就一个人的事业。所以我们认为，大学生其实从中学进入大学，确定了未来的一个专业方向，应该规划自己的人生，应该合理地找到自己的人生定位，从而为自己做出一个职业生涯设计。设计和不设计结果不一样，考研就要做考研准备，出国包括什么时间出国也要准备，整个都有一个时间安排，就要超前准备。你如果选择就业，除了出国接受实践经验的磨练，可能就不一定去参加考研复习。如果考研，要在深造这条路上做设计，要储备一些专业知识，迎接这个考试竞争，这个完全不一样。所以，我觉得，大学生进大学后应该对自己的未来有一个定向，目标要非常清楚。人只要有目标，确定了目标，然后努力前行，持续前行，一定会实现人生的价值。

主持人：也就是说大学生在校期间合理地规划自己的未来道路是非常重要的。习总书记在5月4日《同各界优秀青年代表座谈的讲话》中提到，广大青年要牢记空谈误国、实干兴邦。结合对外经济贸易大学的实际情况，您觉得可以从哪些方面塑造学生的实干能力？

施建军：总书记讲的话我特别赞成。现在有两句话特别流行，一个是空谈误国，实干兴邦，一个是喊破嗓子，不如甩开膀子。这是主张我们更多地投入实践，真抓实干，少说空话，这种精神，我觉得是当代青年的努力实践精神的弘扬。对外经济贸易大学当然也在努力塑造学生的实干能力，因为实干就是走向世界，所以，我们大学里面通过一系列活动来增加学生的动手能力、操作能力、实践能力，为将来的实干做知识储备。比如我们学生参加美国数学建模大赛，我们每年有近600人参加，有100多支队参加，这是非常好的一种实践锻炼。美国数学建模大赛是公开的，是对全世界开放的，我们去参加，和全世界的年轻大学生竞赛，我们每年大概有五六十个队获得一、二等奖，这在全中国都是名列前茅的。我们就是通过这些活动来增加实践。

还有就是我们参加暑期社会实践。我刚来贸大的时候，我们暑期实践的比例很少，只有几百个人，规模也很小。现在我要求每一个在校大学生在四年里必须参加一次暑期社会实践。这样我们现在每年有三千以上的人参加暑期社会实践，这样的规模很大。我们暑期社会实践要遍布全世界，开始是国内，现在是国际。我们通过暑期社会实践让学生了解社会、参与实践，来增加自己实干的能力，这叫知行统一、虚实结合。光有知识不能用不行，虽然外语讲得很好，但如果当老师却教不好，这就是我们现在讲的要怎么样增加实干。所以我们在暑期社会实践当中增加了很多全面的研究型环节、设计型环节，使大家最后能够实干，有收效，有收获。

再一个，通过科研合作，我们设了大学生创新基金，让本科生、研究生走入实践，给他们一些钱，组合起来，通常是一个小组，博士、硕士、老师、学生共同参与，进行科学研究，让他们出成果，出调研报告。我们通过不同的学术实践，不但求索、笃行，我们还要和实践相结合，使学生在实践中增长才干，在实践中知道知识的价值和用处，学到知识，并且是有用的知识。有用的知识才是教育的本质，我们的教育一定要教给学生有用的知识，能够用于实践的知识，将来我们的学生就可能运用知识解决实践中出现的问题和挑战，这样的学生更有竞争力。

主持人：所以理论只是基础，实践才是关键。当下“中国梦”这个词非常流行，我想问一下施校长，您觉得当下社会中，学生的梦是什么？学校的梦是什么？您自己的梦又是什么？

施建军：每个人都有梦想，没有梦想可能人就没有发展，梦想就是一个蓝图，梦想就是自己的一个追求。我们现在讲全体中国人都是中国梦之队的成员，特别讲到每个人都应该有梦想和追求。贸大之梦，就是怎么样使贸大成为国际知名的影响力显著提升的有特色高水平大学。有特色高水平大学就是贸大之梦。我们通过几代人的努力，现在确定了一个“十二五”规划，通过几代人努力，我们能够实现这样一个目标，成为我们外向型经济、国内国外影响显著提升的、水平很高的国家智库。我们在人才培养、科学研究、文化传承、服务社会这四大方面，全面提升我们服务外向型经济的能力，成为真正的高水平大学，成为一个世界知名的或者是国际影响力显著提升的大学，这就是我们的贸大之梦。

贸大的学子之梦，我想每个人都有自己的成才发展计划，我们想动员或者教育我们的学生，要把个人理想和社会责任紧密结合起来，把我们学习的理论知识和创新实践结合起来，把个人的全面发展和个性化发展结合起来，把理论和实践结合起来，我们通过这几个结合培养贸大学子真正的精英人才之梦。将来在国际舞台上，在国际经贸舞台上，无论是理论研究还是实践，还是国际谈判中，都能展示出他们的学术智慧和他们的实践能力和经验。

主持人：作为学校来说，对于学生的筑梦活动有哪些帮助？

施建军：我们现在做了很多的活动来帮助学生筑梦。主要通过十个平台：第一，通过思想引领平台，注重党校、团校施政工作，用社会主义核心价值体系引导学生有正确的人生导向和人生价值，把个人利益和国家利益结合起来，这就是我们的思想引领平台。你不是做个人发财梦，也不是做个人经商梦，更多地要把个人和祖国的命运结合起来，要有振兴中华之梦，要有振兴祖国发展之梦，要使每个学生把民族的发展意识、祖国的发展命运和个人结合起来，个人在服务国家过程中，能够贡献自己的价值，奉献自己的青春，这个就是我们的思想引导，要使他们有强烈的社会责任感。

第二，是通识教育平台，就是我们更多地把素质教育、人文素养教育能够通过通识教育培养学生成为“大写”的人。学生可能具有深厚的专业知识，但可能在品德，在待人接物，在人的综合性知识，特别是跨文化交流过程中，会有些冲突，所以我们通过通识教育培养跨文化交流能力强的学子。

第三，通过国际培养这个平台，就是要通过出国学习，通过国际交流、国际会议，来培养学生的国际化视野，就是通晓国际规则，有国际眼光，这样能够参与国际竞争。

第四，通过校园文化平台，如各种校园大赛、校园文化活动、体育竞技、各种竞赛及各种学会，来建设校园文化。

第五，通过社团活动平台。我们学校有一百多个社团，学生可以发展自己有兴趣的项目，有兴趣的活动，大大小小总有和自己的个人兴趣有关系的，有慈善活动，有体育活动，有个人的兴趣爱好活动，有关爱社会的活动，也有志愿服务活动等。

第六，实践育人的平台。我们通过实践活动，如大学生暑期社会实践、研究生寒假社会实践。我们通过这两大实践平台，培养大量的学生参与实践，通过调研，形成报告，最后进行评选，通过实践来育人。

第七，学术科研。让学生参与科研，刚才讲的一部分创新活动，使学生都有科研报告，每个人在大学期间，特别是有一部分好的学生，能够独立发表论文。我们研究生发表论文这几年有了迅速的增长，今年我们学校研究生发表论文超过 350 多篇，这都是非常好的现象。这就是学术研究在提升。

第八，志愿服务。我们为很多国际活动提供大量志愿者，如广交会、京交会。国际友人来访，很多翻译都是我们学校提供的，我们提供大量的志愿者服务，这些志愿者很多是语言服务。因为我们的学生口语很好，翻译能力强，能够适应志愿者服务的要求。这些都是我们学生的一些特色。

第九，就业创业平台。我们希望学生们能够创业，所以我们也给学生搞创业基金，鼓励学生利用自己的科研成果适度、适当地进行创业实践，最后能够创业走向就业，而就业走向创业，两者结合起来。就业我们还有很多指导，如就业技能、面试环节等很多方面的辅导。

第十，精英成长平台。我们培养一批将来可能在社会中处于中高层次管理的人才，我们通过学生会，通过团委、团支部，培养各种有管理能力的精英人才，他们将来能够走向社会，能够成为社会的管理人才，这样为我们国家下一步发展提供人才基础。

通过这十个平台，我们为每个学生筑梦提供了一个基础。就是你只要在这十个平台上得到锻炼，你的大学生活就很丰富多彩，最后你一定能成为一个高质量、高素质、有竞争性的、创新性的未来领袖人才，这就是我们为学生筑梦。

最后一个是关于自己的梦想。其实我想作为一个优秀的大学校长，就是把自己的才能围绕着大学校长的任务、目标，努力实现自己建设一个强校的大学梦。我曾说过，一个大学是万年青的事业，一个大学是一个千年大学，所以我们每个校长只是跑步当中的一个过程，前面有老校长，后面有新校长，我们在这个过程中，我的理念就是跑好这一棒。事业是无限的，我们的任期是有限的，我们将有限的任期对无限的事业负责，这就是我的一个理念，希望在我的这个任期内，努力尽职做好我的服务，培养出一大批优秀的学生，把这所大学带进国际知名的高水平特色大学，这就是我的梦想。

主持人：非常感谢施校长以上的这些介绍，也非常感谢您作为一个大学校长给予我们广大学生的帮助和培养，在节目最后，还想请施校长给予大家一些在铸就梦想的过程中所付出努力的一些鼓励。

施建军：我希望每一位学子、网友以及所有的人，都是一个追梦人，希望每一个人脚踏实地、真诚地、努力地、持续地去追求自己的梦想，让每一个人梦想成真。

主持人：再次感谢施校长今天做客我们的访谈节目。网友们，感谢您的收看，我们下期见。

现代统计学：助力人生出彩*

□ 记者　张来成

统计是“万岁”事业，统计是新兴产业，随着大数据时代的到来，统计数据自动生成的原生态显现，解决统计的真实性将会成为现实。

自从国务院学位办将统计学提升为一级学科后，全国一些财经类大学相继成立统计学院。这一新生事物在教育界、企业界及学生和家长中掀起不小的波澜。在经济全球化格局下成立统计学院有何现实意义，对外经济贸易大学（简称贸大）统计学院特殊的优势在哪里，培养的目标是什么，学生毕业后将有怎样的就业前景？日前，记者专访了贸大校长兼统计学院院长施建军。

高大的个子，魁梧的身材，谈起统计来满腹经纶，讲起就业，施建军十分自信。“如同市场的产品竞销一样，贸大的‘产品’不愁销路。尤其在对外开放的环境下，贸大的毕业生基本

* 本文于 2013 年 5 月 23 日载于《中国信息报》。

都是提前预订，供不应求。”施校长的一席话令记者对贸大统计学院兴趣盎然。

“统计兴起系大势所趋。统计是和世界接轨的工具，在对外开放的背景下对外经济贸易大学成立统计学院有着更为特殊的意义”

从传统意义上讲，统计是人们或人类认识和解析事物的工具，被尊崇为我国古代统计的大思想家管仲说：“不明于计数而欲举大事，犹无舟楫而欲经于水，险也。”所以说，无论是中国还是外国的领袖人物，谈起治国安邦，都很重视统计。

施校长介绍，历史上德意志帝国宣告独立后，为了追赶英、法两国，争夺海外市场，第二年便成立了帝国统计局；“二战”中，英国首相丘吉尔曾亲自兼任统计局长；“二战”后，美国占领军查阅日本统计资料时感叹：“低劣的统计把（日本）国民经济引向了无希望的战争”；战后，日本首相吉田茂亲自兼任第一任国家统计局局长。新中国成立后，我国政府于 1952 年成立国家统计局。由于过去实行的是计划经济，那时主要是以经济统计、层层上报为主。改革开放后，统计的地位、作用和价值越发彰显。教育追随时代，对外经贸统计教育更是备受青睐。

一是顺天时。施校长说，今天是什么时代，是大数据的时代，是大开放的时代，是全中华儿女大追梦的时代。大数据具有数据体量大、类型多样化、处理速度快、应用价值大的特征。无论是生产、生活，还是工作、休闲，甚至坐车、如厕，数据无孔不入，无所不在。

“大数据必然带来大统计”，施校长强调。信息化给统计带来的是一次革命性的变革，现在从经济领域到社会领域，从政府部门到民间机构，哪里有经营和管理，哪里有信息化设施，哪里就会产生数据，大数据给统计带来了发展的机遇。要将现代统计的大厦支撑起来，人才是第一个可宝贵的。

二是应地利。对外经贸大学坐落首都，连接全国，通达世界。施建军讲到，对外经贸大学本身就是一所外向型大学，是教育部直属的全国重点大学，国家“211 工程”首批重点建设高校。学校下设研究生院及 16 个学院，就统计来说，最早做的是外贸统计、海关统计和世界经济统计，这些统计在促进国民经济整体发展方面起着重要支撑作用。如今，世界经济一体化、全球化，我国已同世界上 220 多个国家和地区建立起经贸关系，并在 2010 年成为世界第二大经济体，对外经贸统计举足轻重，贸大成立统计学院非但必要，而且得天独厚。

三是在人和。一所大学成立统计学院必须具备相应的学科实力和博士点来支撑。施校长讲，贸大是我国最早设有统计教学的大学之一，学校统计学教育和发展有着悠久的历史和深厚的积淀。近年来，统计学的学科建设、人才培养、社会服务等方面得到了快速发展。统计学被上升为国家一级学科后，学校最早获得了一级学科博士学位授予权，形成了本科、硕士、博士完整的学科培养体系，因此在具有纪念意义的第三个“世界统计日”——2012 年 10 月 20 日，便在原国际商学院统计系和信息学院数学系师资队伍基础上成立了统计学院。

“外经贸大学办学条件优越，师资雄厚，和一般统计学院相比，其课程设置和培养目标有着特别的优势”

据悉，在全国财经类大学中有不少老牌统计学院，那么贸大作为新成立的统计学院对生源的吸引力如何，教学的质量怎样，其办学特色和优势在哪里？怀着好奇的心理夹杂一丝担心，记者把问题抛向了施校长。

施建军坦言，贸大统计学院虽然成立时间晚，但底蕴深，起点高，可谓后来居上，特色鲜明。该校统计学在国内财经类院校中率先突破旧有的“统计学原理”框架，更为注重统计方法的学习和应用，以外向型经济统计为依托，积极向数理统计和应用数学等方面拓展。

记者了解到，贸大统计学院现有教授、副教授等专职教师25人，其中“千人计划”学者1人，博士生导师6人，教师学源背景、年龄结构合理，教学和研究梯队健全，师资力量雄厚。目前统计学院由三个学系组成：（1）经济统计系；（2）数理统计系；（3）应用数学系。

新成立的统计学院以经济统计学为特色，以外贸统计、海关统计、世界经济为研究重点，这是该校统计学区别于其他大学的不同之处。其培养学生的目标是：致力于培养具有国际视野，能够胜任政府部门、高校及研究机构、金融机构和各类企业的经济统计实务和高层次研究工作的复合型高素质专门人才。

“贸大统计学院坚持精英办学、开放式办学，紧贴时代、紧贴实际的人性化教学模式，决定了学生就业门路广，工作上手快”

需求决定市场，这一供求关系规律同样适用于院校教学和学生就业工作。施建军校长举例，从大数据时代背景和我国融入世界经济发展的实践看，具有外经贸经济统计实务能力和研究能力的应用人才缺口大，需求多，就业前景广阔。

记者了解到，近年来贸大学生就业率和就业质量名列全国高校前茅，先后获得“北京高校示范性就业中心”、教育部“全国就业50强”等光荣称号。施校长自信地称道，贸大学生经过四年的学习和锻炼，将在激烈的职场竞争中崭露头角。学生毕业后主要入职或深造于政府机构、大型企业、世界名校，他们“统计专业素质高、国际特色鲜明、竞争能力强”的特征将会赢得社会与就业市场的广泛认可。

贸大毕业的学生能够抢手，公开的秘密在于“两接（结）”，一是接轨国际，二是结合实践。在与国际接轨方面，该校的教材、教案、教学方法等都是比较新颖的、前沿的，所学知识和技能，与全球化、一体化的世界经济可以直接对接。在结合实践方面，该校有校部合作、校地合作、校企合作，在相关的国家部委、相关的当地政府系统、相关的大中型国企、外企设置培训基地和实习基地，从理论与实践的结合上、从内地与境外市场的对接上，共同探讨和攻克比较前沿的、前卫的统计课题和现实问题，所以从贸大走出去的统计专业学生上手快、受欢迎，经过锻炼，很快能成为领军一方的行家里手、业务尖子，甚至领军人物。

访谈已近尾声，施校长兴奋地表示，党的十八大给予贸大统计学院办学以前进的方向和力量。习总书记指出：“生活在我们伟大祖国和伟大时代的中国人民，共同享有人生出彩的机会，共同享有梦想成真的机会，共同享有同祖国和时代一起成长与进步的机会……”贸大统计学院成立正当其时，贸大统计学子大有可为！

访谈札记：对外经济贸易大学下辖16个学院，施建军校长为何对统计情有独钟，亲自兼任统计学院院长？“我其实是学统计学出身，后来的一些研究中一直没有中断过对统计学的研究，可以说统计学一直在伴随着我的学术生涯。”施校长对统计最深刻的感悟是统计的真实性。他说，统计是“万岁”事业，统计是新兴产业，随着大数据时代的到来，统计数据自动生成的原生态显现，解决统计的真实性将会成为现实。

施建军校长对统计的未来充满信心！

一生最重要的决定就是选择当老师*

□ 记者　王爽　姜丹

因为我清楚地知道，社会急需人才来发展经济，需要我们这一代人努力再努力。

我是20世纪50年代出生的，经历过“大跃进”，经历过“反右”，经历过“文化大革命”，也经历了改革开放，我能深刻体会到富国强民的真正意义和价值。

我特别赞成邓小平的改革开放政策，我是受益者，可以说，没有邓小平恢复高考的决定，我不可能成为中国“文革”后的第一代大学生，更不可能成为这一代的佼佼者，特别是为国家的富强和进步尽了绵薄之力。所以说，我们这代人特别感恩，特别知足，特别想为国家做点贡献。

一生最重要的决定就是选择当老师

我19岁开始从教，在自己毕业的中学教物理课程。那时，

---

* 本文于2013年10月载于《中华英才》第10期。

没有毕业的大学生，中学老师严重匮乏，“文化大革命”后期，大学停办了十年，部分中学没有师资补充，在这样的情况下，只能从高中生中寻找一些好的毕业生。我在中学的学习成绩是比较优秀的，所以就选择让我去做教师。

我给自己人生的总结是乐为人师，喜欢教学生，特别喜欢教育学生行得正、做大事、读好书、有抱负，将来能做一个“大写”的人。我非常喜欢教师这个职业，不仅可以教书育人，自身也可以锻炼口才、思维以及传授知识的能力，特别是跟年轻的学生打交道，总觉得自己很年轻。

在中学当老师的时候，我会经常思考一些社会现象，最想不清楚的一个问题就是钱。在我看来，钱是世界上最复杂，又最让人着迷的东西。钱是什么？不懂。花花绿绿的一堆纸，但能统治人。钱是什么？为什么有钱能使鬼推磨？我就找大人去问，有人告诉我，你要把这个钱的问题搞清楚，你必须去学经济学，不把马克思的《资本论》好好琢磨透，你不可能懂这些事情的。所以，后来恢复高考后，我毅然选择经济学专业。现在看起来是热门专业，但当初并不热门。在我上大学的时候，最好的学生要么学数学，要么学物理，因为当时有一个口号：“学好数理化，走遍天下都不怕。”

1977 年参加高考的有 1 000 多万人，1978 年的人数也差不多，第一年招了 22 万，第二年招了 27 万，合起来在同一年上学，这是当时中国特殊的背景下所采取的正确决策，可以说，一个优秀的教育制度，会让一批人才脱颖而出。在当时，实施的是精英教育，就是造就一批更好地服务于社会的精英人才，这是很果断大胆的决定，否则，我们这些人就可能被埋没了。所以我们这批人，从心底里感恩社会，也为国家的每一个发展成就感到高兴。

1985年，我拿到厦门大学经济学硕士学位，那个年代，我们算是社会的稀缺人才，尤其是学习经济的，本来就少，更何况厦门大学的经济学科处于领先地位，所以很多人建议我去国家机关工作，这样会有一个高起点，但我的第一选择仍然是当老师。

其实，当年学这个专业，很少人选择走教书这条路，一般人或者选择机关，或者选择下海，我觉得自己的选择与当过中学教师的经历有关系。我1974开始当教师，当了两年多教师，就获得县里的“先进教师”称号，对我而言，这是一个莫大的鼓励。毕竟，一个县城有上千名中学教师，获得殊荣的并不多，对于刚刚21岁的我来说，这是刻骨铭心的一件事。

经常有人问我，对大学生考公务员的看法，我一直觉得，这是社会转型时不太健康的一种方式，一般的公务员是可见的前途。一个人多大岁数当科长，多大岁数当处长，熬到什么年头，熬到什么职务都是可预见的未来，没有张扬个性、发展特别才能，成就自己事业，实现自身价值的平台。社会不应该形成这样的导向，尤其是这么高比例的人走一条独木桥。毕竟，我们国家大学生自主创业率还太低，跟国际相差十几个百分点，大家总是希望得到一个保险的职业，尤其是他们的父母们，我觉得考公务员的学生不宜过多。

实际上，当校长也不是我的追求，客观上，我是不小心当上校长的。教好书、写好文章、当好教师，这才是我的价值追求。所以，我总在想，每个人要经常认识自我。我是谁？我能干什么？你这块材料最适合干什么？我不太喜欢搞政治，不喜欢跟人斗来斗去，是个很敞亮的人。因为敞亮，当年在南京大学时，人家说有些不该说的话，你都说了，我觉得这就是我的性格，有话直说，快乐生活。

有人喜欢有钱，有人喜欢有权，但我最大的收获是有学生。30 多年的教学，教了很多学生，他们和我很好，绝大部分学生都和我保持长期的联系，我们有空也会聚一聚。就在刚刚过去的教师节，我早上打开手机时，看到上百条祝福短信，非常感动，还有很多学生送来鲜花，这是对我当教师的褒奖，是我一生受用不尽的财富。

我们这一代人注定要付出很多

1975 年，我第一次拿工资的时候只有 30 多元钱，1987 年，我的工资是 100 多元，当时我第一次出国，穿着 800 元买的一身西装，外国人拉着我的衣服说："你怎么穿得起这样的西装啊？"其实，是国家给予公派留学生的置装费，自己真是买不起，可以想象那时候的贫穷。那时候，社会上买什么都凭票，粮票、布票、肉票，连买火柴也要票……，我们经历过短缺经济的那个时代，所以，现在只要有钱，都买得到，感觉特别好。我们特别赞同邓小平的"贫穷不是社会主义"的论断。

对于国家的发展，我们这代人注定要付出很多，为什么？因为任何一个国家在经济高速发展时的那一代人都是一定要做出牺牲的。从大学毕业到现在，我是愧对家庭的人。我没有休息日，除了公假，大家都休息的时候，我可以休息几天，其他的时间全部在工作，而且是高节奏地工作。几十年如一日，一天工作十多个小时，从不休息，像小马达一样，天天在那里转。

如果一个人，你想有所成就，就没有轻松，你所处的位置越高，影响力越大，工作节奏就可能越紧张，疲劳感越强烈。因为你承担的社会责任越多，责任心就会越大，这自然导致你付出很多。有时候也有一点想法，我该歇歇了。但人就像在跑步一样，你有一个目标，你必须咬住牙坚持，这需要一种毅力。当我们看到社会巨大发展的成就时，也会感到成功的喜悦和奋斗的价值。

十年“文革”没有招生，我是“文革”后的第一代大学生，所以我当时就特别想跑得快，因为我清楚地知道，社会急需人才来发展经济，需要我们这一代人努力再努力。到南京大学工作后，我给自己定了一个目标，从讲师开始，十年内争取当上教授，结果，从 1985 年到 1992 年，我只用了七年，就完成了教授的评定。那七年，吃饭、睡觉、上课、写作，主要就这几件事。努力拼搏，我就是靠自己争取，我告诫自己：求人不如求己。比如评副教授需要十篇文章，我写三十篇，而且质量不错。评教授时，评审论文也要二十多篇，我写四十多篇，而且多是发在学科较好的杂志上。因为一路都是遥遥领先，自然一路都是破格提拔。1992 年，我拿到国务院政府特殊津贴，也是因为科研成果太突出，所以我当年成为南京大学的中青年学科带头人。40 岁，我成为南京大学副校长，但一直笔耕不辍，直至今天，我依然没有放弃学术。我们这代人非常不容易，以服务国家、社会为目标，一直在勤奋努力。

我很感谢南京大学优良的学术土壤和对我们中青年学术骨干的培养，也是那段时期，坚定了我做学问、当一个学科带头人的信念。也正因为这段感受，让我对校风、学风和教风建设非常重视。

关于学术诚信，我在大会上讲，小会上讲，我就是希望大家都能凭自己的真本事，好好努力，勤奋科研。在我们学校，谈国际经贸交流，谈国际金融、国际经济法律，都要有诚信这个基础，不做假，讲真话，诚实守信，这也是我们学校的校训精神的内涵。对我们搞学术的人来说，不做一些抄袭等学术不端行为，这是教育的本质内容。陶行知先生说过“千教万教教人求真、千学万学学做真人”。在对外经贸大学，我们实行学术道德一票否决制，比如抄袭、一稿两投、学术不端，抓住一个处理一个，绝不手软，我们对学生也是这样要求，论文查重率达到30%以上的，坚决不能毕业。今年就有四个这样的学生。只有构建学术诚信的氛围，才能真正探索科学的真理和规律。

做个手捧金饭碗要饭的大学校长

经常有记者问我，什么样的大学校长才是优秀的？我觉得要努力当好四个家。首先得是一个科学家，要有一流的科研成果；其次是教育家，懂得大学办学的教育规律；然后，还必须是政治家，要保证国家意志在高等学校的有效实施，要确保大学的稳定和谐发展，要坚持大学正确的办学方向；最后，最重要的还得是个社会活动家，做个手捧金饭碗要饭的人。

现在社会高速发展，筹资办大学绝对不是纸上谈兵。我在南京大学发展委员会工作了12年，一直分管基金会和发展委员会的工作。12年间，共获得社会捐赠接近10个亿，除以我在任的4 000多天，平均每天给南京大学募得21万的捐款。这说明通过社会捐助筹资办学，完全是有可能的。

我们过去光知道“跑部钱进”，现在多“跑部”也不一定能拿到钱了。但是，我们向社会的大门打开了，大学可以接受社会的捐赠。2009年，我来到对外经济贸易大学后，就成立了基金会，也是实实在在想给学校筹集点发展资金。大学基金会筹来的资金会有很多用途，资助办学、人才培养、教师培训、科学研究、奖教助学、帮贫助困，有很多事情可以做，而且能够做，这也是在市场经济条件下，教育理念的变革和发展。

如何把大学从一个象牙塔变成一个网络广为联系的社会体系，这是我们办开放型大学所需要解决的。哈佛大学的基金总额已达400多亿美元，耶鲁大学的基金额超过300亿美元。研究西方的大学，你就会发现，大学的基金会在教育发展中起着不可估量的作用，耶鲁大学的教育经费中，40%来自基金会的投资收益和捐赠。在国际上，大学基金会的实力，在一定程度上，代表该校综合实力的排名。中国目前还没做到这一步，但有了开始，总是一件好事。

我在开始任学校基金会领导，向社会各界提出捐赠要求时，总觉得我是教授，向企业家要钱，羞于开口，很不好意思。现在我觉得没什么不好意思的，我已经充分地认识到教育是天下最慈善的事业。支持教育的发展，是在做积德行善的事情。捐助教育，功德无量。有这样的心理支持，我们就敢于跟人家去谈，请人家帮忙，给学校捐钱帮助教育，这个理念和观念是一定要有的。作为大学校长，要适应市场经济的要求，广开渠道，积极筹资，这是一种开拓能力。

社会上有些富裕起来的人，愿意回报社会，回报教育。我认识一位优秀的民营企业家，最近两年，都给我们学校无偿捐款1 000万。他不是贸大校友，且不留姓名，他通过有关渠道了解到我当校长后贸大发展很快，承诺只要我在任，每年都捐1 000万，他愿意资助教育，希望能将自己的钱用到正地方。他特别关注我们贸大的发展，看到贸大的进步，他比我还高兴，这让我特别感动。我到任4年多，募集的资金已超过1亿多元。我特别感谢那些资助教育，帮助学校发展的慈善家们！

教育是天下最慈善的事业之一，一个现代化的大学校长要能成为大学的“丐帮帮主”。大学最缺的就是人才和钱财，要办一所好大学，必须靠钱来支持。钱不是万能的，但没有钱是万万不能的。办一所好的大学，特别是高水平大学，尤其如此。

校长要用自己的思想引领大学的发展*

□ 记者 王爽 姜丹

“任期是有限的，但大学事业是无限的，我要用有限的任期对无限的事业负责。”担任校长四年多的时间里，他以改革家的决心和魄力将贸大带入发展的快车道。

“在这个拼爹的时代，如果我们没有爹好拼的话，我们就拼贸大吧。”2013 年对外经济贸易大学研究生毕业典礼上，校长施建军的这句“豪言”，看似在给史上最难就业年的毕业生打气，但随后公布的近 99% 的就业率，让“拼贸大”一说成为名副其实的“箴言”。

“最好的教育就是能找到工作的教育”、“商学院中能赚钱的就是好学生”、“一个校长搞不到发展资源，就是对大学最大的失职”……曾经并不高调的贸大，因施建军校长的敢言屡屡成

* 本文于 2014 年 2 月载于《中华英才》第 2 期。

为媒体的关注焦点，在他看来，校长形象代表大学形象，校长要发声，酒香也怕巷子深。人们不会忘记，2011 年，贸大 60 周年校庆，施建军一身唐装站在校园礼堂，一首《中国人》唱得人群激昂，尽管他自称是“忽忽悠悠唱完的”，却让学校近 3 000 名外国师生体会到了这所大学自上而下的开放。

采访原本安排在周六下午两点，但施建军校长从商谈贸大合作事宜的现场返回时，比约定的时间晚了一个小时，他非常坦诚地解释并表达歉意，那份和蔼和谦逊，让记者倍感温暖。想起当年，他就任贸大校长发表演讲时，也曾用“恳请广大师生能够接纳我”来表达他骨子里的那份亲和、平等。

本想周末采访他会非常放松，却未料他的忙碌更甚平日。上午为统计学院的师生讲话后，他便匆匆赶去会见商界大佬，然后再匆匆赶回接受采访，而这之后，他还要去为贸大的事情赶另外一个场。“我就像个小马达，几十年如一日，每天都在不停地转，几乎没休息过。”他坦言，“5+2”的工作时间就是自己的常态，在别人眼里光鲜的校长职位，在他眼里却是一份“苦差事”，“做校长太累，一大摊子，千头万绪，每天工作十几个小时，身体劳累不说，主要还是劳心。”

施建军的心声，代表了很多大学校长的心声。日益开放的社会环境，让高等教育制度正在经受来自各方的关注和批判，深处焦点的大学校长们，早已不再是单纯的象牙塔里的学者和行政官员，他们需要接受来自方方面面的问责，需要平衡各种利益关系，更为重要的是，在传承大学精神、挖掘大学发展潜力上，他们被寄予了太多的期待。

在施建军看来，办好一所现代大学，光靠一代人的努力是远远不够的，它就像接力赛跑一样，需要数代人的共同努力，“任期是有限的，但大学事业是无限的，我要用有限的任期对无限的事业负责，既然‘接力棒’传到自己手中，就要尽最大努力跑好这一棒。”四年多的时间，开通南大门，设立校史馆、档案馆，创立基金会、校务会、校友会，创办统计学院，创建美丽贸大，创新行政管理机制……他以改革家的决心和魄力将贸大带入发展的快车道。在“中国十大魅力校长”评选中，他以高票当选，成为中国新一代大学校长的典范。2012 年第五届“IET 方正大学校长奖”颁奖仪式上，民革中央主席周铁农给予施建军的颁奖词中如此写道：“他领导的大学是三年来中国进步最快的大学。”

打破开放大学的藩篱

2010 年 6 月 5 日，在施建军就任贸大校长后的一年，《跑好这一棒》正式出版，书中完整记录了施建军对大学发展的系统思考，并对贸大发展作出清晰定位，其中一些重要理念，涵盖于他的众多演讲实录中。

为何就任仅 365 天，便写出这样一本书，而且要求每个教师人手一本？有人质疑，施建军沽名钓誉，也有人说他在搞个人崇拜。而在施建军的理念中，这本书的真正用意在于“沟通”。“组织内部团结的基础是共识，而共识的基础是沟通，我觉得人的沟通有几种，其中之一是语言沟通，比如开会，但我觉得大学领导者不需要开太多会，我也不能一个一个地和大家去讲我的办学理念，所以我通过写这本书将我的思想告诉大家，让大家知道校长是怎么办学的。”

他对领导学研究的过程中，非常推崇韩非子的理念“下君尽己之力，中君尽人之力，上君尽人之智”，意思是，最下等的君主靠自己努力，中等的君主是把大家的力量都发挥出来，最高明的君主是把所有人的智力都发挥出来。“我来治校，不是靠自己，我浑身是铁打不出几个钉来，我渴望通过动员和组织整合全部生产要素为贸大的发展去努力，这是我当校长最重要的一件事。”

在他的书中，有一篇讲话，专门论述了贸大要办成什么样的大学，这也是他来到贸大后，对于贸大未来发展作出的最重要的判断。在施建军上任前，关于学校发展类型存在诸多争论，发展成教育型大学还是研究型大学？国际化为主的大学还是兼顾国内研究为主的大学？综合性大学还是有特色的大学？“奋斗目标、学科设置都不统一，怎么发展？”所以，施建军到任后的第一件事就是逐步统一学校发展思路。

在对贸大整体情况进行研究判断后，施建军提出贸大发展的三条目标：高素质的精品大学；国际化外向型大学；财经外语类多科大学。而这其中，“有特色、高水平”是他发展贸大的核心理念。

此前，他曾花费一年多的时间，遍访国外100多所大学。大多数的美国名校他都去过，他也曾在澳大利亚的悉尼大学做过40天的“影子校长”，在那里，他非常深入地剖析了大学内部的机构和管理体制，随后他又在耶鲁大学中国高校领导干部班学习了10多天，专门研究了世界高水平大学的形态，这些调研经历成为他定位贸大发展的重要思想来源。

随后，他对“什么是世界高水平的大学”给予清晰回答：世界高水平大学的使命是通过教育来向下一代传授知识，通过知识来延展自然和文化知识，通过知识服务社会、扩散知识，通过图书馆和博物馆收藏来保存知识。他将世界高水平大学的特征归纳为以下几条：学校有较强的社会影响力；生源素质好，精英教育，培养各学科的领袖人才；高水平的科学研究；学科建设不求全，求特色、求新，要“人无我有，人有我优，人优我特”；队伍建设强调分类管理，系统激励，构建世界级的一流人才、团队组织、人力资源整体支持系统；学校规模适度，师生比比较低。“根据我的研究，最高是 1∶12，有的只有 1∶3，加州理工大学总共才有 3 000 名学生，我们贸大的规模就是理想的情况，不是越大越好。”

最后，施建军特别提到了资金充裕的问题，“大学最缺的就是人才和钱财，钱不是万能的，但没有钱是万万不能的，世界高水平大学都是资金充裕，办学设施一流。大学发展不能光靠国家拨款，要靠自己去社会争取。”他曾有一个著名的论断：“一个校长搞不到发展资源，就是对大学最大的失职。”当年，在南京大学当常务副校长时，他曾领导学校发展委员会，在 12 年的时间里筹款近 10 亿元，除以他任职的 4 000 多天，平均每天给南京大学筹款 21 万元，这刷新了南京大学的历史记录，但就是这样一位神奇的“丐帮帮主”来到对外经贸大学之后也犯了难。原来，上任第一天，施建军就发现贸大没有基金会，也没有筹款机构。没办法，一切只能从零开始。“贸大是中国最早成立校董会的大学之一，可谓‘醒得早’，但‘起得迟’，我来贸大以后首先成立了教育基金会，开始募集资金。”

作为全国“211”重点大学之一，打开大门，面向社会开放办学是高等教育的必然选择，而当时贸大只有东、西、北及临时小南门，简易的大门影响了学校的对外形象，所以即使没有预算，施建军也决定将南大门打开。随后，他将第一笔募得的 800 万捐款用于新建对外经济贸易大学的南大门。截至目前，施建军已为贸大募得捐款 1 亿多元，此外，校友会的发展也是风生水起。2009 年贸大 60 周年校庆之际，全球 30 多个校友会积极为母校捐款。“校友的捐赠都是以百万计，用于学校的建设。”谈及此事，施建军流露出自豪神情。除了募集资金，对于项目管理，他抓得非常严，“谁捐的钱，用了多少，用在哪里，我们都要给出说法，不能等钱被用没了，却说不出用在了哪里，一定做好项目跟踪。而我们加强管理，也是为了让全校师生懂得回报、感恩。”

四年过去了，贸大发生了翻天覆地的变化，施建军的《跑好这一棒——我的办学理念与思考》也成为中国校长畅销书，几次重印依然脱销，“大多数讲稿都是即席发言，这是一个无法修改的思想过程，回味我的即席发言，常常觉得有遗憾，但是，许多人包括我自己，都喜欢无稿子的即席讲话，因为直接表达的思想是原汁原味的，是真实的，虽然难免思考不够周全，可真的，往往就是善的，美的。”很多教职员工坦言，看完这本书很振奋，因为从中不仅看到了贸大的未来，也看到了自己的未来。

谈到当年的不同声音，施建军觉得很正常。“1 500 个教职工，可能1% 的人会有不同声音，其实很正常，我想小平同志讲过三七开，我有七成赞成就很不错了。有的人说，是不是校长老想宣传自己搞个人崇拜，其实，在我看来，校长形象就是大学形象。一个校长没有形象，一个大学就没有形象，这至少 95% 的人是赞成的。”

关注情商教育为重要之责

“当我刚刚接到毕业生递给我的鲜花时，突然觉得我一生中最重要的选择就是成为一名人民教师，我感到很自豪。四年，1 460 天，弹指一挥间，从日出到日落，从春天到秋天，你们终于从听不懂到听懂了，从青涩到成熟，从一通不通到全球通。今天当我把你们的帽穗从右边拨向左边时，你们就要毕业了！”2013 年的毕业季，面对和自己同一年走进贸大的本科生们，施建军感慨万分，而此时，台下的很多毕业生在轻轻擦拭眼角的泪水。

每一个毕业季，施建军都会为本科生、研究生用心准备不同的毕业致辞，他希望以一个大家长的真情和殷殷期望将他的“孩子们”送上新的征程。而每一个开学季，他也会同样准备不同的欢迎致辞，他希望将贸大精神第一时间植入大家的内心，“本科生是接受知识为主，研究生是研究学习为主，他们是不同群体，要分别讲，除此，我还要给专门的科学学位的学生讲一场，我是统计学院的院长，还要给统计学院讲一场，还要给新入职的教师讲……”施建军坦言，一天最多要讲三场以上，而每次讲话都是自己亲自撰稿，从不找秘书代笔，“我们大学的校长更多用自己的思想来引领和管理一所大学，秘书掌握不了。”

无论是迎来，还是送往，让学生们记忆深刻的是，校长的真情告白中，永远离不开一个话题，就是如何做人。“我更多是关注他们的人生，关注他们的生活质量，关注他们怎么发展。我的讲话通篇贯彻怎么做一个人，一个大写的人，一个理性的人，一个合格的人，一种科学家的精神，说到底就是要培养情商。”

摔童案、小斌斌事件、同室操戈、清华投毒案件和一系列的校园暴力事件，让施建军痛心不已，也让他对人性开始重新考量，在他看来，这是国民教育出了问题，可是没有多少人去关注和讨论这个问题。“全国2 400所大学，贸大排名前十，北京位列第五，我们基本上保持在仅次于北大、清华这样的水平，我特别担心的不是学生的智商，作为校长，不需要在开学典礼上对他们的智商指手画脚，因为他们足够聪明，我唯一担心的是他们的情商。”

他以宋江为例，“宋江可能是梁山一百零八将中最没本事的人，但同时他也是最有本事的人，在他的协调组织下，使梁山各具本领的一百零八将团结起来，形成一股力量，这就是典型的情商大于智商的人，大学精神培养的人才，最重要的是具有组织领导能力。”

早在施建军就任贸大校长之初，他便特别开辟了一间办公场所，成立了心理干预中心，对学生进行心理救援。他希望学生遇到纠结的问题，能够到心理中心和心理老师进行积极的沟通。“我遇到一个学生，明天答辩论文，今晚一夜睡不着，紧张得要命，他说肯定通不过，通不过就不能毕业，不能毕业就找不到工作，父母要责骂，社会也看不起。其实一切问题可能会爆发在想不开的一瞬间，我就建议他去做心理咨询。我觉得，情商引导的前提是要让学生拥有一个健康的心态。”

在高校，大学生自杀事件每年都有，提到这类事件，施建军扼腕叹息，他觉得现在的大学生太脆弱，所以他一次次苦口婆心地在大会上给同学们讲生命教育、情感教育、爱心教育，讲如何关爱自己，关爱生命。“我告诉他们，尤其要关爱父母，你自己走掉无所谓，父母把你养这么大，怎么能轻易放弃生命！”

施建军尤为欣赏北京精神中的“厚德、包容”，在他看来，厚德和包容是应该在大学生中广泛宣传的，“情商就是与他人沟通、协作的能力，整合社会资源的能力，作为个体，智商再高，也要跟别人协作，所以我特别讲团队，讲组织，讲班级，我们大学教育里真正的应该是这些。”

培养未来的低碳践行者

早在 2007 年，贸大就被确定为“全国首批节约型校园建设先进试点高校”之一，自 2009 年施建军就任校长以来，更是将“绿色校园”打造成了贸大的另一张名片。施建军的“绿色”理念，不仅包括舒适优美的校园环境，更是节能型校园和绿色低碳校园的综合概念。

高校是传统的能源消耗大户，节能减排不仅可以实现资源可持续地利用，更能降低学校的成本。漫步惠园，随处可见节能减排的“影子”：洗浴和热水供应采用的是以太阳能为主的加热新技术，道路两旁安装的是太阳能路灯，这些路灯同时配有智能感应系统，采光不好的阴暗地带，路灯会提前点亮，仅这一项，每年能够节约用电 400 千瓦时；主楼诚信楼外墙被穿了一层“保温衣”，节能率提高了 54%；新图书馆引用地下水源热泵空调系统，采用地下水冬暖夏凉的温度对图书馆进行调节，这种新节能空调技术，每年可比电锅炉加热节电 2/3，比天然气锅炉节能 1/3；而贸大的供暖系统，真正实现了可分区域与分时段的自动控制，有效提高了热效能利用率。此外，学校还尽可能回收锅炉烟气余热，利用太阳能等减少使用天然气。特别值得一提的是贸大的中水处理项目，已经完全实现了校内“立体化”的节水系统，学生公共浴室的洗澡水以及部分宿舍盥洗室的废水和管网污水被全部收集，同时建立了蓄水池，专门收集雨水和雪水。这些中水用于学校办公楼、教学楼以及学生宿舍等建筑，其中 70% 用于冲厕，30% 用于绿地面积的日常浇灌以及广场喷泉、人工湖等景观用水。可以说，中水处理项目，最大限度地实现了节约用水，水费平均支出降幅为 40%。

据施建军介绍，自 2003 年以来，贸大在节约型校园、绿色低碳大学建设方面实施了 22 个节能减排项目，成效巨大，每年可节水 40 万余吨，节电 400 万千瓦，节气 518 万立方米，直接节约资金达 1 200 多万元。2012 年贸大被人力资源和社会保障部、国家发展改革委、环境保护部、财政部四部委评为“全国节能先进集体”，这也是全国唯一获此殊荣的高校。

学校对于节能减排的积极践行，对于学生的环保意识究竟有多大的影响？谈到此，施建军相当骄傲：“我们有一个绿色协会，大家习惯把平时看过的报刊和废纸积攒起来，向绿色协会的同学交换再生纸便签。每到学期末，同学们也会将不用的课本收集起来，等待下学年开学时发给学弟学妹……这样的例子很多，节能减排、保护环境已成为贸大师生员工的共识。”施建军坦言，从低碳校园建设开始，他就深知，绿色大学的建设任重而道远，低碳生活方式其实就是从我做起，从生活的细节做起，把生活耗用的能量尽可能地降到最低。培养大学生良好的低碳生活习惯，对于社会来说，就是培养了一批社会未来的低碳践行者！可以说，贸大已名副其实地成为中国高校节能环保的典范，引领了中国高校“建设节约型校园，打造低碳绿色大学”的主潮流。

“十八大”报告首次提出“美丽中国”概念，意指美在自然、美在生活、美在人文，基于此，施建军提出“美丽贸大”理念，意图在“智能贸大”、“节约贸大”初步实现后，完成“花园贸大”的建设，他希望“绿色元素”能够完全覆盖贸大的各个角落。自施建军大力推动“美丽贸大”建设以来，学生们惊喜地发现，在贸大校园，多了很多新的树种，西门草坪的桃李树、行政楼前的玉兰树、校园围栏外的月季花，还有很多外国的树种，如美国红枫、法国红枫、法国梧桐等，同时，南大门的开通、东西门的美化、甲子亭的建设、眼镜湖的改造、书香广场规划等，都让贸大校园散发着浓浓绿意。这也是施建军提出的“花园贸大”理念的具体实施，他希望优美的校园环境建设和节约型校园、绿色低碳大学建设能够融为一体，真正实现“美丽贸大”的设想。

“2013 年，我们启动了节能智能化管理系统建设，启动了新建综合体育馆和留学生综合楼相关的节能减排建设工作。我们相信，‘美丽贸大’建设的不断推进，一定能为国家的生态文明建设作出积极贡献。”施建军信心满满。

对话施建军*

□ 记者　王爽　姜丹

"大学精神有五点：独立精神、创新精神、求索精神、博学精神、合作与情商。"

"大学校长就是基层干部，三教九流都要应付"

记者：有人说，"在中国办大学，内心要足够的坚强"，您有这种感觉么？

施建军：校长不太好当，挑战很大，我这个办公室校内人员随便进出，上访的，耍大刀的，还有拿着铁棍子挥的，我曾碰到很多这样的例子。我讲大学校长就是个基层干部，三教九流都要应付，最基层的农民工，最基层的应聘员工，包括学生和老师的一些非常棘手的问题，面对这些问题你不能退缩，都要一一应对。

---

* 本文于2014年2月载于《中华英才》第2期。

“大学软实力就是大学的精神和灵魂”

记者： 您崇尚的大学精神是什么？

施建军： 大学的软实力就是大学的精神和灵魂，我认为的大学精神有五点：独立精神、创新精神、求索精神、博学精神、合作与情商。

记者： 您刚到贸大时，硕士专业学位方向只有3个，现在增加到10个，外界评论说，您培养方式的调整间接促进了毕业生的高就业率？

施建军： 硕士学位分科学型硕士学位和专业硕士学位。现实中，对科学型硕士的需求是定量的，而大多数研究生的培养应该走一条能够提高学生动手能力、应用能力、技能操作能力的专业人才培养道路。贸大一直在为专业硕士设定新的培养模式和培养标准，为专业硕士增加更多的应用型课程。

记者： 2013年被称为“史上最难就业年”，外界有质疑声音说99%就业率的数字会不会有忽悠成分？

施建军： 就业率是98.5%，我查了每一个人，硕士生和本科生就业的3 580人，只有70几个人因种种原因未能就业，我们绝对没有忽悠。2013年是史上最难就业年，我在年初的时候都捏了一把汗，2012年春节后，我们的招聘会是100场，2013年春节后，招聘会是20场，下降了80%，即使这样的情况下，我们还是获得了一个满意的就业率，我想还是我们的学生生源好，培养得好，有竞争力，适合用人单位的需要，贸大学生的优势就是懂经贸、懂法律、懂外语的复合型人才，这也是让我非常欣慰的。

“对于学术腐败绝不宽容”

记者： 在教育腐败和学术腐败方面，贸大是怎么做的？

施建军： 关于学术诚信，我们实行一票否决制，在我来了以后是特别严格地执行。对于教师文章抄袭现象，抓住一个处理一个，绝不宽容，也不会说情。抄袭达到一定比例，停止申报职称，给予口头或书面警告。对于学生，我们每年会有百分之几的学生不能毕业，比如，论文重复率达到30%就不能毕业，这些措施对学术净化都是有利的。

“我们培养的是中国走向世界的学生”

记者：在您眼里，贸大是一个开放的大学吗？

施建军：首先说，在国际上，贸大是很有影响力的。澳大利亚总理、新西兰总理、希腊总统、阿根廷总统、欧盟联主席都到对外经贸大学访问交流过，他们看中的就是对外经贸大学这个经贸平台，不讲政治，专讲经贸。据不完全统计，我国驻外外交官，尤其是驻各国经商处的参赞几乎一半以上都是对外经贸大学毕业的。但我们有些方面做得还不够好，我们校内的海报不够多，我们的网站不够发达，没有同步信息，这一直是一个缺陷。贸大过去相当封闭，讲起来是个外向型大学，但实际上比较封闭，我们以后想做的工作就是调整。

记者：您希望培养的是怎样的学生？

施建军：我们培养的是中国走向世界的学生。我们要熟悉国际规则，我们要有国际视野，我们要敢于参与国际竞争，在国际合作中取得我们的效用，这是我想要培养的，所以我来对外经贸大学真地渴望我们的学生走向世界，不仅在中国做一点生意，更多是在世界体系当中。

“统计数据只是估算，并非精确计量”

记者：中国的统计数据经常遭到质疑，您作为统计专家，如何评价统计数据的准确性？

施建军：统计数据肯定不是精确的计量，作为一个搞统计出身的人，我深知搞统计数据难度很大，一个一个计量，一个一个数出来是不可能的，带有一定的估算成分，但是这个数字能概括性反映基本规律。读数据时要有统计知识的把握，所以国外大学会给国民上国民统计数据这个课，教大家如何理解统计数据。我跟美国人也讨论过，他们也不会说美国统计数据比中国准确，他们这么发达了也不准，我们的数字也不准，因为精度不够。

“中国的大体制不利于创新”

记者：今天中国的知识，无论科学还是人文，到底缺失什么，有人说是穿透力，我们的教育里面严重缺乏批判的能力，您是否认同这样的观点？这背后是不是一个学术自由的问题？

施建军：当代中国教育的优点，是学生应试能力比较强，基础知识比较扎实，机会相对比较公平，知识传授有系统，但缺点很严重，就是忽视人格的培养，强调服从权威，教育工具化，最后是创新能力差，这是让中国人感到非常沉痛的问题。这自然就产生缺乏学术批判的穿透力，中国从文化到制度，都是不鼓励创新的，不允许挑战权威，不容许冒犯的言论，总是希望大家平和一点，所以，我们很难出现思想的批判，不是没有，是登不了台面。我也一直在致力于这方面的突破，但文化体制的惯性太大。我经常举例子，1+1 等于几，说等于 2 就是好学生，说等于 3 就是胡说八道呢，但是他有自己的想法，爸爸妈妈一加就生了个我，可是没人去听。错的就是要批判，后面一大堆的矛盾就来了，所以我们根本不鼓励一个有自己思想的人。

记者：贸大占地面积只有 500 余亩，未来在拓展空间方面是否有规划？

施建军：今年开始做一些事情，就是拓展发展空间，优质教育资源要让更多人去分享。最近我们在深圳建立了贸大研究院，这是第一步；第二步计划在青岛收购一个外贸中专，青岛的国际贸易做得好，我们希望能够在青岛培养一批国际商贸人才；第三步准备在北京北五环的红军营建一个贸大科技园，目的也是为文化发展提供一些社会服务。

附录一：获奖

（2009 年 5 月~2014 年 5 月）

1. 2009 年被搜狐网、搜狐教育频道评为“中国教育 60 年 60 位教育家”。

2. 2010 年被搜狐网、搜狐教育频道评为“中国最具魅力大学校长”。

3. 2012 年被 IET 基金会和北大方正集团授予“中国大学杰出校长奖”。

4. 2012 年在中国教育电视台等单位“开学第一讲（2012）”活动中获“开学第一讲（2012）”优秀校长奖。

5. 2012 年获北京市教学成果奖一等奖：《实施本土国际化战略，培养具有国际竞争力经贸人才的探索与实践》。

附录二：课题项目

（2009 年 5 月 ~2014 年 5 月）

1. 江苏省软科学重点项目（BR2009063），江苏省创新型省份建设年度报告，2009.

2. 国家社会科学基金重点项目（10AGL009），“十二五”时期中国服务外包企业创新能力测评体系实证分析，2010.

3. 北京市共建项目，北京市创新型城市建设年度评价研究，2010.

4. 胜利油田研究项目（413612），胜利油田专业技术人才创新能力培养模式研究，2010.

5. 国家社会科学基金重大项目（11&ZD004），“十二五”时期我国发展的创新驱动战略研究，2011.

6. 国家开发银行项目（12HX011），南部非洲电力发展合作规划国际背景与市场趋势专项研究，2012.

7. 大唐山东发电公司项目（12HX111），大唐山东清洁能源开发公司全面管理诊断与管理提升方案，2012.

8. 北京市教改立项项目，大数据下经济统计本科人才培养模式研究，2013.

附录三：专著、论文

（2009 年 5 月~2014 年 5 月）

专著

1. 施建军．跑好这一棒——我的办学理念和思考［M］．北京：对外经济贸易大学出版社，2010.

2. 施建军，张文红，林健．为更多人创造价值——紫荆花的绿色黄麻普惠创新之路［M］．北京：对外经济贸易大学出版社，2010.

3. 施建军．中国融入世界：对外经济贸易大学纪念中国入世十年学术研究论文集［M］．北京：对外经济贸易大学出版社，2011.

科研论文

1. 金智慧，施建军．知识管理中的主动遗忘管理与吸纳能力关系研究［J］．科技进步与对策，2009（12）.

2. 乔均，施建军．生产性服务业与制造业互动发展研究评述［J］．经济学动态，2009（11）.

3. 徐礼伯，施建军．社会资本与“经济人”是补充还是替代．现代经济探讨［J］．2009（11）.

4. 于成永，施建军．从“高薪门”论争看企业绩效管理难题与对策

[J]. 现代管理科学，2009（10）.

5. 施建军，刘和东．区域创新及其影响因素的空间计量分析［J］. 科技管理研究，2009（10）.

6. 施建军，梁琦．长三角区域合作要打破“富人俱乐部”的思维［J］. 南京社会科学，2009（9）.

7. 周源，施建军．金融机构房地产贷款的压力测试：以江苏省为例［J］. 上海金融，2009（7）.

8. 徐礼伯，施建军．转型经济条件下中国需要什么样素质的民营企业家［J］. 现代管理科学，2009（7）.

9. 施建军，刘和东．大学技术转移与中国经济增长关系的实证研究［J］. 科技管理研究，2009（7）.

10. 金智慧，施建军．知识管理中的主动遗忘管理——员工情绪及主管行为的影响［J］. 科技进步与对策，2009（13）.

11. 吴琼，施建军．企业家资源——社会资本理论综述［J］. 学海，2009（6）.

12. 施建军，刘和东．FDI技术溢出的渠道、影响因素分析［J］. 科技管理研究，2009（6）.

13. 刘和东，施建军．科技项目评估中的信用缺失及有效治理［J］. 经济纵横，2009（5）.

14. 刘和东，施建军．税收逃逸影响因素的博弈分析［J］. 统计与决策，2009（13）.

15. 吴琼，施建军．构建企业管理者非权力性影响力的层次模型［J］. 现代管理科学，2009（5）.

16. 刘和东，施建军．自主创新、技术转移与经济增长关系的实证检验［J］. 统计与决策，2009（15）.

17. 刘和东，施建军. 外商直接投资溢出效应区域比较［J］. 亚太经济，2009（2）.

18. 张福利，施建军，刘春林. 下游产品存在纵向差异的上下游厂商价格决策研究［J］. 预测，2009（6）.

19. 刘和东，施建军. 供应链企业间的委托代理问题及其治理［J］. 现代管理科学，2009（2）.

20. 张琳，王红梅，施建军. 江苏高新技术企业技术创新模式选择的博弈分析［J］. 南京社会科学，2009（3）.

21. 李虎，董必荣，施建军. 夹缝求生：多组织承诺困境和忠诚冲突［J］. 中央财经大学学报，2009（1）.

22. 施建军. 以绿色大学理念创建低碳校园［J］. 中国高等教育，2010（12）.

23. 黄剧杰，施建军，陈艳娇. 外部审计师评价内部审计工作研究评述［J］. 中国注册会计师，2010（8）.

24. 施建军，吴琼. 区域经济发展与现代大学的创新驱动［J］. 中国高等教育，2010（8）.

25. 许景，王国才，施建军. 单边专用性投资如何能改善零供关系？——契约的保障作用研究［J］. 现代管理科学，2010（7）.

26. 剧杰，施建军，殷丽丽. 道德理论在审计领域的应用：国外实证研究述评［J］. 审计与经济研究，2010（6）.

27. 陈效林，施建军. 国际联盟中的学习与当地知识保护：改变知识模糊性［J］. 现代经济探讨，2010（5）.

28. 张琳，程晨，施建军. 江苏省民营科技企业技术创新现状分析与模式选择［J］. 江苏社会科学，2010（4）.

29. 赵学群，施建军. 财政支出绩效评价研究——基于江苏省公安数据［J］. 财会通讯，2010（33）.

30. 张琳，刘雅静，施建军. 企业创新技术转让价格的信号博弈分析［J］. 广西师范大学学报：哲学社会科学版，2010（3）.

31. 剧杰，施建军，时现. 后萨班斯法案时代的内部审计探析［J］. 南京审计学院学报，2010（3）.

32. 徐礼伯，施建军. 联盟动态稳定：基于互依平衡的理论研究［J］. 中国工业经济，2010（3）.

33. 剧杰，施建军，殷丽丽. 谈怎样成为卓越的首席审计执行官［J］. 财会月刊，2010（3）.

34. 陈效林，施建军，张文红. 联盟学习中的跨边界人员选择［J］. 中国人力资源开发，2010（3）.

35. 施建军. 对安徽参与泛长三角分工与合作的思考［J］. 江淮论坛，2010（1）.

36. 苏文兵，施建军，杨惠. CFO 变更与盈余管理——来自中国沪市 A 股公司的经验证据［J］. 经济与管理研究，2010（2）.

37. 陈效林，施建军. 联盟中知识获取与保护：联盟经验的作用［J］. 现代管理科学，2010（2）.

38. 施建军. 认清高等教育发展特征，深化本科教学与改革［J］. 中国大学教学，2010（1）.

39. 陈效林，施建军，张文红. 国际联盟中的知识获取：中国企业联盟经验和合作技能的作用［J］. 华东经济管理，2010（1）.

40. 施建军，周源. 基于内外部因素的银行信用风险压力测试研究

[J]. 中央财经大学学报, 2011 (10).

41. 施建军. 探索高水平特色大学之路 [N]. 光明日报, 2011-09-22.

42. 王玲, 施建军. 特色立校 内涵发展——对外经济贸易大学建设国际知名有特色高水平大学的实践与探索 [N]. 中国教育报, 2011-09-20 (4).

43. 施建军. 加强国际文化和学术的沟通与交流 [N]. 中国教育报, 2011-12-28 (8).

44. 徐礼伯, 施建军, 吴琼. 企业战略联盟稳定性研究综述 [J]. 学海, 2011 (9).

45. 张文红, 赵亚普, 施建军. 创新中的组织搜索: 概念的重新架构 [J]. 管理学报, 2011 (9).

46. 施建军. 简评《外资并购与中国经济福利》[J]. 国际贸易问题, 2011 (4).

47. 于成永, 施建军. 产业升级视角下外部学习、技术并购边界与创新 [J]. 国际贸易问题, 2011 (6).

48. 杨静, 施建军, 张文红. 价值观趋同有益吗? ——大五人格对周边绩效的影响研究 [J]. 现代管理科学, 2011 (6).

49. 乔均, 施建军. 打造南京组合港, 促进都市圈产业整合与发展 [J]. 江淮论坛, 2011 (3).

50. 施建军, 王丽娟, 韩淑伟. 实施"本土国际化"战略 培养具有国际竞争力的复合型精英人才 [J]. 中国大学教学, 2011 (5).

51. 张琳, 郭秋霞, 施建军. 江苏省高新技术企业创新能力研究 [J]. 科技与经济, 2011 (2).

52. 施建军．博士生培养质量与高校科研水平［J］. 中国高校科技与产业化，2011（3）.

53. 张琳，施建军．网络组织演化中的企业创新合作博弈分析［J］. 南京社会科学，2011（2）.

54. 李曼，施建军．企业内部审计需求动机研究：文献综述与未来发展［J］. 财贸研究，2012（6）.

55. 施建军，张文红，杨静，孟源．绿色创新战略中的利益相关者管理：基于江苏紫荆花公司的案例研究［J］. 中国工业经济，2012（11）.

56. 施建军，范黎波．中国企业国际化经营的风险识别与防范［J］. 人民论坛·学术前沿，2012（13）.

57. 于成永，施建军．控制权私利下并购成功悖论形成机制研究［J］. 国际贸易问题，2012（9）.

58. 张文红，李曼，施建军．服务创新中的整合研究方法：前沿探析和未来发展［J］. 华东经济管理，2012（8）.

59. 杨静，施建军．社会网络视角下企业绿色战略利益相关者识别研究［J］. 管理学报，2012（11）.

60. 于成永，施建军．技术并购、创新与企业绩效：机制和路径［J］. 经济问题探索，2012（6）.

61. 张台秋，杨静，施建军．绿色战略动因与权变因素研究：基于转型经济情境［J］. 生态经济，2012（6）.

62. 施建军．推进哲学社会科学“走出去”战略 加强国际文化和学术的沟通与交流［J］. 北京教育：高教版，2012（6）.

63. 金涛，施建军．知识型企业的跨文化人力资源管理解析［J］. 现代管理科学，2012（6）.

64. 王永贵，施建军，马双. Customer Interactions in Virtual Brand Communities: Evidence from China [J]. Journal of Global Information Technology Management，2012 (4).

65. 金涛，施建军. 服务外包企业协同创新研究 [J]. 山东社会科学，2012 (11).

66. 于成永，施建军. 独占机制、跨国并购边界与企业绩效——基于诺西并购摩托罗拉案例的研究 [J]. 国际贸易问题，2012 (2).

67. 徐礼伯，施建军. 无所有权理念：内涵、价值与启示 [J]. 企业经济，2012 (2).

68. 施建军. 以科教融合为主导 创新人才培养模式 [J]. 中国高校科技，2012 (1).

69. 丁正斌，施建军. 住房按揭贷款逾期风险及其管理探析 [J]. 审计与经济研究，2012 (1).

70. 陈效林，施建军. 企业环保响应：基于利益相关者视角 [J]. 现代管理科学，2012 (12).

71. 施建军. 关于财务监督的思考 [J]. 教育财会研究，2013 (4).

72. 崔海云，施建军. 服务创新、顾客体验价值与休闲农业企业绩效 [J]. 南京社会科学，2013 (11).

73. 崔海云，施建军. 协同创新、承诺与农业龙头企业绩效关系的实证研究：基于京津冀地区农业龙头企业的调研 [J]. 现代管理科学，2013 (11).

74. 崔海云，施建军. 开放式创新、政府扶持与农业龙头企业绩效的关系研究 [J]. 农业经济问题，2013 (9).

75. 施建军，崔海云. 绿色创新、消费者偏好与有机食品企业绩效的关系研究：基于北京市和南京市的调研［J］. 江淮论坛，2013（4）.

76. 崔海云，施建军，孟源. 创新驿站运行机制与发展策略研究综述：基于经济学与管理学的多维视角［J］. 管理现代化，2013（5）.

77. 杨静，张文红，施建军. 创造可持续发展价值——企业绿色普惠战略的构建［J］. 中国人口·资源与环境，2013（2）.

78. 徐礼伯，施建军，张雪平. 基于时期取向张力视角的联盟稳定性研究［J］. 江苏社会科学，2013（1）.

79. 金涛，施建军，徐燕. 工作安全感对员工情感承诺的影响机制研究［J］. 现代管理科学，2013（2）.

80. 施建军，王丽，孟源. 并行工程与新产品开发绩效研究两大流派的划分与评述——基于动态能力理论的整合性框架［J］. 国际商务，2014（2）.

81. 徐礼伯，施建军，张雪平. 企业战略转型的思维突破与路径依赖超越［J］. 江海学刊，2014（2）.

82. 王丽，施建军. 关于开放式创新能力及其对创新绩效影响测量的概念性框架［J］. 现代管理科学，2014（5）.

附录四：媒体报道

（2009 年 5 月~2014 年 5 月）

1. 施建军．高校应加大“服务外包”人才培养力度．光明日报，2009-07-27（6）.

2. 施建军．评估标准要多样，评估队伍要专业．光明日报，2009-10-14（6）.

3. 施建军．研究型大学应承担起构建国家创新体系的使命．光明日报，2009-11-25（6）.

4. 施建军．中学教育要强调发散性思维//教育论坛——大学中学教育教学如何衔接．中国教育网，2010-04-27.

5. 施建军．发展远教要学会做大事．中国远程教育，2010-04.

6. 施建军．跑好这一棒．大学生周刊，2011-03-31（1）.

7. 施建军．企业创新有四大领域．光明日报，2011-12-29（7）.

8. 施建军．建立现代大学制度面临五大难点．中国教育报，2012-03-19（5）.

9. 施建军．访谈：对外经贸大学校长施建军谈高校人才培养．人民网，2012-03-30.

10. 施建军．强化观念创新机制　实施人才强校战略．北京教育：高教版，2012（3）.

11. 施建军．提倡办精品大学理念，追求质量型发展//名校校长访谈录．凤凰教育网，2013-01-20（11）．

12. 施建军．我加1度，让你烧开．南方人物周刊，2013-05-10（14）．

13. 施建军．好董事长不会耽误上课．中国在职研究生招生信息网，2013-05-13.

14. 施建军．高校国际化人才培养．人民网，2013-05-16.

15. 施建军．现代统计学：助力人生出彩．中国信息报，2013-05-23.

16. 施建军．做个理性追梦人//梦系祖国　自信担当——大学校长毕业寄语．中国教育报，2013-07-22（4）.

17. 施建军．一生最重要的决定就是选择当老师．中华英才，2013（10）.

18. 施建军．校长要用自己的思想引领大学发展．中华英才，2014（2）.